本书为 2018 年国家社会科学基金一般项目"普兰丁格宗教哲学著作翻译与研究"（项目批号：18BZJ006）的阶段性成果

孙清海 ○ 著

The Concept of God
in Modern Western Philosophy

西方近代哲学中的上帝概念

中国社会科学出版社

图书在版编目(CIP)数据

西方近代哲学中的上帝概念 / 孙清海著. -- 北京：中国社会科学出版社，2025.1. -- ISBN 978-7-5227-3858-1

Ⅰ.B14；B972

中国国家版本馆CIP数据核字第2024ZF2234号

出 版 人	赵剑英
责任编辑	郝玉明
责任校对	谢 静
责任印制	李寡寡

出	版	中国社会科学出版社
社	址	北京鼓楼西大街甲158号
邮	编	100720
网	址	http://www.csspw.cn
发 行 部		010-84083685
门 市 部		010-84029450
经	销	新华书店及其他书店
印	刷	北京明恒达印务有限公司
装	订	廊坊市广阳区广增装订厂
版	次	2025年1月第1版
印	次	2025年1月第1次印刷
开	本	710×1000 1/16
印	张	14.5
字	数	232千字
定	价	78.00元

凡购买中国社会科学出版社图书，如有质量问题请与本社营销中心联系调换
电话：010-84083683
版权所有　侵权必究

目　录

导　言 ··· 1
 一　选题依据 ·· 1
 二　文献综述：我们如何有意义地言说"上帝" ··························· 7
 三　本书的研究思路与结构 ·· 23

第一章　"上帝"问题与生存分析 ·· 29
 第一节　"上帝"是个生存问题 ·· 30
  一　"上帝"与生存 ·· 30
  二　"两希文明"与"上帝"概念 ··· 33
 第二节　"上帝"问题与生存分析 ·· 39
  一　生存即实在 ·· 39
  二　经验指称与情感赋义 ·· 43
  三　经验指称与情感赋义中的"上帝"概念 ···························· 51

第二章　"上帝"概念与经验指称 ·· 55
 第一节　休谟：宗教认识的经验论与情感论 ································ 57
  一　宗教认识的经验论基础 ·· 57
  二　"理性是情感的奴隶" ·· 62
  三　宗教的起源——情感 ·· 64
  四　经验与情感对"上帝"的赋义 ··· 67
 第二节　康德和黑格尔论上帝的"经验指称" ····························· 75
  一　康德的"哥白尼式的革命"与"上帝"概念 ······················ 75

  　　二　黑格尔的"绝对精神"与"上帝"概念 …………………… 82

第三章　"上帝"概念与情感赋义 …………………………………… 92
第一节　施莱尔马赫和奥托的"情感赋义" ………………………… 93
　　一　施莱尔马赫的"绝对依赖感" …………………………… 94
　　二　奥托的"被造感" ………………………………………… 104
第二节　齐克果："悖论的激情" …………………………………… 109
　　一　选择的悖论："非此即彼" ……………………………… 110
　　二　苏格拉底式的与基督教真理教师式的"真理"问题 …… 115
　　三　"上帝"：客观证明还是主观赋义？ …………………… 122

第四章　"上帝"概念的"语言学转向" …………………………… 130
第一节　艾耶尔的"拒斥形而上学"与"情感赋义" ……………… 135
　　一　"拒斥形而上学" ………………………………………… 135
　　二　形而上学命题需"情感赋义" …………………………… 139
第二节　维特根斯坦：逻辑图像、语言游戏与情感赋义 ………… 143
　　一　前期维特根斯坦的"逻辑图像"与"神秘之域" ……… 144
　　二　后期维特根斯坦："语言游戏"与"生活形式" ……… 154
　　三　作为"游戏"的宗教语言与"情感赋义" ……………… 159

第五章　"信"与"情感赋义" ……………………………………… 166
第一节　普兰丁格：基督教信念是"有保证的" ………………… 171
　　一　"有保证的"A/C 模型 …………………………………… 171
　　二　扩展的 A/C 模型 ………………………………………… 174
　　三　"信任情感"与"经验指称" …………………………… 177
第二节　信任情感与人的生存 ……………………………………… 184
　　一　信任情感与理解力更新 ………………………………… 185
　　二　信任情感与放弃判断 …………………………………… 192
　　三　信任情感与悖论式生存 ………………………………… 194

结语　经验指称与情感赋义
　　——*出发点之争* ·· 198

参考文献 ·· 211

后　记 ·· 221

导　言

一　选题依据

"上帝"概念是西方思想史上的一个核心概念，本书正是致力于对"上帝"概念进行思想史的追踪。开篇点题，本书题目原定为《语言中的"上帝"：经验指称与情感赋义——近代西方基督教背景下的宗教语言研究》，我们首先需要对这一题目中的若干关键词做以界定说明。主标题中的"语言"是指人类所特有的用于人际交往和交流使用的有意义的符号系统；"上帝"是经典一神论（classical theism）或标准一神论（standard theism）中的信仰对象，特别在犹太—基督教信仰体系中，"上帝"专指一位无限的、超越的、全知全能全善的最高存在。"经验指称"和"情感赋义"是在语言中谈论"上帝"——用人类语言来谈论上帝的两条途径或方法，是对"上帝"概念进行赋义的两个起点或出发点。副标题中"近代"规定了我们研究的时间跨域，本书接受传统观点上对"近代"的时间限定，一般认为 17 世纪笛卡尔的"我思"为"近代"思想史的开端标志，但根据我们的研究对象（宗教语言）的特殊性质，我们研究的重点将从休谟开始，一直追踪到当代宗教哲学家普兰丁格对上帝概念的论证和阐述。"西方基督教背景下"强调了我们的研究视域范围，仅仅限制在传统基督教背景之下，同时也可能涉及一部分基督教所衍生的母体——犹太教的思想，但伊斯兰教、佛教或儒教等其他宗教则不属于本书的研究范畴。"宗教语言"即在语言中的"上帝"是我们在本书中要重点处理的问题。所以，本书题目对我们要研究的问题、解决的途径、限定的时间跨域和研究的视域范畴都做了较为清晰的交代和说明。概括来说，本研究致力于说明，近代西方基督教背景下的宗教语言问题，即人类语言对"上帝"概念的赋义问题，主要是由休谟、康德、齐克果、维特根斯坦和普兰丁格等哲学家和神学家来推动的，他们的讨论形成了一个承上启下的传统。在这个传统中，有两条根本的原则在起推动作用，即所谓的经验指称和情感赋义。这两条原则的区别在于其生存出发点或起点的不同，由此导致了哲学家和神学家们对"上帝"的不同理解：用"经验指称"来谈论上帝的人最终会陷入"上帝无指称"或"上帝无法指称"的困境，他们的"上帝"是在人的理性和经验框架之中的"上帝"；而"情感赋义"则认为"上帝"一词需要从情感上去赋义和理解，是人的宗教情感的表达，这就可以使上帝脱离语言和理性的桎梏，从而无损于上帝完美的本质或属性。本书在讨论这些思想家对"上帝"概念赋义时，采用了生存分析法。也就是说，我们将注重分析他们在著作中所表达的生存关注，特别是他们在关于"上帝"的命题中是如何表达他们的生存关注的。在此基础上，我们将追踪他们的"上帝"概念所包含的指称或赋义问题，这是本书写作的主旨。

我们首先要从"宗教语言"这个术语本身谈起。什么是宗教语言？宗教语言可以被简单地定义为对上帝（神）的论述和宣称，这也是"神学（theology）"这个词的最根本含义。从词源学上说，theology 由两个希腊词 theos 与 logia 组成。Theos 的意思是"神"，"logia"的意思是"言"，合起来就是关于神之言说，即神学。关于神的言说，也就是谈论上帝。我们为什么要谈论上帝呢？我们知道，上帝是神学的基本问题之一，上帝观念是西方神学的核心，这是无须多言的。但是"上帝"究竟是谁？意指什么呢？马丁·布伯有一段话常被人引用，我们在这里也想再次借用：

> "上帝"是人类所有词语中负载最重的一个词。再没有哪个词像它这般备受玷污和毁损……一代代芸芸众生莫不将其烦恼人生压诸该词之上，使之匍匐于地，承受人类全部负载而陷于泥沼。各个种族的人们以其形形色色的宗教教派已将"上帝"这个词撕成碎片；他们为之而杀戮、捐躯，致使这个词语印下了人们条条指印、斑斑血迹……他们画下漫画，又在下面署以"上帝"指明；他们相互残杀，说是"奉上帝之名"……我们必须敬重这样一些人，他们奋力抵制那些滥用上帝名义、动辄求助

于上帝权威的不公与罪行。①

这段话清楚表明了上帝观念与人们的"生存"息息相关，所以我们必须谈论"上帝"。但是，现在的问题是：我们如何对"上帝"进行赋义？我们如何获得关于上帝的概念？我们知道，人类知识是在"语言"中建构起来并在语言中进行交流的。我们从界定概念开始，连接概念而形成句子，并在句子中间进行逻辑推理。有了语言，我们就能够认识或理解发生在我们周围的各种事物或事件。但是，当我们的语言涉及"上帝"时，问题就产生了：我们的语言可以谈论上帝吗？有人对此表示怀疑，认为人的语言尚且不能描述咖啡特有的香味，又怎么能期望它能描述上帝呢？② 我们知道，在经验世界中，人的理解是一个赋义的过程。当我们对一句话（比如：这是一棵树）表示理解时，我们只要在感觉经验中指着那个"对象"（即那棵有绿叶有枝杈的物体、事物、事件），就可以完成整个理解过程。这样我们就把名称和事物联系起来。这种赋义过程也就是对经验世界中的事物进行指称。

但是，当人们谈论到"上帝"时，问题就出现了："上帝"这个词按词义而言是指称一种超越于经验之外的"超验存在"，人们在经验世界中无法找到与"上帝"这个词语相对应的对象；那么"上帝"一词还能被赋义吗？我们的语言还能够谈论上帝吗？换个问法，生活在经验世界中的有限的人能否或如何谈论超验世界中无限的"上帝"？一方面，我们在信仰上说上帝是超越一切人世经验的，与人类之间存在着不可逾越的差距；另一方面，我们却在用宗教语言"描述"上帝，比如说，他是全善全知全能的。所以，在经验基础上用语言描述"上帝"这个对象的超验内涵乃一个矛盾，这个矛盾就是宗教语言要解决的问题。其实很多哲学家和神学家都注意到了这个问题，即人类语言不能跨越人与上帝之间的无限鸿沟而指涉上帝的本质或属性。他们的理由是：人的认识是从感觉经验开始，并始终存于经验之内，因而人的思想观念以经验为基础，人的语言只有在经验范围内才能被理解。对于超验世界中的"上帝"，人的经验无能为力。当我们运用语言描述我们在经验中观察到

---

① 转引自卡斯培《现代语境中的上帝观念》，罗选民译，华东师范大学出版社2008年版，第5页。
② ［加］许志伟：《基督教神学思想导论》，中国社会科学出版社2001年版，第13页。

的对象，并在此基础上谈论与对象之间的关系时，我们可以根据经验对所谈论的对象给出意义澄清和真假判断。但是，在宗教语言中，我们没有经验凭据，因而缺乏根据对"上帝"存在以及"上帝"的各种属性进行描述的宗教词汇进行真假判断。于是，大家似乎相信，宗教语言关于那个超越经验的无限者或终极存在的谈论是缺乏根据的，其可靠性值得怀疑。

宗教语言问题是一个古老而崭新的问题。古老，是因为在古希腊时代，人们就一直对这个问题争论不休，典型的代表人物就是柏拉图，他曾说过："要找到宇宙之父和造物者是极艰难的，即使找到他，把他说出来让其余的人明白也是不可能的。"[①] 当然，柏拉图谈的"宇宙之父""造物主"并不是希伯来宗教中的"上帝"，但后人的讨论似乎都是建基于柏拉图的这一观点之上，且相应提出了层出不穷的理论，比如否定说、隐喻说、类比说等（在"文献综述"我们会详细介绍）。崭新，是因为这个问题在20世纪成为争论最激烈的问题之一，且由于"语言学转向"由哲学领域向宗教领域的延伸，甚至出现了"语言学是神学的婢女"[②] 的说法。人们对宗教语言问题的关注集中体现在宗教语言的意义上，正如哲学家埃万斯（Evans）所言：

> 宗教徒在20世纪遇到了一种新的挑战。这种新挑战在于，相信上帝是无意义的。也就是说，诸如"上帝存在"，"上帝爱人类"等命题，在认识论上是无意义的；它们缺乏任何明确的意思。这不是说，我们缺乏有关上帝存在的证据，而是挑明，我们连"上帝存在"这种说法的意思都不知道。[③]

无独有偶，当代宗教哲学家斯马特也发出了类似的感叹：

> 当前对有神论的最大威胁，并非来自于那些否认关于上帝存在的论

---

① ［古希腊］柏拉图：《蒂迈欧篇》28C3-5. 见［古希腊］柏拉图《蒂迈欧篇》，谢文郁译注，上海人民出版社2003年版，第26页。

② Lieven Boeve, *linguistica ancilla Theologiae: the Interest of Fundamental Theology in Cognitive Semantics* selected From *the Bible through metaphor and Translation* edited by Kurt Feyaerts, New York: Peter Lang, 2003, p. 16.

③ 转引自张志刚《宗教学是什么》，北京大学出版社2002年版，第89页。

证的人，因为有许多基督教神学家就不相信可以证明上帝存在……对有神论的主要威胁，乃来自那些认为说"上帝存在"，"上帝不存在"同样荒谬的人，他们认为上帝概念是一个无意义的概念。①

考察宗教问题的"语言学转向"，我们发现，20世纪人们对宗教语言意义问题的关注显得更为突出，以至于哲学家R. P. Shrivastava在他的《语言意义和宗教》中一针见血地指出，"神哲学家们关心意义甚于关心真理（His concern is with meaning rather than with truth）"，所以，"今天神学和哲学的根本问题是意义的标准建立宗教语言的诚意。换句话说，今天神学的问题就是宗教语言的问题"②。当代神学家麦奎利也认为，语言哲学的挑战是"对神学提出的最激烈的挑战之一，因为语言哲学关注的不单是宗教命题的真假，而且是宗教命题的意义本身"③。人们对宗教语言意义问题的关注，大致来说，有这样几种不同的声音：第一，宗教语言不是一种宣称（statement），而是一种伪陈述（如逻辑实证主义者）；第二，宗教语言是空洞的，自相矛盾的（J. N. Findlay，A. Flew）；第三，宗教语言是类比的（E. L. Mascall）；第四，宗教话语是非认知的，如Braithwaite的经验理论，Hare的blik理论和保罗·蒂利希的象征理论等。

那么人们为什么关注宗教语言的意义呢？我们知道，传统宗教哲学主要讨论的是上帝观问题，这首先表现在"上帝存在"与否的问题，而这个问题又以人们如何"认识（谈论）上帝"的问题为前提；而如何"认识（谈论）上帝"的问题又以"'上帝'是何意义"的问题为前提。这最后一个问题，就成了宗教哲学家必须解决的问题。④ 所以20世纪的宗教哲学也经历了"语言学转向"，开始研究宗教语言的意义问题。宗教语言是否有意义，能否被人们所理解？要回答这个问题，我们需要从语言的意义开始着手。我们知道，

---

① 何光沪：《多元化的上帝观——20世纪西方宗教哲学概览》，中国人民大学出版社2009年版，第26页。
② R. P. Shrivastava, *language meaning and truth*, A Janta Publications (India), p. 92.
③ 何光沪：《多元化的上帝观——20世纪西方宗教哲学概览》，中国人民大学出版社2009年版，第26页。
④ 何光沪：《多元化的上帝观——20世纪西方宗教哲学概览》，中国人民大学出版社2009年版，第26页。

语言的意义研究的是语言与经验世界的关系。语言哲学家们（比如弗雷格）认为语言之所以有意义，是因为其在经验世界所指称的事物确切存在，比如，这是一棵树。说这句话的时候说话者如果指着门前那一棵高大的植物同时嘴里发出这些有声的符号，听话者就完全可以把这些"有声的符号"跟这棵植物联系起来，于是这个句子就可以被听话者所赋义。维特根斯坦曾经很形象地将这种赋义事物的方法称之为"贴标签"："给一个东西命名类似于给这个东西贴上一个标签。"① 我们发现"贴标签"的意义观其实就是"指称论"即语言意义就是语言指称的对象。这种意义观强调句子的真假值。弗雷格说，"一个句子的意谓就是它的真值"②，"我们关心句子部分的意谓（meaning），这说明我们一般也承认并要求句子本身有一个意谓。只要我们认识到句子的某一部分没有意谓，思想对于我们就失去了价值"③。当一个句子中各部分的词均有指称的对象时，这个句子就是"真"的，但某个词没有指称对象时，这个句子就是"假"的。换句话说，当一个词没有相对应的对象时，句子本身也就失去了意义。这种观点对宗教语言的冲击是不言而喻的。宗教语言所谈论的"上帝""圣灵"在经验世界中找不到任何对象与之相对应，所以，这些语言被认为是无意义的。正如神学家考夫曼所说："如果我们经验中绝对没有什么东西，能够直接等同于'上帝'一词的真正所指，那么这个词具有什么意义呢？"④

既然哲学家认为关于"上帝"的宗教语言是没有意义的，为什么人们还要使用这些语言？如果一个人对一个虔诚的犹太教徒或基督徒说："'上帝'这个词是没意义的，我们不要谈论他。"试想这个犹太教徒或基督徒会怎么回答？他肯定会反问道："'上帝'怎么会没意义呢？我说'上帝爱你'或'上帝会惩罚你'这两句话难道没意义吗？你听不懂吗？"可见，只要人们有宗教

---

① ［英］维特根斯坦：《哲学研究.2：英汉对照》，蔡远译，九州出版社2007年版，第17页，15节。
② ［德］弗雷格：《论涵义与意谓》（Uber Sinn und Bedeutung），载《弗雷格哲学论著选集》王路译，商务印书馆2006年版，第103页。Bedeutung是德语词，英文一般译为meaning，汉语一般译为指称或意谓。本书一般将其译为"赋义"。
③ ［德］弗雷格：《论涵义与意谓》（Uber Sinn und Bedeutung），载《弗雷格哲学论著选集》，王路译，商务印书馆2006年版，第102页。
④ ［美］阿尔文·普兰丁格：《基督教信念的知识地位》，邢滔滔等译，北京大学出版社2005年版，第34页。

生活，就必然要使用宗教语言。犹太教徒或基督徒不会因为语言哲学家们的论证（宗教语言是无意义的）就停止使用宗教语言，相反，这会使他们更加执着地使用宗教语言。因为宗教语言是他们在生存中必须使用的语言。如果套用海德格尔的名言"语言是存在的家园"，那么，我们也可以说，宗教语言是宗教徒生存的家园。宗教是人们生存的基本形式，是实实在在的人的生存，而这一生存状态下，人们必然要使用宗教语言。所以，从生存的角度来看，人们——尤其是宗教徒必须使用宗教语言，"宗教语言是无意义的"这种说法在他们的情感中是无法接受的，不管哲学论证有多么严谨、多么有力。

于是，我们看到这样一个事实：一方面，人们从哲学上论证说宗教语言是无意义的；另一方面，人们在生存中又非常执着地使用宗教语言。问题到底出在哪里呢？该怎样解决呢？

我们发现，宗教语言的问题主要集中在两点之上：第一，人类的语言能否或如何谈论"上帝"，这是由人类语言与上帝概念之间的鸿沟造成的"隔阂"；第二，宗教语言的意义问题，即"上帝"概念到底有什么意义。其实这两个问题可以归结为一个问题，那就是"人们如何才能有意义地言说上帝？"或者可将之简单归纳为，"上帝"概念如何被赋义？这个问题是古往今来许多哲学家和神学家为之着迷的一个问题，而解决的理论、途径和方法也异彩纷呈。在下面的"文献综述"部分，我们不妨就梳理一下这些理论方法，看看人们是如何企图重建"巴别塔"，以弥补"上帝"与"人类语言"之间存在的这道似乎不可跨越的鸿沟的。

二　文献综述：我们如何有意义地言说"上帝"

我们如何有意义地来言说上帝呢？一些哲学家和神学家认为，尽管上帝是无限的超经验的存在，但是我们人类必须在自己有限的经验范围内来言说上帝，只是必须承认语言在这些情形下会有一定的缺损。于是，他们相继提出了一些经典的理论，如否定说（via negtiva）、类比说，隐喻说和象征说等。这些方法在使用上有一个共同点，就是我们无法直接言说上帝，所以只能采取迂回间接的方法，这些方法都是建基于人的"经验"基础之上的，从人类有限的经验出发去"指称"上帝，是"经验指称"的赋义方式。

1. **否定说**（via negtiva），又称"否定陈述"，代表人物有伪狄奥尼修斯、迈蒙尼德和托马斯·阿奎那。如果用一句话来概说"否定说",那就是"与其说上帝是什么,不如说上帝不是什么"。一些先哲认为"上帝"远远超越于我们,不能被我们的理智所理解,所以要达到上帝的完美,我们只有用"否定陈述"。真正把"否定法"提升到一定理论地位的是伪狄奥尼修斯(Peudo-Dionysius),又译为伪丢尼斯。伪狄奥尼修斯之所以可以在基督教界树立起权威,是因为后来的基督徒相信他就是保罗在雅典布道时归信上帝的丢尼斯(徒17:34)。所以他们把他看作保罗的门徒,并且真真切切视其为早期教会的见证人。直到15世纪其真实性才受到质疑,所以被称为"伪"的(Pesudo)。伪狄奥尼修斯认为我们有不同的方法来描述上帝。在《神圣之名》(the Divine Names)一书中,他指出上帝是各种事物的原因,但是上帝的名称却不能直接指称"上帝"本身。于是,他特别倾向于用否定的方法来谈论上帝。对此他论述说,"我们爬得越高我们的语言越受限",直到最后我们达到"一种完全的话语和智慧的缺失"[①]。他所坚持的这种方法的极致就是"否定说",也就是所有关于上帝的描述都要被否定。他认为,"否定说"是一条可以达到上帝的神秘的、非概念性的和深奥的途径。由于人的理性认识是有限的,语言表达也是有限的,而上帝是无限的超越的,所以用有限的语言来描述无限的上帝,唯有排除一切肯定的谓词,才能最终达到对上帝的认识。

伪狄奥尼修斯"否定说"思想的影响是深远的,在中世纪时期犹太大哲学家迈蒙尼德的著作中,我们仍然能够找到伪狄奥尼修斯"否定说"思想的痕迹,而托马斯·阿奎那则多次在著作中承认自己深受伪狄奥尼修斯的影响。但我们需要注意的是,"否定说"在迈蒙尼德思想中已经被深深地发扬光大,提升到了一定的理论高度,且成为"最具影响的古典学说"[②]之一。

迈蒙尼德(1135—1204年)是中世纪犹太人中首屈一指的大思想家和哲学家。他有很多著作,尤其以《迷途指津》影响最为远大。这部用阿拉伯语撰写的作品一直被学术界视为犹太哲学的经典之作,其中宗教语言问题是迈蒙尼德宗教哲学思想的切入点。在《迷途指津》第一篇第五十七章到第六十章中,迈蒙尼德全面阐述了他的"否定陈述"的宗教语言思想。他说:"对于

[①] Dionysius, *the Divine Names and Mystical Theology*, edited and trans John D. Jones, *Medieval Philosophical Texts in translation*, Vol. 21, Marquette University Press, Milwaukee, WI, 1980, pp. 5-9.

[②] 转引自张志刚《宗教文化学导论》,人民出版社1993年版,第230页。

上帝的否定性描述才是正确的描述。"① 因为只有这种描述才不会被冗长的、华而不实的言语左右，才能显示出上帝的全能和完善。我们要了解某一客体，就必须在描述中尽可能多地展示对这个客体的说明，我们的描述越详细，越能接近对这个客体的理解。而在描述上帝时，我们对上帝的"否定属性"每增加一种，我们就能更进一步接近对上帝的认识。迈蒙尼德认为，如果我们用"肯定属性"来描述上帝，则我们就同时在两个方面远离了他。第一，我们所肯定的东西仅仅对我们来说是一种完善；第二，上帝在其本质之外不具有任何附加的东西，他的本质包括了他所有的完善。而否定属性"却是我们必须用以指引我们的心灵，通向我们必须信仰的有关上帝的真理的东西。一方面，否定性并不暗示任何复多，另一方面，他们向人传送了最大可能的关于上帝的知识"②。人类的语言是有限的表达，无论我们用何种肯定属性的语言来描述上帝，都会有损于上帝的完善，都是对上帝的贬低。这就好比"一个国王有一百万的金币却被赞为有一百万个银币"一样。而用否定性的言语来描述上帝，情况则大不一样，越是否定上帝不是什么，则越能接近对上帝完善性的认识。但是，需要注意的是，在这个过程中所否定的东西必须是"否之有据"的，而不仅仅是言辞上的否定，因为每一次当我们通过证明否定某种原以为存在于上帝之中的东西时，我们对上帝的知识就迈进了一步。在迈蒙尼德看来，我们关于上帝唯一完整的知识"就在于认识到我们不能够真正地把握他"③。只有上帝才能把握他自己，凡人不能很快意识到这些事情以达到这个结论：人根本不可能认识上帝。真理在于中道，而防止滑向两个极端，则需要宗教的力量。上帝是可以达到的，但只能间接地达到。否定的方法使心灵能够积极地去把握神性，但并非所有的秘密都能被把握，因为上帝从未被除他自己以外的任何存在完全把握。需要指出的是，迈蒙尼德的观点实质还是一种旨在调和理性和信仰的方法：既要使信仰的东西符合人类理性，又要使理性为信仰服务。这也是迈蒙尼德写作《迷途指津》及其他著作时一贯坚持的观点。

---

① ［埃及］摩西·迈蒙尼德：《迷途指津》，傅有德等译，山东大学出版社2007年版，第126页。
② ［埃及］摩西·迈蒙尼德：《迷途指津》，傅有德等译，山东大学出版社2007年版，第127页。
③ ［埃及］摩西·迈蒙尼德：《迷途指津》，傅有德等译，山东大学出版社2007年版，第130页。

"否定说"后来为经院哲学大师托马斯·阿奎那所继承。阿奎那认为通过"否定说"我们的理智可以与上帝联合，因为关于上帝的绝对知识使得上帝超越了所有可以思考的事物，所以通过否定说来给上帝命名是"相当合适的"。我们关于上帝的最完美的知识就是意识到上帝在认识论上是超越的："我们知道上帝在现实生活中是最完美的，当我们认识到他超越了我们所有的理智所能设想的范围，这样我们唯有把他认为是不可知的实在才能与他联合。"① 对上帝的超越性的认识，使我们虔诚地认识到在生活中要追求与不可知的上帝联合，这是伪狄奥尼修斯神秘主义神学的中心。但是，如果上帝对我们来说是不可知的，那么我们必须否认，任何生活在尘世中的受造物可以认识他，所以从这个意义上讲，否定法就成了我们了解上帝的方式中最完美的方式。② 我们对于上帝超越性的感知要求我们必须选择"否定法"，这样才使得我们言说上帝成为可能。托马斯·阿奎那认为可以通过排除上帝不是什么的否定方法，即从上帝的概念中消除所有那些不完善、质料性等与上帝不相符合的因素，从而确定上帝具有单纯性、完善性、无限性、不变性和单一性的本质。总之，引入宗教语言的否定陈述，是为了表明超验的宗教概念不能从表达人世经验的语言中获得直接的信息，而只能从直接否定人世经验的信息方面间接显露出其超验的信息，以便我们更多地理解宗教的概念。"如宗教传统中所说的上帝，他的性质完全不在人世的经验层面，我们对他的认识经验会逐步地增加对他的理解。如我们不断地否定上帝具有我们认识经验中的某些性质，实际上在这个否定的过程中我们也就逐渐地理解了上帝所具有某些超验的性质。"③

需要指出的是，"否定说"也不是万能的，它存在着明显的缺点，这可以归为两点。一是"否定陈述"的方法使用是有条件限制的，在判断"二者居其一"的选择情况下非常适用，当我们说上帝不是什么时，这多少有可能让我们理解上帝是什么，但并不必然让我们理解上帝是什么。正如"A 不是 B"这个否定陈述，它有可能使我们理解"A 是什么"，但这个可能性只限制在

---

① *Summa theologica* 4.49.2.1.

② Gregory P. Rocca, O.P., *Speaking the Incomprehensible God*, the Catholic University of America Press Washington, D.C. 2004, P. 56.

③ 单纯：《宗教哲学》，中国社会科学出版社 2003 年版，第 249 页。

"A 不是 B"这个判断中,除此之外并不必然说明"A 是什么"。二是在通常情况下人们并不习惯从一系列的否定陈述中去理解他们所要理解的事物,而更习惯于从肯定的陈述中认识事物。如果宗教信仰者也"习惯于从否定陈述中去加深对于语义的理解,那他们就更有可能成为怀疑论的哲学家而不是虔诚的宗教信仰者了"[1]。或许正是由于认识到了"否定说"的这一缺点,托马斯·阿奎那后来又发展出了"类比"理论,旨在建立起对上帝的理智、意志、全能等其他本质活动和属性的认识。

2. **类比说**,代表人物托马斯·阿奎那。我们在上面叙述过的"否定说"的含义是:人类理性并不能在完全肯定的意义上直接把握上帝的本质,只能通过"上帝不是什么"的否定判断来达到对上帝的认识,目的在于"通过否定之路,去消除所有我们关于上帝的不真实的臆断"[2]。"类比说"则与"否定说"的思路正好相反,它致力于探讨以受造物的经验为立足点,并由此出发来为"上帝"命名。需要注意的是:"类比说"能够得以利用,必须有个最基本的前提条件就是上帝与受造物之间具有一种因果的联系性,且具有相似性。借用台湾学者曾庆豹先生曾在《上帝、关系和言说——通向后自由的批判神学》一书中引用 Henrich Ott 的话来说,类比之所以可能是基于以下的事实:人自以为能够同样地预先规定一个关于上帝与世界的存在之概念,并可以借助此一概念在思想上达到上帝和世界之上的地方,这意味着存在思想所支配的概念,作为一个可通观的伟大之物的存在。[3]

"类比"(analogy)一词来自希腊单词 analogia,是由 ana 和 logis 构成的。Ana 是介词,意为"根据或按照",logis 是 logos 的变体形式,表示言语理由或概念,所以 analogia 整个词的意思是"根据言语"或者"按照关系"。它主要指的是人类知识的类比。托马斯·阿奎那致力于用"类比说"探讨对上帝的"积极(正面)"言说或命名的方法。在《神学大全》第十三个问题"上帝的名称"中,托马斯·阿奎那首先提出这样一个问题:我们可以给"上帝"命名吗?他认为:"语词是观点的符号,而观念又是事物的类似,很明显,语

---

[1] 单纯:《宗教哲学》,中国社会科学出版社 2003 年版,第 249—250 页。
[2] 翟志宏:《阿奎那自然神学思想研究》,人民出版社 2007 年版,第 217 页。
[3] 曾庆豹:《上帝、关系和言说——通向后自由的批判神学》,台北:五南图书出版有限公司 2001 年版,第 233 页。

词正是通过心智概念为媒介与事物的意义相联系的。"① 所以，我们只能在自己认识的范围内去命名事物。但是由于上帝是超越我们的存在，我们无法了解其本质和属性，但是我们可以根据受造物的原则来认识和了解上帝。这样我们就可以从受造物出发来对上帝进行命名。

但是需要注意的是，阿奎那认为，我们虽然可以从受造物的角度来给上帝命名，但是所使用的语词既不是单义的（univocal），也不是多义的（equivocal），而是类比的。一个语词如果始终在一种意义上使用，或者说只有一种意义，那它就是单义的（univocal）；如果可以在多种不同的意义上使用，意思含混两可，那就是多义的（equivocal）。而类比则是处于单义和多义之间的中间道路。举个例子来说，当一个词，如善，既用于一个被造物又用于上帝时，它在这两种场合不是被单义地使用的。如果完全按人可能是"善"的这种同等的意思来说，上帝就不是善的。但我们也不能把"善"一词多义地应用于上帝和人，因为上帝和人毕竟是两种完全不同的"存在"，用来形容人的"善"的词语不能同样应用于上帝身上。所以如果一个词是单义的，就意味着把上帝和受造物完全等同，从而否定了上帝的超越性和人的被造性；如果一个词是完全多义的，我们就会陷入无法认识言说上帝的那种境地。如何解决这个问题呢？这就需要我们使用"类比"。在人的善与上帝的善之间，必有一种确定的关联，而这种关联性，依照阿奎那的理论，就是类比。所以"善"这个词运用于造物主和被造物时，既不是单义的，也不是多义的，而是"类比"地运用的。对此，阿奎那有清楚地表达："所以，我们必须说，用来言说上帝和受造物的那些名称是在类比意义上，也就是根据比例关系来使用的。"②阿奎那认为这种"比例类比"有两种：多物与一物之间或者一物与一物之间。举例来说："健康的"可以用以称谓药品和尿液，因为它们都与动物的健康状态有关，药品是健康的原因，而尿液则是健康的标记，这是多物与一物之间形成的比例类比关系；"健康的"也可以称谓药品和动物，因为药品是动物健康的原因。这是一物与一物之间的比例类比关系。我们换种方式来对此解释。在阿奎那看来，各种事物同时与另一个事物发生关联，诸如"医学""尿液"

---

① *Summa theologica* I, q. 13. a1.
② *Summa theologica* I, q. 13. a5.

"动物"各种各样事物都与"健康状态"有关,于是后者"健康状态"就构成了一个中心,因为这个中心,其他所有"有益健康的事物"彼此之间构成一种类比关系。另一种情况就是两个事物之间直接构成关联,无须借助第三种事物,比如"健康的药品"和"健康的动物"之间的关系就是一种类比关系,其中动物是主体,是根本性的,而药品是偶性,是附属于人的,药品有益于人的健康,"健康的"一词的意思在这里虽然有所不同,但也并非彼此不相关的,换言之,它既不是纯粹单义的,也不是完全的多义的,而是一种类比意义。① 所以,阿奎那说,以这种方式,我们可以在类比的而不是完全单义或者完全多义的意义上,把某些称谓用于上帝和受造物。

在阿奎那看来,当我们用我们在经验世界的语言来谈论上帝的时候,这种论述既不像单义词那样是完全相同的,也不像多义词那样是完全不同的,而是介于这二者之间的一种类比。通过类比我们可以形成对上帝的某种肯定判断和认识,从而使我们可以从受造物走向上帝,在肯定意义上来谈论上帝。所以,类比理论让阿奎那解决了我们言说上帝的可能性问题,这是类比理论的真正意义所在。阿奎那正是通过他的类比理论打通了人类语言与上帝超越性之间的障碍,修正甚至超越了狄奥尼修斯和迈蒙尼德"否定陈述"的观点。J. M. 鲍亨斯基曾这样写道:"根据托马斯主义的类比推理理论,虽然上帝的本质非我们的知识所能及,但我们仍然能够利用'类比'法给他们加上某些谓词。比方说,我们固然不知道而且不可能知道上帝想些什么,但我们可以说,上帝的思想与其对象间的关系,同人类的思想与其对象间的关系是存在某些类似之处。由此引申出这样一种观点,即认为上帝设想的种种关系与我们凭经验认识到的关系,是相互同态的。"②

3. **隐喻说**,代表人物亚里士多德、阿奎那、Lakoff & Johnson、索斯凯斯(Soskice)和 Sallie MacFague 等。"隐喻"跟"类比"相同的地方在于两者都是一种比较,所不同的是"类比"采用的多是类同的比较,如上帝是爱、上帝是父亲等,即两者之间都有同"类"的情感或素质;但"隐喻"则是把一

---

① 对于阿奎那"比例类比"的详细分析,可以参阅 John S. Moreall, *Analogy and Talking About God* University of America, 1979。也可以参阅翟志宏《阿奎那自然神学思想研究》,人民出版社 2007 年版。

② [德] J. M. 鲍亨斯基:《当代思维方法》,童世骏、邵春林、李福安译,上海人民出版社 1987 年版,第 55 页。

些隐藏在某一类东西背后的意思转用到另一类东西去。例如说上帝是狮子，这仅仅是一个"隐喻"，上帝与狮子不是同类的东西，但用狮子代表的威猛去比喻上帝的威武。因此，"隐喻"更能够说出比较的事物之间的相同与相异之处。此外，"隐喻"也是一种比较开放的语言，让人能够进一步深入发掘新的不同的意义。例如说神是光，这便是一个意义丰富的"隐喻"。

"隐喻"的英文词 metaphor 来源于希腊词 metapherein，在希腊文中，是 beyond（超越，在……之上）的意思，pherein 则是 to bring（带来）的意思。在拉丁语中，这个词的拼写演变为 metaphora。从词源学及构词法的角度来看，"隐喻"最基本的内涵表示一种意义的转换或转移。Metaphor 这个词在最初是作为一种修辞格而出现的，但随着人们对其研究的深入，隐喻就有了狭义和广义理解。从狭义上讲，隐喻指的是语言中某些语词的特殊用法，往往是用事物 X 的名称指称 Y 事物。从广义上讲，隐喻则可以指概念化以及再概念化的过程本身，也就是我们可以认为所有的思想和语言都是隐喻性的。这种变化起于 20 世纪 70 年代，随着认知科学和认知语言学的兴起，隐喻不再仅仅被看作一种广泛存在的语言修辞现象，而被确认为是人类一种重要的认知和思维方式。

第一位对隐喻问题做出专门研究并试图描述其内涵与本质的学者是亚里士多德，但他是在一种纯粹修辞学的层面上谈论隐喻的。他说："隐喻可以使文体清晰，富有魅力（charm），其独特性是任何别的修辞都无法媲美的。合适的隐喻必须是与所指称的东西相适应，而如果这一点都达不到，那么，隐喻就有了明显的不合适性：本体与喻体之间就成了并行关系而缺少了和谐相处（the want of harmony between two things is emphasized by their being placed side by side）。"[①] 在他的另一部书《诗学》中，亚里士多德说："隐喻是用一个陌生的名词替换，或者以属代种，或者以种代属，或者以种代种，或者通过类推比较（analogy）。"[②] 这也是思想史上第一次对"隐喻"进行的分类。但亚里士多德的理论还比较浅显，只是认识到了隐喻的修饰功能，即把隐喻当作了语言润色的工具。需要注意的是，亚里士多德是把"类比"也算作了"隐喻"的一种类型。他认为，隐喻主要通过事物之间的类比（analogy）。这

---

① Aristotle, *Rhetoric*, Translated by W. Rhys Roberts Dover, Publications. INC., New York, 2004, P. 122 1405a.

② ［古希腊］亚里士多德：《诗学》，陈中梅译注，商务印书馆 1996 年版，第 20 章。

一思想直接影响了托马斯·阿奎那。阿奎那在使用"隐喻"的时候,其实是无法明确区分"隐喻"和"类比"的思想的。我们在前文已经把他的"类比"思想单独列出来陈述,所以这里只简单论述他的"隐喻"观。阿奎那说,"由于上帝是根据万物的本性为万物提供所需(provide for),很自然地,人类可以通过有感知的物体来达到智慧的真理(intellectual truths),因为我们所有的知识都来自真理。所以,在圣经中属灵的真理可以通过物质性的万事万物的相似性(likeness)来获得",而"神圣教义使用隐喻是必要而有用的(sacred doctrine makes use of metaphors as both necessary and useful)",由此我们可以"言说或思想上帝(we may say or think of Him)"。[1]

阿奎那以降,人们对于隐喻的研究只是在语言修辞范围内,直到20世纪末,这种情况才发生了根本改观。当代随着认知科学和认知语言学的发展,人们把隐喻研究扩展到了许多的领域,包括神学领域。有人甚至提出了"人类的一切语言都是隐喻的"(如 Mary Hesse),有人则认为人类的思维都是隐喻性的(比如 Lakoff & Johnson)。我们这里对这些理论和说法不作过多评论,只关注他们使用隐喻的哲学基础。我们发现,人们使用隐喻的哲学基础仍然建立在经验主义之上,即我们关于世界的全部知识都是来自我们的感知(直接或间接),是由人类自身的感觉能力所建构的。对这一点最经典的叙述,来自美国两位"认知语言学之父"——Lakoff&Johnson 所合著的《我们赖以生存的隐喻》(Metaphors we live by)和《体验哲学——基于体验的心智及对西方思想的挑战》(Philosophy in the Flesh——the Embodied Mind and Its Challenge to Western Thought)。在书中,他们提出了"体验哲学"(Embodied philosophy)的说法。这一说法主要有三条原则:第一,我们的心智是体验的(The mind is inherently embodied);第二,我们的认知是无意识的(thought is mostly unconscious);第三,我们的抽象思维是隐喻性的。[2] 具体来说,我们的概念、范畴、推理和心智都是基于我们的身体经验形成的,这是我们日常推理的认知基础,比如,我们的概念必须通过我们的身体、大脑和对世界的体验而形成,这就是心智的体验性;我们的认知是对客观世界感知与体验的过程,但这一

---

[1] *Summa theologiae* I, 1.9 ar. 1.

[2] George Lakoff and Mark Johnson, *Philosophy in the Flesh——the Embodied Mind and its challenge to Western Thought*, Basic books, 1997, p. 3

过程需要设计诸多复杂的认知运作程序和神经加工过程，且这些分析都是不为我们所察觉的，运作太快，所以我们的感官如视觉、听觉、嗅觉等神经加工过程都是不可能被意识到的，是处于无意识状态的，这就是认知的无意识性；而隐喻的基本作用是从始源域（source domain）将推理类型投射到目的域（target domain），从而使得大部分抽象思维成为可能，比如一些哲学、宗教术语都是基于隐喻的，由此才把我们的理解扩展到了抽象概念领域。通过隐喻，我们关于始源域的知识被映射为目的域中的知识，这样我们也就可以了解到目的域的知识，比如，上帝是父。在我们的经验领域中，我们对父亲有清楚的知识，我们知道父亲对我们的爱、对我们的管教等，而把上帝比作父亲，则就了解了上帝对我们的爱、对我们的管教——甚至这种爱和管教要比我们的父亲更加"长阔高深"。虽然人们对隐喻的研究非常广泛，但把它用之于解释宗教语言的人却明显较少，较具代表性的是英国的 Soskice 和美国的 Sallie MacFague 两位女性宗教哲学家的论述。

当代英国基督教哲学家 Janet Martin Soskice 认为隐喻与宗教语言的关系可谓源远流长，隐喻也是神学研究的一个迫切话题，而且在神学教义、释经学中都大量得到应用。比如，在《圣经》经文中描述 God 的文字中就有着大量的隐喻。她把这些隐喻分成了三类[①]：第一类是表明上帝是作为统治者的职分（offices of governance），如上帝是主（Lord）、上帝是王（King）、上帝是审判者（Judge）；第二类是表明上帝作为服侍者的职分（offices of service），如上帝是牧者（Shepherd）、上帝是守卫者（Watchman）、上帝是服侍者（Servant）；第三类是表明上帝作为爱的职分（offices of love），如上帝是父（Father）、上帝是兄（Brother），上帝是人子（Son）、上帝是佳偶（Spouse）、上帝是良人（Lover）。我们发现，《圣经》中使用这些隐喻的一个最重要目的是用我们在经验世界中所熟知的称谓来指称我们并不能经验到只能凭信心来赋义的"上帝"，由此把我们所熟悉的一些称谓，甚至是最亲密的亲属称谓（kinship title）"投射"到上帝身上，从而达成对"上帝"的理解。也就是说，当我们在言说上帝的时候，我们使用的一个个的隐喻，都是要表明这些隐喻

[①] Janet Martin Soskice, *The kindness of God: Metaphor, Gender, and Religious Language*, Oxford University Press, 2007, p.1.

所表达的映像（imagery）都在以间接的方式反映出我们所能理解的上帝形象。由于我们不能直接通过经验观察来描述上帝，所以我们只能基于我们所生存的经验现实环境来描述上帝，所以隐喻就成了一种必不可少的手段。对此我们也可以用"语言贫困说"来解释，也就是，在人类现有的词汇中没有合适的词来表达关于上帝的概念，人们往往需要通过借用现成的词语或表达法来表达这一概念。这样，我们的语言就需要运用大量的隐喻性词语来表达对上帝的指称。

Soskice 说，隐喻使用在宗教语言中有一个基本原则，那就是，尽管上帝是无限的超经验的存在，但是我们人类必须在自己有限的经验范围内使用语言来描述上帝，只是需要承认语言在这种情形下会有一定的缺损。这条原则很显然暗示着我们并不能知道言说一个全能的纯灵的超越经验界的实在到底是什么意义，所以唯有使用"隐喻"勉强而为之。Soskice 认为，隐喻性的术语（metaphorical terms）可以看作真实存在的指称替代（be seen as denoting candidates for real existence），且可以用来描述实在，而不必在意这些实在是不是"绝对可描述的（exhaustively descriptive）"。隐喻术语的一大特征是模糊，而这正是它们的最大特征。如果没有这种模糊性，那么，人们就会把这些术语看作对实在的绝对性理解。所以，隐喻的模糊性使得我们可以用其来指称真实的存在，同时承认我们对实在的相关知识是不完全的。隐喻使得我们不必"定义"实在，而只要使用语言来指称它。所以 Soskice 认为这恰恰是隐喻在宗教语言上广受欢迎的原因："在这一点上否定神学和肯定神学正好契合，因为否定的观点是我们对上帝什么也不能言说，而只能是指向他（point towards Him），而这种观点使得我们在试图言说上帝和上帝的行为时，总会心有顾虑地说我们的语言是不精确的（inadequate）。而"指称"与"定义"的分离正是隐喻言说的中心，所以通过隐喻来言说超越的上帝就是不仅可能而且是必须的了。"[1] 在 Soskice 看来，我们使用隐喻不是在定义（defining）上帝，即描述上帝的本质、属性特征等，而只是在"指称"或指向他，即用模糊的语言让人们了解上帝部分的属性或特征等。正是基于隐喻的这一特征，隐喻在宗教语言中得到了大量的运用。因为隐喻最大的优势就是使得人们可

---

[1] Janet Martin Soskice, *Metaphor and Religious Language*, Clarendon Press Oxfod, 1985, p. 140.

以指称上帝但不必去定义"上帝",从而使得宗教信仰者可以通过语言的隐喻使用来有意义地谈论上帝,同时也避免了"错误指代"的危险。比如,一个有神论者可以说"上帝是磐石(God is rock)"。这样一个句子可以用来指称上帝而不必被理解为是用来定义或者描述上帝的。这样,"上帝是磐石"就不必拘泥于字面意义,而可以成为"真"的陈述,即只要这一陈述告诉我们关于上帝的某些特征我们就可以说这一陈述是"真"的——只要我们不把这句话仅仅从字面上理解为上帝一定与磐石一样。所以,在宗教语言使用环境中,使用隐喻可以帮助我们在无法获得关于"上帝"的精确信息下仍然可以使用宗教语言。我们在经验范围内当然无法确知"上帝"概念的精确意义,这是一种模糊性,但是这种模糊性也为我们使用隐喻留下了空间,使得我们可以充分发挥想象力来设想超验世界的东西,并使用隐喻来表达,如上帝是王、上帝是父、上帝是良人等,这都是把经验世界中我们所熟知的形象投射到超验世界中的"上帝"概念中去。所以,正是由于隐喻,我们的语言尽管不能精确描述或定义"上帝"的知识,但是仍可以揭示出"上帝"超越的实在性,即宗教语境中的最高本体。

另一位美国女性哲学家 Sallie MacFague 也主张用隐喻来言说上帝,并且力图建立"隐喻神学"(metaphorical theology)。Sallie MacFague 认为宗教语言成为一个问题,并不是我们的上帝观出了问题,而是我们描述上帝时使用的语言出了问题,这主要体现在宗教语言出现了崇拜化(idolatrous)和非相关性(irrelevant)两个特征。[①] 崇拜化主要体现在人们普遍认为《圣经》是神的话语,是无误的,是上帝亲自默示的,所以《圣经》的话语是权威的,是适合于上帝的话语和形象的,所以,必须坚持人类语言对上帝的字面指称,从这个方面讲,宗教语言具有了崇拜化的趋势。而第二个特征是非相关性,其含义是宗教语言脱离了人们的经验生活,因而它们往往会以比较特殊的方式将我们排除在外。比如,在基督教传统中,宗教语言往往是《圣经》语言,而《圣经》中关于社会、政治和文化的叙述并不是我们的,而是2000多年前世界的,我们无法理解圣经中所描述的弥赛亚、人子、王等,所以我们被《圣经》世界和传

[①] Sallie MacFague, *Metaphorical Theology: Models of God in Religious Language*, Fortress Press, 1982, p. 7.

统排除了。MacFague 认为，如果说在当代我们的宗教语言的问题主要是崇拜化和非相关性，那么，要使宗教语言焕发生机，其关键是解决我们"如何把事物结合在一起（how things hold together）"这一问题最根本的含义，而隐喻就是其中必要的手段。因为宗教的隐喻性陈述基于我们的日常思考，与我们的日常经验相一致，表达的大多数是我们所并不熟悉的事物。为此，我们需要致力于用隐喻理论来解释基督教神学，而这门学科就被称为"隐喻神学（Metaphorical theology）"。MacFague 说："基督教神学总是在特定的时间和地点对'福音'的解释，所以我们要力图表明隐喻神学与基督教是'天作之合'（indigenous）的，这就是说我们不仅要'允许'使用隐喻来解释基督教教义，而更深地说是基督教需求（call for）隐喻神学。"① 比如，我们都知道，新约中福音的一个重要信息是"上帝的国"，但"上帝的国"是什么或者意味着什么从来没有直接表达，而是通过隐喻来进行间接的暗示；再比如耶稣本身就是上帝一个比喻，上帝的样式是我们所不熟悉不了解的，我们并不知道该如何思考或谈论上帝，但为了能让我们理解，耶稣就"道成肉身"来到我们中间，让我们看到他的一生就是上帝的隐喻。所以，隐喻是我们了解和扩大世界的方法，我们往往通过熟悉的旧的事物来了解陌生和新奇的事物，虽然我们知道新事物和旧事物之间存在着相似与差异，但我们仍习惯于通过"那个"来想着"这个"。隐喻神学就是从耶稣教导的隐喻和"耶稣本身就是个隐喻"开始，以间接而具体的方式来表达上帝跟我们之间的关系。换句话说，隐喻神学使得我们言说上帝成为可能，"这种神学所关注的不仅是我们如何来言说上帝，而且也关注我们可以言说上帝是什么。对于我们如何言说上帝的问题，隐喻神学反对字面主义和所有形式的崇拜化，而对于我们可以言说上帝是什么的问题，隐喻神学又转向耶稣所教导的隐喻和耶稣本身作为隐喻。"②

我们考察了隐喻与宗教语言的关系，我们发现隐喻的使用是基于我们生存的环境，将我们在经验世界中所熟知的事物（始源域）投射为超经验世界中我们所不熟悉的事物（目的域）。它的出发点是我们的经验层面，而且相信

---

① Sallie MacFague, *Metaphorical Theology: Models of God in Religious Language*, Fortress Press, 1982, p. 19.

② Sallie MacFague, *Metaphorical Theology: Models of God in Religious Language*, Fortress Press, 1982, p. 19.

我们在经验的基础上可以描述上帝。由于上帝是我们的造物主，所以我们作为有限的存在，仍然能够通过隐喻来获得关于上帝的知识，尽管这种知识有缺憾性。人类作为有限的存在是上帝创造中的一个组成部分，所以上帝是我们的存在之源，而通过隐喻我们可以作为有限者来获取无限者的知识。

4. 象征说，代表人物保罗·蒂利希（Paul Tillich，又译为保罗·田里克）。提出象征理论的著名代表人物是保罗·蒂利希，他是当代是一位新教神学家、新正统神学家。宗教语言的象征意义是保罗·蒂利希思想的重要组成部分，正如在《信仰的动力》（*Dynamics of Faith*）中，保罗·蒂利希所表达的那样："人的终极关怀必须通过象征来表达，因为只有象征的语言可以表达这种终极。"[1] 那么什么叫象征呢？它对宗教语言的解释力如何呢？

"象征"（symbol），这个词在英文中也可以被翻译为"符号"，其词源来自希腊语，原意表示的是缔约双方把一块硬币（或纸币）弄成两半，当这两片破碎的硬币重新吻合时，这就成为他们的契约的象征，有时这个词也表示一个人身份的象征，如士兵的勋章或暗号。S. I Hayakawa 曾经根据象征的这个词源意义，把象征定义为"人类任意地用某些事物来代替另外一些事物的过程"。但是，我们发现，这个定义更适合"记号"（sign）这个词。保罗·蒂利希首先从澄清概念入手，界定了"象征"与"记号"的区别。象征在一个主要方面与记号是相似的：即象征与记号都指向自身之外的其他事物。但两者的基本区别在于记号并不以任何方式参与它所指示的实在和力量。而象征，尽管不等同于它所代表的对象，但是它分享其意义和力量。简言之，象征与记号之间的区别就在于象征参与了规定象征的象征化实在（the symbolized reality），而记号则不参与规定记号的"所指示的"实在（the *point-to* reality）。语言是区分记号与象征的最好力量。语言中的语词是作为它们所表示的意义的记号。但是，在任何语言中都有着更多这样的语词，在它们获得超出它们作为记号所指示的某物之外的意义之后，它们就能够变成象征：这对于所有说话者来讲都是十分重要的区别。

宗教领域的象征主要是源于信仰的本质要求，即人类终极关怀的特征要求概念必须转变为象征，从而使得真正的终极无限地超越有限现实的领域。

---

[1] Paul Tillich, *Dynamics of Faith*, New York Harper & Brothers Publishers, 1957, p. 41.

因为"没有有限的实在可以直接地合理地表达终极"①。保罗·蒂利希的意思很显然是说,由于在我们的人世经验中没有任何有限的实在可以直接表达超越的终极,因而只能通过象征来表达。从宗教上来说,上帝超越了他自己的名。这就是为什么使用他的名可以很容易地成为一种毁谤或亵渎。对于关系到终极的事情我们不管如何言说——无论我们是否称他为上帝,都有一个象征意义存在,当我们分享到它所指向的时候,就超越了它自身。从这个方面上说,"信仰没有什么别的方法可以足够表达信仰本身,信仰的语言就是象征的语言(in no other way can faith express itself adequately. The language of faith is the language of symbols)"②。蒂利希在这里很强烈地表现出了对象征语言的偏爱,并且坚持认为只有象征语言可以表现出这种终极,因为象征语言在质量上和力量上超越了所有非象征语言的力量。

终极实在的层面就是神圣的层面。我们可以说,宗教象征也就是神圣的象征。象征分享了神圣性,但是分享不是等同,它们自身并不就是神圣。超验的东西在整体上超出所有神圣象征之外。宗教象征来自我们经验实在所获得的无限的质料。宗教象征地指示着超越它们之外的对象。但是,因为它们作为象征分享了它们所指示的对象,所以它们总是有着取代它们所揭示的对象以及成为最终实在的倾向。

关于宗教象征的诸层面问题,保罗·蒂利希把全部宗教象征分为两个基本层面:一是超验的层面,它超越于我们周遭经验实在之外;二是内在的层面,它内在于与实在的遭遇之中。从超验的层面来说,我们的终极关怀的根本象征是上帝。上帝是我们终极关怀的基本标志,但是我们不能简单地说上帝就是一个象征。关于上帝,我们只能说两种事情:一是在我们关于上帝想象中不存在非象征的因素——他是终极实在、存在自身、存在的基础和力量;二是他是最高的存在,他使得其他一切事物以最好的方式存在着。在上帝观念中,我们有了一个并非象征化对象的象征——"存在自身"。第二点是关于上帝的性质和属性。不论我们说上帝是什么:说他是爱、仁慈、力量、无所不知、无所不在、无所不能,这些属性都是从我们自身的经验推及的。在字

---

① Paul Tillich, *Dynamics of Faith*, New York Harper & Brothers Publishers, 1957, p. 44.
② Paul Tillich, *Dynamics of Faith*, New York Harper & Brothers Publishers, 1957, p. 45.

面的意义上，它们是不能被应用到上帝身上的。因此，这些性质的象征特征必须继续被坚持。此外，保罗·蒂利希还认为上帝是信仰的基本象征，但并不是唯一的象征。我们用以描述他的所有的特质，如权柄、爱、公义等都是从有限的经验中所提取的并象征地应用到超越了无限的神身上。如果信仰称上帝为"全能者"，这个词就是有权柄的人类经验为了象征无限关怀的内容，但这个词它不是描述一个最高等的存在，怎么高兴这个最高等的存在就该怎么去做。所以，人类用所有其他的特征和所有的行为，过去、现在和将来等来描述它。这些词汇都是从我们日常的经验中所提取的象征符号，而不是关于上帝从前和将来某时刻要做某事的信息。信仰不是在这样的故事中的相信，而是接受用神的行为表达我们的终极关怀的象征符号。此外，关于上帝的活动也必须使用象征来表达。比如我们说"他创造了世界"，"他已经派遣他的儿子"。这些事件的因果和其他的表达都象征地谈论上帝。当我们谈及上帝和他的儿子时，我们涉及了两种不同的实体，并且把实体范畴应用到了上帝之上，但是，如果从字面上去理解的话，所有这一切都是荒谬的。假若从象征上去理解它，那么它就是关于基督教经验中上帝与人相应关系的一个深刻表述，即基督教的终极表述。

此外，蒂利希认为宗教象征还有一个层面是内在的宗教象征论。它包括三个要素。第一个要素是神圣时空中的现象层面。比如，"道成肉身"即在时空中不同的存在物，神圣的存在物在时空中转变成动物、人或者其他存在物。第二个要素是神性要素。它就是在特殊的境遇中以一种特殊的方式成为神圣载体的某些实在。在此意义上，圣餐或者圣餐中的食物都是神性要素。第三个要素是许多事物最初都只是记号，但是在使用中变成了象征，可以称它们为记号——象征，即已经变成象征的记号。

最后，保罗·蒂利希讨论了宗教象征的真实性。他说，象征不依赖任何经验的批评。人们可以根据自然科学或历史研究所作的批评来去除象征，但是，只有当产生符号的境况不再存在时，符号才会消失。他们不处于经验批评能够消除的层面上，比如所有关于耶稣的母亲是神圣的处女玛利亚的解释，都是没有任何经验的根据的，事实上，她已经进入神性之中，成了一个象征。此外，对于耶稣是由处女所生的故事，从历史研究的角度来看，这显然是一个传说，但是在宗教团体中，它已经成为耶稣既具有全部神性又具有完满人性的一个内在象征了。换言之，这个故事只能在内在象征的基础上，而不是在历史象征的基础上去批评。这就是关于宗教象征真实性的否定陈述。它们的真实性就在于它们对于产生它们的宗教境况是恰当的，相反，它们的虚假则在于它们与产生它们的宗教境况是不恰当的。所以，蒂利希总结到，宗教是模糊的，每个宗教象征都可以成为偶像，具有魔力，还可以将自身提高到终极合法性的地位上；尽管除了终极自身没有什么东西可以成为终极存在，没有任何宗教学说和宗教象征可以成为终极存在。假如基督教声称在它的象征论中具有一个超越于其他真理的真理，那么这就是表达这一真理的十字架象征，也即基督的十字架。

如何评价象征理论？我们这里不妨引用纽约协和神学院教授约翰·麦奎利的观点。约翰·麦奎利对象征理论也提出过自己的看法。他说，虽然象征的范围是广泛的，象征与象征对象的联系程度不一，但象征与象征对象之间看来总是存在某些联系，所以宗教象征绝不是外在的或偶然的。一个象征参与或分有一个团体的历史，参与或分有人类的经验，它就凭着这个事实而确立起来，发挥自身的力量，要求自身的权利。[1] 象征之所以仍是象征，只是因为它们成功地指向了它们所象征的实在，并把那个实在与人的生存联系起来。这取决于共享的思想背景，只有在这种思想背景中，象征才能发挥作用。比如，十字架之所以成为基督教的一个重要象征，关键在于它与人的生存联系了起来，我们不仅在教堂里陈列它，在祈祷时画十字，而且还宣讲它，不断使人们回想起它在基督教故事以及以这些故事为基础的神学中的意义。

三 本书的研究思路与结构

以上我们梳理了几种言说上帝的方法，如否定说、类比说、隐喻说和象征说，但这不是本书所研究的重点。本书旨在对人们言说"上帝"的概念进行思想史的追踪，注重考察人们言说上帝的出发点，即经验指称和情感赋义。但首先，我们必须声明，为什么要研究宗教语言（上帝）问题？我们的研究与上述方法有什么不同呢？

---

[1] [英]约翰·麦奎利：《谈论上帝：神学的语言与逻辑之考察》，安庆国译，高师宁校，四川人民出版社 2003 年版，第 192 页。

我们知道，语言是思维的工具。人们习惯使用的语言结构影响着他们思考和看待世界的方式。人类精神的所有功能都是建立在有声和无声的语言基础之上的，宗教信仰当然不能例外。而思维又与理性和信仰有关，这种关联在讨论宗教问题时又显得尤为突出。只要涉及理性与信仰的关系，我们就不可避免地遇到了宗教语言的问题。宗教语言历来被认为是宗教哲学史上最复杂的现象之一，因为人类各种宗教，包括各种宗教经典，都离不开最基本的表达和交流方式——语言。宗教语言是西方思想史上的一个重要概念，关系着现代哲学、神学和宗教学是否具有可能性的问题。所以，研究宗教语言问题，可以更清晰地看出西方哲学、宗教学和神学的交叉点，这就涉及同人类生存密切相关的"上帝"问题。宗教哲学作为宗教与哲学密切相关且与神学又有所重叠的一个哲学分支，宗教语言是其要必须解决的最基本问题，而"上帝"问题又是宗教语言中的核心问题或重中之重的问题。试想，如果宗教语言（尤其是"上帝"概念）真的像逻辑实证主义者所认为的那样是"胡说"，是"无意义"的，那么，整个宗教哲学还有存在的必要和存在的价值吗？

另一方面，任何哲学问题的产生都不是无源之水、无本之木，在历史上有很多人对其进行过阐述和解释，所以如果把某个哲学问题放在思想史中去考察，则更容易让我们看清楚这个问题的解决方式、发展脉络和不同哲学家处理方法的优缺点等，这就是人们常说的哲学问题就是哲学史问题。本着这样的思想，本书采用了历时性的研究方法，致力于把"宗教语言"问题放在西方思想史这个大背景下去考察，这是第一点。第二点需要注意的是，本书在追踪西方思想史上各哲学家和神学家对于宗教语言问题的赋义时，采用的是生存分析法。[1] 简略来说，我们在考察哲学家论述"上帝"问题时着重考察他在自己的生存中所关注的问题，追踪他的生存关注和他的上帝观的关系。我们采用生存分析法主要是着眼于以下的预设：我们知道，在西方思想史上，有很多经典著作，至今读来仍然不过时，似乎这些"古人"所思考的问题也是我们所思考的，而且他们的论证也常常让我们感叹不已，这是为什么呢？我们认为，这些"经典"文本的魅力在于它深深触动了人类的生存关怀。具体来说，在哲学史上，每一个哲学家都是实实在在的人，都是生存着的人，

---

[1] 关于什么是生存分析法我们会在第一章做重点介绍说明。

他们在处理哲学问题的时候其实也是在有意无意之中关注着自己的生存，或者从自己的生存出发去解决哲学问题，或者是从生存体验中为原始概念赋义，并使用这些被赋义的概念来分析哲学问题，解决哲学问题。从这个意义上讲，生存分析法一直在哲学家的著作中有意无意地被使用了，只是并不为他们本人所察觉和重视。而我们作为研究哲学的人，如果在阅读这些哲学家的著作时，不是把它们当作缺乏生气的呆板"文本"，而是当作活生生的人，我们是在与这些活生生的哲学家本人在面对面地"对话"，并细细体味他们在写作这些著作时的生存状态，在生存中所要解决的问题、面对问题时的想法、情感以及所能想出的解决问题的途径等，那么我们就可以完全"激活"这些"文本"，于是哲学研究就不再是枯燥的、单调乏味的，而是鲜活的、注入了生命活力的一种"生存"了。所以，我们的口号就是"回归文本，回归生存"。[①]基于这样的设想，本书的写作还力图采取文本还原分析方法，即所有的分析都是建立在对原始文本的分析之上，让原始文本说话，揭示文本的生存关注及其共鸣性，追踪文本对这一关注的概念表达以及由此给出的解决路径，从而激活文本，推动我们与文本对话。最后一点要说的是，由于本书写作还涉及了一部分分析哲学家的思想，比如维特根斯坦和普兰丁格等，所以也在一定程度上采用了语言分析方法，比如维特根斯坦关于"逻辑图像"和"语言游戏"的分析，是语言分析的典型，笔者在考察他的思想时候不可避免要用到语言分析的方法，但目的仍然是考察他的生存关注。总而言之，本书的写作主要采取了生存分析法，力图做到文本还原分析，同时也部分采用了语言分析的方法。这也是本书一大创新性的尝试，也算是本书的特色之一。

全书结构共分为以下几章。第一章我们主要从"上帝"概念入手，指出"上帝"在西方思想史上是一个生存问题，在"两希文明"的交融和碰撞之中，"上帝"概念之所以能够成功"入主"希腊哲学，关键在于"上帝"的恩典真理观给当时以主动的方式来追求真理而陷于困境的古希腊人带来了生机和盼望，从而使得"上帝"成为西方哲学史上不得不谈论的核心概念。而既然是生存问题，最好的研究方法当然就是使用"生存分析法"，所以，在本章第二节我

---

① 参见谢文郁《回归文本，回归生存》，《世界哲学》2007年第6期中"希腊哲学研究：主持人手记"部分。

们着重介绍了"生存分析法"的三大原则,即生存即实在、赋义方式(经验指称和情感赋义)和生存出发点关注。尤其我们重点处理了生存分析的两种赋义方式,即经验指称和情感赋义,这是我们在全书使用的两条途径和方法,它们的区别关键在于谈论上帝的起点不同:经验指称始于人的经验,从人的经验出发对"上帝"进行赋义;而情感赋义的出发点则是人的情感,比如,人的信任情感所指向的一位超然的、全知、全善、全能的神圣存在(上帝),只要这种情感存在,上帝概念对于这种言说者来说就是实实在在的。

　　第二章开始进入本书的主体部分。宗教语言问题产生的源头在近代可以追溯到大卫·休谟,于是我们的追踪就从大卫·休谟开始。休谟认为,我们对宗教的认识必须始于经验,并且要从经验出发对"上帝"进行言说。但是,如果根据"相同的结果源自相似的原因"和"神人相似论"原则,我们对上帝的言说是不能成立的,在论证过程中,休谟认识到了"情感"的力量,认为宗教信仰起源于人的情感,而"理性是情感的奴隶"。所以,言说上帝的出发点也应该立足于人的情感,这样,在大卫·休谟的思想中,"情感赋义"的思想就已经萌芽,引起了人们的重视。但休谟的"经验论"思想却深深影响了康德。康德沿着休谟的思路,掀起了所谓的"哥白尼式的革命",颠倒了主客体之间的关系,认为不是主体符合客体,而是客体要符合主体。康德这样做的目的是给人的理性"设限",即人的理性只对经验范围内的对象起作用,但对于理性之外的宗教对象,人的经验和理性是无能为力的,所以,必须为信仰留下地盘。因此,康德的"上帝"概念是"理性限度之内"的上帝,仍然受制于人的理性。而到了黑格尔建立真理体系时,理性主义的"上帝观"已达到了顶点和高峰。黑格尔通过提出"实体即主体"的口号,将实体与主体统一,并以此为基础,建立真理的体系。在这个真理体系的最高峰就是"绝对精神",也就是上帝概念,但黑格尔的这套体系却忽略了人的生存,于是饱受非议。

　　第三章我们重点处理三个人物即施莱尔马赫、奥托和索伦·齐克果。施莱尔马赫在康德的理性主义蓬勃发展的时候,高举起了"情感主义"的大旗,赫然提出"宗教的本质是直观和情感",所以谈论宗教的出发点应该是情感。"上帝"概念正是人内心中的"绝对依赖感"的集中体现,所以必须在人内心的这种情感中去赋义"上帝"。施莱尔马赫实际上是将人们对宗教的认识重新拉回到人的生存。奥托承继施莱尔马赫的思想,延续了"情感赋义"的思路，同样认为对上帝的认识不能用理性的方式，因为上帝是"神秘者"，唤起的是人内心中的"被造感"，故上帝概念只能在人的"被造感"中被赋义。齐克果反对黑格尔思辨的真理体系，他也认为如果把宗教信仰建立在客观证据或理性的基础之上是从根本上的误导，他从基督徒的生存出发，认为我们对"上帝"的赋义靠的是我们主体性的"激情"，这正是"情感赋义"思路的集中体现。齐克果认为"悖论是思想的激情"，而"激情"是生存的个体的人主体性和内在性的最高点，是把握上帝概念的出发点。基督徒的生存要经历三种选择：美感选择、伦理选择和宗教选择。这三种选择都是一种生存的"悖论"，尤其是宗教选择。而宗教选择又有两种模式：宗教 A 和宗教 B。其中，宗教 B 专指基督教，这是一种"绝对悖论式的生存"，而要赋义这种"绝对悖论生存"，其出发点和起点就是我们主体性的激情。经过施莱尔马赫、奥托和齐克果的论述，"情感赋义"的思想已经发展成熟。

第四章我们重点处理哲学中的"语言学转向"对宗教语言意义问题的冲击，我们选择了逻辑实证主义学派的艾耶尔和分析哲学代表人物维特根斯坦作为这种"转向"的代表。艾耶尔高举"可证实原则"，认为宗教语言没有"字面意义"，因为宗教语言不能经过经验事实的验证或"证实"，但最终他也不得不返回到人的生存，认为宗教语言具有"情感意义"，只能进行情感分析。在他的"打击"下，"经验指称"的思路开始败退，而"情感赋义"的思想则为宗教语言提供了出路。这在维特根斯坦的前后期思想中得到了进一步验证。前期的维特根斯坦坚持"能够说得清楚的要说清楚，不可言说的我们要保持沉默"，致力于寻求世界与语言之间的逻辑结构，这就是"逻辑图像说"：世界跟语言是一一对应的关系，而宗教语言只能被划归到"神秘之域"，我们对其只能"保持沉默"。后期的维特根斯坦则提出了完全不同的思想，他认为语言的意义是在使用中获得的，意义即使用，所以，语言就好像游戏一样，这就是"语言游戏说"。根据"语言游戏"的思想，宗教语言是宗教生活的一种"生活形式"，表达的是宗教信仰者的"情感"，故对宗教语言要从情感上去赋义。维特根斯坦前后期观点的转变，即从"逻辑图像论"到"语言游戏观"的转变，在于他谈论宗教语言的出发点不同：前期是从语言的逻辑结构出发的，而后期他则立足于现实的宗教生活形式（人的生存）。这是我们理解他的宗教语言观的关键所在。在维特根斯坦的思想中，"情感赋义"最终取代了"经验指称"。

第五章中，我们将研究视野限定到了基督教信仰中极其强调的"信任"情感，并着重分析了"信"的赋义功能。我们重点分析了普兰丁格的"有保证的基督教信念"，在他看来，基督教信念无须证据，而只需要我们的"信"，因为基督教信念是一种基础信念，是基督徒生存的出发点，也就是信仰上帝并不需要靠其他命题所提供的证据或论证，直接相信上帝的存在，其合理性是毋庸置疑的。"信任"情感具有十分强大的赋义功能，它带来的是我们的理解力的更新、判断权的放弃，并使我们由此在"悖论"中生存。简单来说，"信任"使我们对上帝的"恩典"处于接受的地位，从而使得我们的理解力处于扩展的状态，同时，要求我们将判断权交托给上帝，在全然相信的状态中接受上帝的旨意，使得我们的生存处在"面对神的旨意，在无判断的状态下相信"的状态中，这样"上帝"概念就是在人的信心中所呈现的。信任情感指向的是一位实实在在的神圣存在，只要这种情感存在，"上帝"对于相信者来说就是实实在在的。

结论部分我们将对全书做以总结，并着重梳理"情感赋义"形成的几个条件以及它与"经验指称"所引起的对"上帝"概念的不同理解："经验指称"把"上帝"限定于人的理性和语言之内；而"情感赋义"则使"上帝"可以脱离这种桎梏，无损于上帝的完美和完善的本质和本性。

总之，"经验指称"和"情感赋义"是两种不同的认识出发点，其实质就是对"上帝"赋义的出发点的不同。经验指称以我们的经验为出发点，去谈论超验世界中的"上帝"，并力图让语言"符合"上帝的本质。但是"经验指称"这个思路在休谟、康德、黑格尔、艾耶尔和前期维特根斯坦的论述中其实陷入了困境：无论我们的语言多么华丽，它对"上帝"都鞭长莫及，不可能完全符合"上帝"的本质，于是出现了"上帝无指称"的境地。

而情感赋义则开辟了另一条谈论上帝的途径。这种谈论方式植根于对宗教敬拜对象（上帝）坚定不移的信念。因为宗教语言表达出来的宗教信念是以陈述或命题的方式呈现的，而这种陈述或命题更多表达的是信仰者的宗教情感。所以宗教语言本身所呈现的字面意义并不是太重要，重要的是这个宗教陈述的意义如何呈现在人们的信念中，如何为人们的理解力所赋义。其中，情感就成了我们赋义"上帝"的出发点。这正是本书所致力于说明的主旨。

第一章 "上帝"问题与生存分析

在本章中，我们首先要阐明宗教语言要处理的核心问题（上帝问题）和我们处理这个问题的方法，即生存分析法。由此，本章分为两节。第一节，我们来考察上帝问题为什么是个生存问题；第二节，我们要介绍生存分析法的三大原则，即生存即实在、赋义方式（经验指称和情感赋义）和生存出发点问题，尤其要重点说明什么是"经验指称"和"情感赋义"。

我们的研究从"上帝"这个概念开始入手。为什么我们要研究"上帝"问题，或者说我们为什么要谈论"上帝"呢？答案很简单，因为"上帝"是个生存问题，关系着人类的生存，这在西方犹太—基督宗教信仰体系中表现尤甚。在西方，"上帝"与人们的生存息息相关，用最通俗的话来说，离开了"上帝"，人们就过得不舒服，生存就失去了意义。对于哲学家和神学家来说，"上帝"是一切问题得以展开的起点，也是他们一切思考和行动的终点。正如德国神学家迈克尔·韦尔克（Michael Welker）所说的，在西方人的生活中，"对创造主上帝的信仰是一种活生生和信赖的关系，它关系着塑形、判断和拯救的力量，关系着使自然、文化、历史以及所有这一切即我们的生活保持着成为一个整体的人格性意志，还关系着指引受造性的存在和生命并给予其意义、方向和命运的人性内容"[1]。韦尔克认为，对上帝的信仰占据着整个人类的生存，给人的生命以方向、力量和尊严，这是一个固定的"终极点"（ultimate point），一种自然规律所不能提供的最高观念。韦尔克的观点代表了西方意识形态的主流思想，即上帝是个生存问题。于是，我们在本节中要解决的问题就是"为什么"？就是说，为什么说上帝是个生存问题呢？这是在本节我

---

[1] ［英］约翰·波尔金霍恩、［德］米夏埃尔·韦尔克：《关于上帝信仰的对话》，刘光耀译，中国人民大学出版社2005年版，第32页。

们要讨论的问题。

既然上帝问题是个生存问题。那么，相应地我们当然要用生存分析。什么是生存分析呢？简单来说，生存分析是我们要在生存层面上对关键概念（如真理和上帝等）努力去理解、去赋义，但不做任何真理宣称，注重于从"我"的生存出发对实在（对象）进行分析。生存分析有三大原则：生存即实在、赋义方式（经验指称和情感赋义）和生存出发点关注。在第二节中，我们就重点介绍这三条原则，其中，经验指称和情感赋义是我们叙述的重点。

第一节 "上帝"是个生存问题

一 "上帝"与生存

我们为什么要研究"上帝"？因为上帝关系着我们的生存。在西方基督教背景下，上帝这个词几乎等同于宗教、真理、至善、形而上学等，而核心问题就是"上帝"问题。为什么说上帝是个生存问题呢？要回答这个问题，我们需要分两步进行：第一步，我们要考察人类生存中为什么需要上帝（宗教）；第二步，我们简要追踪西方思想史中"两希文明"的冲突与碰撞，我们的视野集中在考察"上帝"问题在哲学史上著名的"两希文明"相撞时为何成为一个不可避免的生存论话题。

我们开始第一步考察：人类生存为什么需要宗教（上帝）？这个问题涉及宗教的起源，是一个很难说清楚的问题。我们知道，宗教是人类生活中的重要力量，其本质特征在于对上帝或神灵的信仰。英文的 religion（宗教）这个词，出自拉丁文 Religare（意为"联结"，即人与神的联结）和 Religio（意为"敬畏"或"敬重"，指人对神灵的敬畏感）。根据西方权威辞典的解释，"宗教"一词的界说都与神灵有关，不论它们是用来指代神的词语，是"超自然力量"，还是"比人更高的力量"，是"神圣的存在"，还是"终极的实在"，都不过表明它们对"上帝"解释的侧重点不同而已。尽管人们对宗教的定义意见颇多①，但大

---

① 何光沪先生对宗教的各种定义做了比较严格的分类，他认为各种关于宗教的定义可以分为三类，即以信仰对象为中心、以信仰主体的个人体验为基础和以宗教的社会功能为中心。参见何光沪《多元化的上帝观——20 世纪西方宗教哲学概览（增订版）》，中国人民大学出版社 2009 年版，第 1—7 页。

体来说，都关注到了一个事实，即宗教关乎人类的生存。我们只拣选几例简单论述。西方学者 C. P. Tiele 认为"宗教是纯粹与虔敬的本性或者心灵的结构，我们称之为虔诚"。F·H. Bradly 则说："宗教是企图通过我们存在（或生存）的每一个层面，去表达善的完全实在的举动。"① James Martineau 曾经说过"宗教是相信一个永活的上帝，即相信一个统领宇宙的、与人类有道德关联的神圣心灵和神圣意志"。这些定义突出了宗教的不同性质：Tiele 强调了虔诚的态度，Bradly 则将宗教与善联系起来，而 Martineau 则突出了对道德独一神论的信仰。② 此外，著名宗教心理学家 William James 在其名著《宗教经验种种》一书中，认为宗教是"个人在孤单之时由于觉得他与任何他认为神圣的对象保持关系而发生的情感、行为和经验等等"③。浪漫派自由主义神学家施莱尔马赫认为"宗教的本质既非思维也非行动，而是直观和情感"④。而鲁道夫·奥托则持相同的观点，他创用新词"神秘者（numinous）"，表达除去理性与道德的附加意义之后"神圣者"的原始意义——对神既敬畏又向往的情感交织。⑤ 而著名宗教家爱德华兹则旗帜鲜明地认为，"情感是真正宗教的证明"⑥，"真正的宗教是由情感组成的"⑦。所有这些宗教的看法都说明了这样一个道理，即宗教涉及了人们的终极情感，这种情感或许表现为依赖感，或者表现为神秘感，或者表现为敬畏感，或者表现为安宁感，总之，正是这种情感使得人们在个体或群体性生活中执着于某种不可亵渎的神圣存在，而这是人们过一种宗教生活的基础。没有这种情感，人就会生活在烦闷不安的情绪之中。放弃了这种情感，则意味着放弃自己的生存。为什么宗教的这些情感对我们的生存如此重要呢？我们不妨多花费些笔墨简单分析几种情感。

---

① ［美］麦克·彼得森等：《理性与宗教信念——宗教哲学导论（第三版）》，孙毅、游斌译，中国人民大学出版社 2005 年版，第 7 页。
② ［美］麦克·彼得森等著：《理性与宗教信念——宗教哲学导论（第三版）》，孙毅、游斌译，中国人民大学出版社 2005 年版，第 7 页。
③ ［美］威廉·詹姆士：《宗教经验之种种》上册，台北：久大文化公司 1989 年版，第 30 页。
④ ［德］施莱尔马赫：《论宗教》，邓安庆译，香港：道风书社 2009 年版，第 32 页。
⑤ ［德］鲁道夫·奥托：《神圣者的观念》，丁建波译，九州出版社 2007 年版，第 3 页。
⑥ John E. Smith ed., A Treatise Concerning the Religious Affections[M]. New Haven: Yale University Press, 1959, p. 95.
⑦ John E. Smith ed., A Treatise Concerning the Religious Affections[M]. New Haven: Yale University Press, 1959, p. 95.

首先，我们来看敬畏感。敬畏感是一种又"敬"又"畏"的情感交织，"畏"简单来说，就是恐惧的情感，"敬"是对神圣者无限虔诚的崇拜的心情或情感，其中，"畏"在二者中略显更重要。法国"百科全书派"的领袖狄德罗曾断言，如果"除去一个基督徒对于地狱的恐惧，你就将除去了他的信仰"，而无神论哲学家罗素在谈到宗教情感和宗教的社会功能时，也强调说"恐惧是整个问题的基础"①。但"敬"和"畏"两种情感是交织在一起的，离开了任何一种，另一种都不复存在。基督宗教尤其注重"敬畏感"，比如"敬畏耶和华便为有福"（诗112，128等）、"敬畏耶和华是智慧的开端"（箴1：1）等说法充满了整本《圣经》。再来看依赖感。依赖感是指宗教信仰者的一种生存态度，以神圣者为自己生存状态和生存活动的终极基础和最后支撑。人其实是在一种宗教依赖感或类似于这种依赖感的情怀中成长的。比如，小时候我们对父母在情感上就有一种终极依赖情感，认为凡事都由父母为我们掌握，我们只要依赖父母就可以了；长大后进入青春叛逆期，有了自己独立的主见和见解，认为父母的看法不一定正确，于是对父母的依赖感也会逐渐消退，开始对权势、对金钱、对学问等依赖，但哪一个是绝对正确的呢？因为只有"绝对正确的"才是我们绝对的终极的依赖情感的所在，于是，终极依赖感就成为我们生存中必须解决的问题，而这就是宗教。正是在这个意义上，施莱尔马赫认为，"上帝"正是我们的"绝对依赖感"。② 而费尔巴哈也强调说"只有依赖感才是表明和解释宗教的心理根源的惟一正确而普遍的名称和概念"，"人的依赖感是宗教的基础"。③ 此外，宗教还包含着一种特殊的情感就是神秘感。这是人们进行宗教生活的一种本质特征或者是一种目标性导向的生存方式，即追求宗教信仰者与神圣者的神秘结合。比如，中国儒教所追求的"天人合一"境界，道家追求的"道法自然"，佛教追求的"诸行无常，诸法无我，寂静涅槃"境界以及基督宗教所追求的"与基督联合"都是这种神秘感的表达。总之，宗教问题是生存问题，使人们在情感上执着于这种不可亵渎的神圣存在，是人们生存的中心，也是人们看待世界、感悟人生的出

---

① 以上两处转引自段德智《宗教概论》，人民出版社2005年版，第190页。
② Friedrich Schleiermacher, *The Christian Faith*, edited by H. R. Machintosh, and J. S. Stewart, Edinburgh: T&T Clark, 38, George Street 1928 8 § 32. 1.
③ 段德智：《宗教概论》，人民出版社2005年版，第190页。

发点。这些宗教问题催生出了一个个宗教传统，致力于解决人的生存问题。它们都自我宣称可以解决人生存中的问题，可以安置人的终极依赖情感等。于是，"宗教就形成了多元性的特征：不同的宗教可以在时空中交往，且不断经受着时间和空间的挑战。不难理解，如果一种宗教无法继续承载人们的终极依赖情感，它就难以继续存在。如果一种宗教能够更多地满足人们的终极依赖情感，它就能获得广泛支持"①。各种宗教呈现多元化的趋势，相互之间共存互生，就必然产生宗教与宗教之间（或异质文化之间）的交往或对话，因为各宗教都认为只有自己的教义才能解决人的心灵和情感归宿的问题，才是人的生存的最终支撑力量。

二 "两希文明"与"上帝"概念

很明显，各个宗教在交往过程中，彼此之间要产生碰撞和冲突，这其中最典型的例子则是耶路撒冷与希腊之间的冲突，即"两希文明"的交锋与对抗。因为以希伯来文明为代表的是从神到人的"启示"文化与以希腊哲学为代表的从人到神的"理性"寻求从本质上来说就是相互矛盾的。我们看到，早期基督教在向希腊化地区传播的过程中产生了融基督教与希腊哲学于一体的神学-哲学理论。从两种文化传统和文化形态的碰撞到融合为一种新的文化形态，这看起来是个令人惊异的现象，然而更令人意想不到的是，这场对抗的结果是基督教入主希腊哲学，使得哲学成为神学的婢女，从此改变了西方哲学史的发展方向。于是，我们的问题就是：基督教为什么能够取代古希腊哲学的主导地位呢？又为什么使得西方思想史从此以降再也离不开"上帝"这个概念呢？要回答这个问题，或许我们需要追溯一下两希文明的发展源头，看它们到底对人类的生存情怀产生了怎样的影响。

我们首先从古希腊哲学的源头开始考察。我们知道，古希腊哲学的源头是古希腊的神话，"神"在古希腊思想中占据着主导地位，比如古希腊神话中的奥林匹斯诸神有着凡人一样的形象、意志、情感和欲望，但是却拥有人类所缺乏的超自然能力。而生活在古希腊时期的人们相信，自己生存的环境是

---

① 谢文郁、刘新利：《世界宗教关系史》，参见［德］马丁·路德《路德三檄文和宗教改革》，李勇译，谢文郁校，上海人民出版社 2010 年版，"总序"第 3 页。

由这些诸神来控制和掌握的。这种信仰使他们相信"在开始做一件事情时候，不论大小，都要先求助于神"[①]。比如《荷马史诗》就认为人的命运是由神的命运来控制的，而由于神的力量大于人的力量，所以人类根本无法与之抗拒。而如果人不安分于命运的安排，与神抗拒，结果必然是悲剧性的。但是古希腊人的观念中是多神的，各个城邦和各个行业都是由不同的神来掌管的，于是他们争论的一个很自然的话题就是：诸神之间的关系是怎样的？谁的能力更大一些，谁能够掌管谁呢？比如对于航海的人来说，是风神的力量大还是掌管海洋的神的力量大呢？这个问题直接促使了赫西奥德的《神谱》的产生，该书叙述了诸神之间的力量对比，它们的始祖以及祖先关系等。这是古希腊人以神话的形式来表达自己的世界观。有意思的是，《神谱》在追溯诸神的最原始的祖先时，提出了"混沌之神"，因为诸神的最原始的祖先这个问题其实就是万物本源的问题，而混沌之神其实就解释了万事万物生成的过程，即"混沌是万物的本源"。本源问题对古希腊人来说是个非常现实的生存问题。因为他们生活在地中海上，要靠航海和打鱼为生，如果找到了万物本源的神，比如混沌之神，它们只要通过祭拜或献祭跟这个最原始的神搞好关系，他们的生存当然就可以得到保障。所以，寻找万事万物的本源问题就成了他们的生存问题。[②] 为了解决这个问题，古希腊哲学家进入了"百家争鸣"的争论之中，最具代表性的观点当数米利都学派的泰利斯。他继承了《神谱》的"混沌之神"的说法，提出我们必须给"混沌之神"以具体的形象，他认为"水"最能代表这个形象，于是"万物的本源是水"就使得泰利斯在西方思想史上得以留名千古。虽然人们对这一论题颇有微词，但人们仍然不可否认泰利斯对古希腊哲人智慧传统的贡献：第一，人们必须用经验性的概念来指称事物，比如用水来指称"混沌"；第二，人们必须用推理来联结概念之间的关系。于是经验和推理就取代了传说和想象而成为古希腊人寻求哲学智慧的重要手段，也是推动他们哲学探索的动力和线索。承继泰利斯的这一思路，后人先后提出了"万物的本源是无定"（阿纳克西曼德）、"万物的本源是气"（阿那克西米尼）等，而到了赫拉克利特时期，他提出了"万物的本源是

---

① ［古希腊］柏拉图：《蒂迈欧篇》27c 1-2，谢文郁译注，上海人民出版社 2003 年版。
② 对此更好的解读，可以参见谢文郁《古希腊的哲人智慧》，载陈俊伟等主编《智慧人生面面观》，中国社会科学出版社 2007 年版。

火",且相当自负地宣称这一命题是"真理"。这是"真理"这个概念在哲学史上的最初产生。而到了巴门尼德时,他认为,我们首先要回答的问题是:什么是本源。如果我们连"本源"这个概念是什么都不知道,那么任何讨论和探索都是无意义的。巴门尼德后来遇到了"正义女神",得到了女神的启示,认为,本源必须有三大标志:第一,本源是不生不灭的;第二,本源是连续的"一";第三,本源是完满的。① 巴门尼德的这一学说影响很大,后人再想探讨本源问题时,没人能够避开巴门尼德。本源论在他之后,先后又出现了恩培多克勒的"四根说"、阿那克萨戈拉的"种子说"、德谟克利特的"原子说"等,这些其实都是走在巴门尼德关于"真理之路"的探索之上的。而这种探索到了苏格拉底和柏拉图时期,已经形成了深深的"真理情结",即我们必须寻找到真理,因为真理影响着我们的生存。苏格拉底认为,人们对本源问题的探索其实在远离人的生存关怀,"真理"问题说穿了很简单,那就是必须关心我们的生存。而人的生存的根本点就是:什么是善?在苏格拉底的一系列对话之中,他就致力于探索"什么是善。"苏格拉底在《米诺篇》中提出的"人皆求善",是他的求善原则的集中体现。② 在他看来,人在生存上无不求善,且无人自愿择恶。但为什么有人会作恶呢?苏格拉底认为,人作恶并不是由于他们自愿求恶(因为这与求善原则相悖),而主要是因为他们缺乏"善"知识,也就是说,只要拥有真正的善知识,人就会做到从善出发,实现自己的向善生存。这样的话,真正的善(或至善)就成了人的生存关怀。这一点在苏格拉底和柏拉图的论著中多有阐述,且是推动他们从事哲学研究的动力所在。最典型的例子在《理想国》那个著名的"洞穴比喻"中,柏拉图把受过教育的哲学家比作掌握了真理和光(把握住了"真正的善")的人,而把没受过教育的人比作处于错误和黑暗的囚徒。在他看来,如果每一个灵魂都追求善,且把善作为自己全部的行动的目标③,那么人们必须把握住了"真正的善",并且在这"真正的善"的指导下才能满足人们对善的追求。

---

① 赵敦华:《西方哲学简史》,北京大学出版社 2001 年版,第 20—21 页。
② 谢文郁:《自由与生存:西方思想史上的自由观追踪》,张秀华、王天民译,上海人民出版社 2007 年版。谢文郁先生认为,求善原则作为西方思想史上的一条动力性原则,从未受到过真正的挑战。
③ 《理想国》505E,本书选用的中文版本为〔古希腊〕柏拉图:《理想国》,郭斌和、张竹明译,商务印书馆 2009 年版。

所以，把握住"真正的善"就是人们"求善"的关键。把握"真正的善"的过程，在这个洞穴比喻中，是一个从黑暗的洞穴走出洞外，走向光明的过程。而哲学家之所以能够当上"哲学王"，就是因为他们把握住了"绝对的善"，并且从这"绝对的善"出发来统治这个城邦。我们注意到，柏拉图所追求的真正的善其实就是真理问题。这样，经过柏拉图的哲学贡献，真理问题就成为西方哲人永恒的情结，这被称为"柏拉图的真理情结"，即追求真理并把握真理是解决人生存问题的关键所在。这是推动西方思想史发展的关键性动力。

我们看到，受"柏拉图真理情结"的影响和推动，自柏拉图以降的哲学家们都以追求真理为己任，比如小苏格拉底学派等。但是，人们在追求真理过程中，也逐步感受到了这一问题在生存中的张力与困境。这一困境最集中地表现在真理标准和真理判断问题之上。根据苏格拉底的求善原则，人皆求善，那么真理追求的主体是"人"，也就是说，人是真理的追求者。人追求真理，是因为人没有真理，不能把握真理，所以才去追求；而假如人追求到了真理，人又要对真理进行判断，判断的主体仍然是人，判断要求人们必须拥有真理的标准，根据这个标准才能去判断一条自称为真理的命题是不是"真理"。于是，人对真理的追求实际上就落入了一个怪圈之中：人既是真理的追求者，又是真理的判断者，作为追求者，我们没有真理标准，作为判断者要求我们必须掌握真理的标准。那么，如何走出这个怪圈呢？我们能够走出这个怪圈吗？晚期的古希腊哲学纷纷提出解决方案：斯多亚学派认为我们必须承认我们没有能力把握真理和至善，但是，我们可以把握自己个人的善，于是他们转向了培养个人美德的哲学目标；而伊壁鸠鲁学派则认为至善的最高原则就是快乐主义，最终他们转向了追求肉体的享乐主义，背离了哲学的道路；而以皮罗为首的怀疑主义指出，正确的做法就是我们要"悬搁判断"，由此进入一种安宁的状态，"虽然他（皮罗主义）的论辩依赖逻辑驳论，但其动机仍然受伦理目的的支配，企图达到一种无所用心、毫无作为的安宁状态"[①]。所有这些表明，古希腊哲学进入了没落时期，因为人的生存需要追求真理，但是对真理追求却陷入了困境，人的生存也就陷入了困境之中。于是，人们看到，古希腊哲学似乎丧失了其应有的活力。

---

① 赵敦华：《基督教哲学1500年》，人民出版社1994年版，第44页。

正当古希腊哲学进入山穷水尽绝望困境之时，基督教哲学的"恩典"概念恰好东风送暖地使其重新步入了"柳暗花明"的境地，于是奄奄一息的古希腊哲学重新被注入了生命力。基督教的"恩典"概念带来的重要信息就是"拯救"，也就是说，作为真理化身的耶稣"道成肉身"来到人间，向人们启示真理。这是一条"恩典真理观"的"启示"之路。上帝作为真理的拥有者，并不因为人不认识他而受损，也不会因人认识他而获益，基督之所要降临人间，完全出于上帝的恩典或"拯救"。所以，基督教的经典《圣经·约翰福音》的核心观念就是"拯救"，这是出自上帝的恩典。上帝拯救世人的方式就是"道成肉身"："道成了肉身，住在我们中间，充充满满地有恩典有真理。"（约翰福音1：14）"道"是作为"恩典"和"真理"主动向"我们"显示。如果"道"不向人亲自彰显自身，则人就只能在黑暗中（非真理状态中）生存。现在"道"成了肉身，主动来到人间，"启示"世人他就是真理，从而使真理和人建立起了真正的联系。这是恩典真理观的重要含义。我们知道，"柏拉图的真理情结"推动人们主动去求善，即追求真理，所以人是真理的追求者，但是人在遇到真理后，又必须对真理进行判断，但是由于人不能掌握真理的标准，所以无法进行判断，这样就使人们主动寻求真理之路进入了困境。《约翰福音》对于人的这种困境有很深的洞察力，它说："光照在黑暗里，黑暗却不接受光。"（约1：5）将真理的追求者和判断者分别比作黑暗和光。真理追求者因对真理无知而处在黑暗中，而真理判断者掌握了真理所以是光。真理的掌握者和判断者来到真理追求者之中，将"真理"启示给他们，但是处于黑暗中（非真理状态）的人却对真理的判断者加以拒绝。这一比喻在形式上跟"洞穴比喻"恰恰有异曲同工之妙。耶稣作为真理的化身，主动来到人间，告诉人们："我就是道路、真理和生命。"（约14：6）耶稣明白人追求真理，而不能判断真理的困境，所以要求人放弃对真理的判断权，全然地"相信"他，并且跟随他。"信"不仅是唯一的通向真理的道路，而且是最有力量的道路，是获取神的恩典的那把钥匙。而《约翰福音》的真理观要求人们要从信任开始来接受真理。信任是认识真理、认识恩典的出发点。信任要求人们"悬搁"自己对真理的判断权，怀着开放的态度面向真理并接受真理的启示。"信"是一种情感性的力量，是真理跟人之间的重要情感纽带。"信"有三个重要的因素：第一，承认自己在追求真理问题上是无能的，是处在黑暗之中的，对真理无判断权，这在基督徒的生存中体现为"认罪意识"；第二，接受真理的启示，承认要不是真理主动来到人间，自己就跟真理无缘，在生存上体现为"接受"意识；第三，承认耶稣是真理的化身，并在生存中跟随耶稣，对耶稣的教导要有开放的心态去遵守，在生存上体现为"开放意识"。①

"柏拉图的真理情结"推动人们主动去追求真理，而基督教的"拯救"（恩典）则要求人们放弃对真理的判断，在"信任"的情感中去接受耶稣是真理的化身、"道成肉身"来到世间且已经将真理（上帝）启示给世人的现实。这就是"两希文明"的交锋和碰撞的基本点。显然，从人到神自下而上的寻求与从神到人自上而下的"拯救"是一对具有张力的概念，那么，二者是不是能够兼容（或融合）呢？我们发现，早期的一批基督徒护教士和哲学家都在致力于回答这两种异质文明的融合问题，他们试图利用基督教教义与古希腊哲学的相似之处为基督教的权利辩护，以"师夷长技以制夷"的精神，将古希腊哲学"拿来"为我所用，论证基督教是真正的哲学，但他们的立场很明显带着"基督教要优越于哲学"的倾向。于是，就出现了一批所谓的基督徒哲学家，而被称为"基督教哲学真正的第一个开端"的护教士查士丁（Justin，100—165年）大胆宣称：基督是宇宙的逻各斯，基督教是真哲学。他还在思想史上第一次明确提出了"基督教哲学"的概念。② 而查士丁的影响也不容小觑，在他之后，早期基督教会出现了一位相当著名的教父和神学家——奥利金（Origen 185—254）。奥利金毕生致力于让信仰主动走进希腊哲学，他通过自己所建立的一整套复杂的包含神学、哲学和释经学的思想体系，用希伯来文明中的"启示"来回答古希腊哲学中的"理性"，并将这"两希"文明最终归入于基督教信仰，在奥利金之后，两希文明的融合成了西方思想史上不可逆转的发展潮流。而到了基督教哲学的集大成者，身兼教父、神学家和主教于一身的奥古斯丁之后，"上帝"问题就成为思想史上的一个根本的生存问题，让后代哲学家再也不能回避。所以，有人把自奥古斯丁涌出，在

---

① 谢文郁：《基督教真理观及西方思想史上的真理观》，《基督教思想评论》2006年第1期；或参见谢文郁《自由与生存：西方思想史上的自由观追踪》，张秀华、王天民译，上海人民出版社2007年版。

② 赵敦华：《基督教哲学1500年》，人民出版社1994年版，第81页。

西方神学世纪中川流不息的特殊"神学潮流",称为"奥古斯丁主义",并且正确地指出,其主要特色是:"强调神至高无上的绝对主权,人类灵魂的绝对软弱无助,以及人类对于上帝恩典的绝对依赖性。"[1] 的确,在奥古斯丁的思想中,高度重视"恩典"的作用,认为上帝的恩典是人的生存出发点,只有上帝的"拯救"才能实现人对于真理的追求。奥古斯丁在皈依基督教前曾是一个新柏拉图主义者,而且是一个摩尼教徒,他在自己的生存中深深体悟到"柏拉图的真理情结",即没有真理就没有生存,所以他执着于对真理的追求。但在成为基督徒之后,他的生存发生了绝对性的"逆转",在他的不朽名著《忏悔录》中,他描绘了自己如何向上帝敞开自己,接受上帝的恩典,接受真理的给予,由此,他就由一个真理的追求者而彻底成为真理的接受者,而恩典就成了他生存的起点和出发点。这一思想从此影响了整个西方世界,"上帝"作为一个生存问题就扎根于每一个哲学家、宗教学家和神学家的思想之中,这也成了我们要解读其思想必须要把握的密码。

第二节 "上帝"问题与生存分析

既然上帝问题是个生存问题。那么,当然我们要用生存分析。什么是生存分析呢?简单来说,生存分析就是在人的生存层面上对关键概念(如真理和上帝等)努力去理解、去赋义,但不做任何真理宣称,注重于从"我"的生存出发对实在(对象)进行分析。生存分析有三大原则:生存即实在、情感赋义和生存出发点关注。

一 生存即实在

我们从生存分析的第一条原则开始。生存即实在,这主要解决"实在性"在哪里的问题。这句话非常简单,但是要把"实在性"说清楚并不是一件容易的事。从整个西方哲学史的发展来看,实在性问题可以远溯到前苏格拉底时期的巴门尼德。巴门尼德认为,我们生存在这个世界上,要思考周围的事

---

[1] 引自[美]奥尔森《基督教神学思想史》,吴瑞诚、徐成德译,北京大学出版社 2003 年版,第 268 页。

物或使用语言描述它的时候，肯定要有一个对象，这个对象是外在于我们的，是实实在在存在着的，他称这样一个对象为"实在"。到了柏拉图的时候，他提出的"理型论"实际上标志着"实在论"这个术语的正式诞生。我们知道，在《理想国》中，柏拉图曾经用"线喻"和"日喻"把世界分成两部分：可见世界和可知世界①，也称为感觉世界和理性世界。相对于作为认识主体的"人"来说，这两个世界都是客观外在的。感觉世界需要我们用感官去感知，但由于它是变化不定的，故我们所得到的知识也是不可靠的。而理性世界可以给我们提供可靠的知识，所以我们对理性世界的认识可以帮助我们建立起一套完整的概念体系。柏拉图坚信这是一条真理之路，并由此提出了"真理符合说"，其核心观念就是：我们所思考和所使用的"概念"必须符合那个外在的实实在在存在的"对象"，而这个对象必须是外在的，跟"我"这个认识主体的思考和言说并无联系，或者说在我思考和言说它之前，它就已经存在了。如果用我们熟知的马克思主义哲学的术语来说，对象是不以我们的意志为转移的，或不依赖我们的主观认识而外在存在的——这一自在的东西是"实在的"。可见，"真理符合说"实际上就是把外在性和实在性当作了一回事，认为二者可以画等号，即实在性＝外在性。进一步分析"实在论"，就会发现它的出发点是作为客观的外在的那个存在着的"实在"是我们思考的对象，我们对它的经验观察和感知是对它的主观反映，而且如果我们的经验观察越是精确，越是接近这个外在的"实在"，我们对它的知识和了解也就越来越可靠。②这条思路后来经过亚里士多德和托马斯·阿奎那的贡献和推动，在中世纪时终于演变成了"实在论"，并且占据当时思想界的统治地位。

但是到了文艺复兴前后，实在论遭遇了质疑和挑战，并由此引发了一场大争论，争论的结果是所谓的"唯名论"开始登上了哲学史的舞台。"唯名论"攻击"实在论"的关键环节就在于这个外在的客观的"实在"是否具有合法性。简单来说，就是在"实在论"中所要描述的那个"实在"到底是什么东西呢？因为我们每次谈论这个"实在"的时候，都要使用语言，而一旦使用语言，那么我们所谈论的这个对象的"实在性"就必然在我们的语言体

---

① ［古希腊］柏拉图：《理想国》，张斌和、张竹明译，商务印书馆2009年版，第268页。
② 谢文郁：《存在论的基本问题》，《世界哲学》2006年第6期。

系之中。如果我们不用语言对它进行描述，那么它还是不是那个外在的"实在"呢？简单来说，如果根据"真理符合说"——外在性就是实在性，那么一旦这个"实在性"处在我们的语言体系中，它还是不是"实在"就成了一个问题。可见这时"实在论"中谈论的"实在"由于受制于人的语言系统，其合法性已经不能得到承认。对这个问题的争论一度是中世纪哲学史上辩论最激烈的问题，但争论的结果是唯名论取得了胜利。所谓唯名论就是承认所有的"实在性"都是在人的语言体系中的"实在性"，指的是外在对象的"名称"，而不在于对象本身的外在性。举个例子来说，院子里有条狗，我们只需要使用 Gou（狗）这个名称就可以了，并不需要知道院子里是否真有一个外在的存在着的那个汪汪叫的四条腿的动物（狗）。但是需要注意的是，这个时候的"唯名论"仍承认原来"实在论"中的外在对象（如那个汪汪叫的动物）的存在，也就是说，唯名论认为我们的研究对象应该是外在对象的"名称"，它虽然不是外在对象，但这个外在对象还是存在的。Gou 这个词的定义是在我们的语言体系中给出的，唯名论只关心这个名称，而不关心它指称的外在对象。从这一点来说，这种"唯名论"在一定程度上还是一种实在论。

但到了 18 世纪，随着英国哲学家贝克莱的《人类知识原理》一书的横空出世，"实在论"被彻底打败并从此长期一蹶不振。贝克莱提出"任何可感知的事物都不能离开我们对它所产生的感觉或感知。事实上，对象和感觉原是一种东西，因此是不能互相抽象而彼此分离的"①，这种观点被归结为一句经典名句，Their (the) esse is percepi②，一般翻译为"存在就是被感知"。这里的存在其实就是实在的意思这个命题，故也有人认为应当翻译为"实在就是被感知"③。很明显，这是把外在对象等同于我们主观的感觉，也就是说，所谓的外在的对象，即外在的那个"实在"（存在），其实就是我们的感觉。为

---

① ［英］乔治·贝克莱：《人类知识原理》，关文运译，商务印书馆 1973 年版，第 22 页。

② 引自 Berkeley, *A Treaty Concerning the Principles of Human Knowledge*, Edited and with a preface by Thomas. J. McCormack, Dover Pubilications, 1940, P 13. 中文版参见 ［英］乔治·贝克莱《人类知识原理》，关文运译，商务印书馆 1973 年版，第 21 页。对贝克莱思想的详细分析解释，可以参照傅有德《巴克莱哲学研究》，人民出版社 1999 年版。在此书中，傅有德先生详细而全面地解读了贝克莱的哲学思想，其中"存在就是被感知"是作为一条新原理来进行解释的。参见该书第三章。

③ 例如，谢文郁先生就认为应当翻译为"实在就是被感知"比较贴切。我们这里的重点并不是讨论哪个翻译更合适，而是强调了贝克莱把感觉跟外在的存在（实在）画了等号，即实在（存在）=感觉。

什么呢？贝克莱的论证很复杂，概括而言，就是因为我们的感觉是接触对象的唯一工具，我们无法在自己的感觉之外将外在对象和我们的感觉进行比较，以判断其是否为真理。所以他认为"真理符合说"是不合法的，是虚妄的。我们可以举个简单的例子来感受贝克莱说的"存在（实在）就是被感知"这句话的力量所在。比如我看见了一个杯子，这个杯子就成了我的一种感觉，那么这个感觉本身就是"实在的"。贝克莱反复强调这一点：你不要跟我谈论是什么使感觉成为实在，只要我看见了这个杯子，这个感觉就是实在。所以感觉＝实在。由此，贝克莱的学说彻底将"实在论"从"唯名论"中清理出户了。

我们叙述完了"实在性"在思想史上的发展轨迹，现在该回到我们的论题即"生存即实在"了。"生存即实在"这条思路实际上就继承了贝克莱的思路并把它扩大。贝克莱说，实在就是被感知，而我们说"生存即实在"，实际上我们是把"感知"换成了"生存"。什么叫实在？我们说生存就是实在。生存是指"我"自己从这个时刻往前推到前一时刻，往后推到后一个时刻。我们每时每刻都在这个时刻的延续，这就是我们的生存。生存就是实在，我们强调实在就是被感知，的确把"感知"挪到了生存层面上。但这绝不是简单的术语替换。我们强调的是只要在生存中发生的事情都是实在的。生存就是实在，强调实在不仅仅是感觉和感知，还有别的感觉。比如一个人说他看到鬼魂时的"幻觉"，或者一个人爱做白日梦的"想象"，我们认为只要它存在于人的"生存"之中，它就是实实在在的。为什么"幻觉"和"想象"可以被看作实在的呢？我们认为，一个人产生"幻觉"，比如他看到了鬼魂，虽然别人看不到，但是他却坚持说自己看到了，并由此产生了恐惧害怕，影响到了他的生存状态，——如"幻觉"使他生病，或者像哈姆雷特一样从此把"复仇"看作自己生活的重点，我们就说他的这种"幻觉"在生存层面是实实在在的。生存对我们来说是至关重要的，每个活着的人都要关注自己的生存。生存分析就是把"人在世界上生存着"这件事情拿来分析。生存这件事是我们最原始的时刻，是我们认识世界和语言使用的起点。需要注意的是，在生存分析上，我们特别注重我们的"语言"，尤其是语言使用的起点或出发点问题。我们把语言在生存层面上的使用称为"赋义"，这个词相当于英文中的 mean 或 make sense，在中文动作化的语境中用"赋义"，它和"理解""知道""把握"等用法接近。但在生存分析中，我们认为，一个词的名称或含义都是作为主体的人赋予事物的,这样一个过程我们称之为"赋义",强调的是主体在生存上对客体事物的经验观察和认知过程。

二 经验指称与情感赋义

从生存角度来看,我们对事物(对象)的赋义主要有两种方式,经验指称和情感赋义。需要指出的是,"经验指称"的出发点就是我们在上一部分所追溯的"实在性";而"情感赋义"的出发点,则是我们在语言使用或赋义时候的主观性的"情感"。

我们从"经验指称"开始叙述。什么叫经验指称呢?在我们的生存中,我们对一个对象的赋义往往是通过"指称"来完成的,这个对象必须是我们经验中的"实在"的对象,而这个对象的"实在性"就是我们赋义的起点,这种赋义方式我们称之为"经验指称"。我们可以举个生活中的实例来说明,我们来考察一个懵懂无知的小孩子是如何获得"凳子"这个概念的。[①] 一个一两岁很顽皮的小孩子,总是不安分,他的妈妈对他说:"你给我老实地坐在凳子上!"为了让小孩子知道什么是"凳子",妈妈就会把他抱到"凳子"上,让他"坐"下,同时嘴里说出这句话,于是"凳子"这个语词和妈妈所指的并把他抱来坐在上面的那个东西就在小孩子头脑中形成了一种"指称"联系。后来,妈妈带这个小孩子去别人家玩,他又顽皮,妈妈对他说:"你给我坐到凳子上!"对这个小孩子来说,他就会很不明白,"凳子"在家里啊,这里哪有凳子呢?但当他妈妈把他抱到别人家的"凳子"上的时候,小孩子就知道了,原来这个东西也叫"凳子",跟家里那个自己经常坐的名称是一样的。这个时候"凳子"概念就会在小孩子头脑中有两个不同的"指称";随着小孩子经历的增加,比如他坐过十个"凳子"以后,他就会逐渐了解什么叫"凳子",即"凳子"的内涵:"平面的,有腿的,木头做成的,无靠背的……"这些特征最终使他获得了"凳子"的概念,这个概念适用于他见过和没见过的任何一种"凳子"。这就是小孩子对"凳子"概念的赋义过程,他的始发点是他坐过的第一个"凳子"的经验。离开了经验,我们就不能对事物进行赋义,

---

[①] 这个例子来自谢文郁老师平时讲座的录音。相似的例子很多,比如我们还可以参照维特根斯坦在《哲学研究》第1节所举的奥古斯丁所叙述的那个对小孩子"实指教学"的例子。我们在此引用这些例子是为了强调"经验指称"赋义的起点问题。

这就是我们所说的"经验指称"。很明显，我们可以看出，实在性是我们赋义的起点，我们对一个单词赋义的起点可以追溯到实在性那里去。我们使用的语言包含多个层面，可以包括命题、句子和语词，但最基本的单位仍然是语词。而语词意义的最终获得是通过我们的"经验指称"来完成的。所以，从生存分析来说，"生存即实在"，而外在对象的实在性是我们对语言赋义的起点。这是"经验指称"所要强调的。

　　生存分析的第二条原则是"情感赋义"，这也是除"经验指称"之外我们对语言进行赋义的第二种方式。在实在论中，我们可以通过"经验指称"来对语词赋义，但是实在论也不排斥其他的赋义方式，比如使用手势、身体语言等。但是在实在论失败而唯名论取得统治地位以后，唯名论坚持认为：除了"经验指称"，其他赋义方式都缺乏合法性。这样就把"经验指称"捧到了绝对占统治地位的赋义方式的位置，大有"罢黜百家，独尊指称"之势，它坚持认为只有"经验指称"才能赋义语词。这方面的典型代表就是维也纳小组掀起的"拒斥形而上学"运动。因为维也纳小组认为经验指称是唯一合法的表达方式——也就是说在我们的经验中，通过感官获得感觉的东西与名词相符合，这就是经验指称——是主导性的，其他任何脱离经验指称的赋义方式都是无意义的。维也纳小组的代表英国哲学家艾耶尔就提出过著名的"可证实原则"（principle of verifiability），他认为我们必须通过"经验指称"来寻得正确的意义理解：一个命题有无意义，取决于能否用经验事实来确认其真假；也就是说，如果可被经验事实检验，该命题就是有意义的，否则便是无意义的，应被清除。所以宗教语言和形而上学命题应该被"拒斥"。但是维也纳小组的观点遭受到了诸多的批评，比如有人就反问艾耶尔"可证实原则"本身是不是可证实。再比如另一位维也纳小组成员卡尔纳普也认为只有在"经验指称"中被赋义的才具有意义。但是对有些句子来说，比如"太阳明天从西边升起"，从我们现实的经验出发会被认为是错误的，但是它也有意义。为什么呢？因为它虽然不符合我们现在的经验，但是可能在"未来的经验"中（比如宇宙发生剧变等）具有意义。于是人们反问既然"未来经验"本身就是离开经验来谈论意义，那么，这句话是不是还有意义呢？固然，人们逐渐认识到"经验指称"并不是唯一的赋义方式。而且，人们逐步发现，在生存中，还有一种因素具有赋义功能，只是被我们长期忽略了，那就是我们的"情感"。

　　生存分析就非常强调"情感赋义"的功能。什么是"情感赋义"呢？我们知道，作为活着的人，我们在自己的生存中都有"情感"，正如俗话所说的："人是有情感的动物。"那么，在生存分析中，我们对一个外在事物（对象）的赋义经常会受到我们的情感或情绪的影响。而当这种情感主宰了我们对对象赋义的过程的时候，我们的语言赋义就会带有情感色彩。如文学作品中的"感时花溅泪，恨别鸟惊心"，"春风得意马蹄疾"等诗句所描绘的正是作为生存着的人被不同的"情感"所左右时对同一事物所呈现不同的看法。同样，在哲学研究中，生存分析也注重情感对事物赋义过程的影响。我们知道，在我们生存中，有很多时候我们在指称事物的时候会带有很多"情感或情绪"成分。为说明情感的这种赋义功能，我们这里也举个生活中的小例子做以说明。比如一个人指着院子里的一只四条腿、有毛的动物说：

　　这是一只黑狗。

　　说话者有意在"黑狗"一词的"黑"上加重了语气。为什么呢？我们可以猜想在他的生存中，黑狗可能给过他很多不愉快的经历，比如他曾经被黑狗咬过，又或者他因为一条黑狗跟别人有过争执，心理上有阴影。类似的生存可能性会有很多，总之，和"黑狗"有关的经历影响到了他的生存状态，以至于他在说"这是只黑狗"的时候，语气中明显带出了恐惧或厌恶或憎恨的情感，而这些情感或情绪主宰着他对"黑狗"的赋义。我们假设他是个很有权势的人，这句话是对他的一个下属说的，如果这个下属在"经验指称"中去赋义"黑狗"这个词，那么，他可能会说："对啊，这就是条黑色的狗啊。"显然他没有明白说话者在这句话中所包含的"言外之意"，即"我不喜欢这条黑狗"。这样，他们之间的语言交流就会受到阻碍，而这会影响到他们之后的生存状态，比如这个人可能会开除这个下属，即听话者可能会因为没有理解说话者这句话中所表达的"情感"而被炒鱿鱼，失掉饭碗。这样的例子在我们的生活中同样会有很多。

　　所以，在我们的生存之中，我们作为活着的人，不仅仅具有经验观察的能力，而且还有着喜怒哀乐悲恐惊等各种复杂的"情感"。这些情感都是我生存中实实在在的存在,是我们生存的一部分,与经验一样,不可从生存中分割出去,有时甚至会决定着我们的生存状态和生存导向。如果我们不重视这些情感,那么,我们的生存就不是完整的。所以,在生存层面上,我们理解这个世界的时候是有两种赋义方式的:经验指称和情感赋义。需要注意的是,我们说的"情感赋义"并不是把情感作为结论或结果来使用的,而是作为出发点或起点来使用。所以,我们可以定义说:以情感为起点或从情感出发来对生存中的外在事物(对象)进行赋义的过程就被称为"情感赋义"。这是与"经验指称"并列的一种赋义方式。比如刚才说的维也纳小组,在确立了"经验指称"的统治地位,将形而上学命题"一棍子打死"后,却无意之中使得人们看到了"情感赋义"的身影,并由此打开了赋义的另一扇窗户。艾耶尔说:"它们(——指"形而上学命题")仍然可能用以表达情感,或用以激发情感,并因而服从于伦理学或美学的标准。"① 无独有偶,同属维也纳小组的卡尔纳普也说:"形而上学的虚构句子,价值哲学和伦理学的虚构句子,都是一些假的句子,它们并没有逻辑内容,仅仅能够引起听到这些句子的人们在情感和意志方面的激动。"②

当然,维也纳小组虽然重视情感的赋义功能,但也并没有把"情感赋义"置于像在"生存分析"中的那样高的位置。这当然不能责怪他们"眼拙"或"有眼不识泰山"。如果从整个西方哲学史来看,"情感"的赋义功能长期被人们忽略、轻视,有时虽然也有"上台表演"的机会,但也总是在扮演"跑龙套"的角色。要不是作为"配角"跟着"生存分析"这个"主角"在哲学舞台上粉墨登场,这块美玉说不定至今仍然"养在深阁人未识"呢。我们这里不妨抽出一点时间简略梳理一下"情感赋义"在哲学史上长期被"隐匿"、被忽视的历史,我们会惊讶地发现,在许多哲学家的哲学著作中,他们都给了"情感"以足够的关注,但都是与"理性"相比较的,没有人太注重它的"赋义"功能。

我们都知道,柏拉图在《理想国》中把人的灵魂分为三个部分:理智、激情和欲望。而灵魂中的三个部分拥有三种互相对应的欲望和快乐。其中最

---

① [英] A·J·艾耶尔:《语言、真理与逻辑》,尹大贻译,上海译文出版社2006年版,第14页。
② 洪谦主编:《现代西方哲学论著选辑》(上卷),商务印书馆1993年版,第558页。

高部分热爱学习被称为"爱智"部分；激情部分热爱胜利与荣誉被称为"爱胜"部分或"爱敬"部分，而最低部分则将快乐和爱都集中在"利益"而被称为"爱钱"或"爱利"部分。与此相对应，人的基本类型有三：哲学家或爱智者、爱胜者和爱利者。可见，由于柏拉图偏爱"理性"，所以他对"激情"并没有给予太充分的认识，并且认为激情应当被"理性"所约束。柏拉图虽然认识到了情感是人类生存中不可或缺的因素，但也提出人必须通过理性合理地克制情感，只有这样，才能过上"善"的生活。[①]

亚里士多德认识到了人类生存中非理性因素（情感、欲望等）是不可分割的部分，也肯定了情感的作用，认为其有积极和消极两个方面：积极作用会促进人的幸福，他甚至把善良、快乐和人的幸福等并列相提；消极作用如冲动型的情感会使人失去理智，做出违背原则的事。所以，亚里士多德认为，情感的消极作用会对我们的生存产生不好的"诱惑"作用，故应当加以克制，而克制的手段仍然是要依据于理性。[②]

伊壁鸠鲁（Epicurus）则提出快乐主义原则，把情感作用提升到了一定的高度。他认为人生的目的就是快乐，而快乐的最高原则是至善。他将快乐定义为没有身体上的痛苦和心灵上的干扰，比如人的欲望满足就是快乐，心灵平静就是快乐。而我们在面对快乐时，有时会面对选择，比如为了避免痛苦要舍弃一些快乐，而选择的依据就是遵从理性。可见，伊壁鸠鲁提升了情感的作用，甚至把理性也变成了情感的奴仆。情感终于在伊壁鸠鲁这里得到了出演"主角"的机会，享受到了为人注目的"快乐"。但是"快乐"很短暂，人们很快意识到了伊壁鸠鲁的快乐主义会引导人们追逐物质享受，所以很快舍弃了"情感"，而重归于理性。随后的斯多亚学派重视通过人的理性来去驾驭人的"本性冲动"，把注意力转移到了沉思并顺从自己的逻各斯，即在生活中沉思自己的本性，并在沉思中顺从自己的本性，而情感、欲望等非理性状态是人们追求幸福道路上的障碍，应当被克制、被排除，做到"不动心"的状态。这样，情感并不被重视。

---

① 参见《理想国》562A—585E。
② ［古希腊］亚里士多德：《尼各马科伦理学》，苗力田译，中国社会科学出版社1990年版，第15页。也可以参见宫维明《情感与法则——康德道德哲学研究》，博士学位论文，中共中央党校，2010年。

漫长的中世纪浓厚的宗教氛围为"情感赋义"提供了广阔的发展空间，因为这个时期人们的"情感"全部集中在基督教信仰之上。而基督教信仰的核心之处恰恰是要求人们对"上帝"概念进行"情感赋义"，要求人们放弃自己的理性，在"信任"的情感上完成对"上帝"概念的赋义。比如，谢文郁先生在他的新书《道路与真理》中就力求展示"信念认识论"（也称恩典真理论）[①]，而"信念认识论"的精髓又恰恰是展示"信任"这种人的生存中的原始情感的赋义功能。简单来说，由于柏拉图的"求善原则"促使人们主动追求真理这条途径陷入了困境，《约翰福音》所要求的就是真理主动向人们启示自己，通过耶稣"道成肉身"的方式，要求人们放弃柏拉图所倡导的"理性认识论"，在信任情感中接受上帝恩典的启示，从而突破人的认识的局限，越来越多地认识上帝。但是遗憾的是，中世纪的很多哲学家却把主要精力放到了如何使用自己的理性来论证"上帝存在"的合理性上，比如，经院哲学家托马斯·阿奎那就致力于利用亚里士多德的哲学来解释基督教信仰的合理性，而且他的思想侧重于用理性来解释信仰。[②]

真正把"情感赋义"推上哲学舞台的则是以齐克果、海德格尔为代表并使用"生存分析"进行哲学研究的生存主义哲学家。我们知道，齐克果的生存分析是与黑格尔的"思辨哲学"针锋相对的，篇幅所限，我们仅举一例子分析二人思想的不同。比如对于"必然性"和"可能性"这对概念，黑格尔认为，必然性是主导的，我们必须在必然性的基础上才能分析可能性，可能性是受必然性支配的。在他看来，必然性是个前提预设概念，且我们只有了解了必然性之后才能了解可能性。或者说，可能性是一种"偶然"，是没有现实性的东西，故要受制于必然性。但齐克果对黑格尔提出了批评，他认为必然性是人的预设概念，是人的臆想，而不是生存中原始的，所以我们只有拿掉必然性，才能谈论可能性，而可能性才具有原始性。因为如果从我们的生

[①] 谢文郁：《道路与真理》，华东师范大学出版社2012年版。读者要了解"恩典真理论"的完整论述，也可以参见谢文郁《恩典真理论》，《哲学门》2007年第1期，或者参见谢文郁《自由与生存：西方思想史上的自由观追踪》，张秀华、王天民译，上海人民出版社2007年版。

[②] 这里我们并不否定托马斯·阿奎那神学著作中也包含"情感赋义"的思想，只是目前学术界对此还没有对阿奎那"情感赋义"思想更系统的研究，所以这个论断可能有点武断。但笔者认为，"信任认识论"是在马丁路德改教以后提出对"信"的重视，以及随着齐克果的"生存分析"出现后，人们才开始重视"情感赋义"，并考察"信任"这种情感的赋义功能的。

存出发，我们会发现，我们的生存时时刻刻要处于对"可能性"的选择中，比如我们渴了，我们就会想喝"水"，但如果眼前没有水，只有"牛奶"，那么"牛奶"就是我们选择中的"可能性"。如果我们面前有很多选择项，也就是具有"可能性的多样性"，那么我们只要有一个作为"指导原则"的东西（如欲望）就可以了，也就是说，只要能满足我们"渴"的欲望的可能性被确定了，我们就会满足。但是，在我们的生存中，我们往往要面对"一切可能性"的选择，也就是一种"无"的状态，比如一个大学毕业生找工作时，他并不知道自己将来要从事什么工作，他的生存状态面临着一切可能性，这其实就是一种混沌的不可分辨的"无"，那么他就会进入一种"着急"（Anxiety，或译为焦虑）的情绪状态。这种"着急"状态在他的整个意义世界中就充当了出发点。也就是说，他必须从"着急"这种情感出发去赋义自己生存中的"可能性"，这样的他对"可能性"的赋义就是"情感（着急）赋义"。一个人对"着急"这种情感的体会越深刻，那么他对"可能性"这个概念的理解也就越深刻，并在这种"情感赋义"了的"可能性"的基础上去进行自己的生存分析，比如到底是选择哪一种"可能性"才能最适合自己当前的生存状态，而这个"可能性"的选择会影响他未来的生存。一旦他确定了一种"可能性"，那么他的"着急"就会消失。也就是说，"着急"是短暂的，是随着"可能性"的确定而消失了的。但是在基督徒的生存中，当他无法理解"上帝的旨意"的时候，他的生存状态就会处于永恒的着急之中。这样的"着急"就具有了永恒性。对于基督徒来说，上帝对人的生存所具有的计划在任何时候都是可能的，这样人的生存状态就具有了"永恒的可能性"，而这"永恒的可能性"也就需要基督徒在"永恒的着急"的情感中去赋义和理解。所以，在这个意义上，"着急"就成了基督徒生存中的一种永恒状态。[1]

在齐克果看来，我们对"可能性"进行赋义的过程中，"着急"是一种具有原始性的情感意义。这个过程就是"情感赋义"。不仅是"着急"概念，事实上，在生存分析看来，几乎所有的情感都具有赋义功能，只是有的情感赋义功能较强，有的赋义功能比较弱。比如，人在快乐、高兴和生气、恐惧

---

[1] Kierkegarrd, *The Concept of Anxiety*, translated byReider Thomas , Princeton University Press, 1980, p. 95. 对"着急"概念的解读可以参见谢文郁《自由与生存：西方思想史上的自由观追踪》，张秀华、王天民译，上海人民出版社 2007 年版，第 18—21 页。

等不同情感下对同一事物的赋义可能会呈现截然不同的结果。比如，上面那个例子中，当那个人说"这是一只黑狗"的时候，他所表达的情绪和情感会影响到他对"黑狗"这个概念的解释。但是如果听话人体会不到说话人说话时的情感，只是在"经验指称"中去理解"黑狗"的含义，那么，二人之间就会出现"交流冲突"或障碍。除非听话人和说话人都处在了看见"黑狗"时同样的情感状态，即情感的"共鸣"，语言交流才会顺畅。如果没有情感"共鸣"，听话人对"黑狗"的赋义就仅限于自己的私人情感中。在我们的生活现实中，我们在对很多事物赋义时都是有情感的，只是很多情感都缺乏"共鸣"，这也导致了"情感赋义"被长期忽略。

需要注意的是，我们强调"情感赋义"，还有更重要的一个依据就是情感可以在引起共鸣的群体中得以传递。那么，如何才能达到情感的共鸣呢？这一点比较难以说明，但我们可以借用维特根斯坦的观点。我们知道，语言是人与人之间交流的工具，而作为"交流"，则必然以语言的公共性为前提。这让我们想起了维特根斯坦反对关于私人语言的论证。私人语言是指称和命名私人感觉经验的语言，它所表达的感觉或内心的体验是个人独有的，是"私人定义"的，不能为他人所了解，维特根斯坦将其比喻为"人只能单独玩单人纸牌游戏"。维特根斯坦的论证思路主要有三点。首先，他指出，名称和感觉之间不能建立直接的指称联系，私人的实指定义其实是不可能的。我们知道后期的维特根斯坦提出了"语言游戏"说，其核心点就是认为语言的意义是在使用中的，所以，在维特根斯坦看来，我们用实指定义的方式确定语词与事物之间的关系是无效的[1]，而用这种方式确立的语词与私人感觉经验的关系更是毫无意义的。其次，维特根斯坦指出，即使私人实指定义是可能的，也不能把由此得出的名称用于别人的情况，这也就是维特根斯坦所批判的"我的痛只有我知道，其他人只能推测"[2]。最后，维特根斯坦指出，"我痛"非"他痛"，我无法根据我的私人感觉去判知他人是否与我有相似或相同的感觉。具体点说，就是我们每个人都可以有心灵活动，有各种各样的感觉，但我们无法判断自己的心灵活动或感觉与其他人是否有某些相似或相同，因为

---

[1] 维特根斯坦在《哲学研究》一书开头就批判了奥古斯丁的"实指定义"，认为语词的意义就是词的使用，由此提出了"语言游戏"说。参见《哲学研究》第 1—40 节。

[2] 《哲学研究》，第 104 页。

我们每个人都无法进入他人的心灵。但"私人语言"恰恰要达到这个目的，因为只有做到了这一点，"私人语言"才能被称为"语言"，但是作为私人感觉的表达，私人语言又不可能做到这一点。所以，只能表达私人感觉的"私人语言"由于不能表达别人所具有的同样感觉而被剥夺了作为"语言"的资格，因而是不存在的。私人语言不存在，所以语言就可以表达出公共性的情感，即情感的交流以其公共性为前提。而情感的共鸣在宗教群体内部更容易发生。这就像普兰丁格在他的《上帝和他人的心灵》一书中所说的那样，我们相信上帝就像相信他人的心灵一样。为什么我们可以相信他人的心灵呢？普兰丁格这样表达这个问题：我们每个人都相信我们在社会中跟别人打交道，而且其他人跟"我"一样可以思考和推理，持有信仰，有感觉和情感；而且一个人可以观察到另一个人所处的环境和其行为，但是他并不能感知另一个人的心理状态。① 如我们并不能感受到别人的"牙疼"，但是我们可以在看到他表情（如捂着腮帮子）的时候，"相信"他是痛的，所以相信就成了我们情感交流的基础。我们知道，一个群体内部的人之间要进行情感的交流和传递，必须以共同的生活形式为基础。而在群体性的宗教生活中，人们由于有共同的敬拜对象（比如上帝）、共同的语言表达，更重要的是有对所敬拜对象的共同情感（比如激情、爱和忏悔等），所以才使得情感在交流时能够引起群体性的共鸣。所以，宗教群体内（比如基督徒教会）的人之间由于共同享有对"上帝"的"神圣感应"能力（加尔文语）②，才使得其宗教情感得以顺利交流和保障。而且还有更为重要的一点，就是基督徒群体内部，都对上帝有一种"信任"情感，在信任情感的平台上，人们的情感更容易达到共鸣——这也是情感赋义非常强调的。

三 经验指称与情感赋义中的"上帝"概念

以上我们叙述了"经验指称"和"情感赋义"。我们发现，这是两种具

---

① Alvin Plantinga, Kierkegarrd: *God and Other Minds*, translated by Reider Thomas, Princeton University Press, 1980, p188.
② 所谓"神圣感应"指的是"人类有一个自然倾向，本能，习性目的，能在不同的条件和环境下，产生有关上帝的信念。参见［美］阿尔文·普兰丁格《基督教信念的知识地位》，邢滔滔等译，北京大学出版社2005年版，第191页。

有不同出发点的赋义方式。"经验指称"的出发点在于外在事物的实在性,即我们的经验,而"情感赋义"的出发点则在于人的情感。而这两种赋义方式共存于人的生存中,就会引发人的不同生存状态。为了更清晰说明,我们试举出一例说明,来看下面这句话:

  上帝是全能的。

  我们发现,我们对这句话可以从"经验指称"和"情感赋义"两条途径进行赋义。对一个非基督徒或无神论者来说,他可能会从"经验指称"来理解"全能"。怎样做呢?他会把所有在经验中所能看到的、能听到的和能感知到的,凭着自己的想象一点一点地进行积累,并想象一种超然的全能的存在,以"上帝"来指称它。而对一个基督徒来说,他可能会在"情感赋义"中去理解这句话,即从信任情感出发,相信上帝会主动彰显自己的能力:由于我相信上帝是全能的,而所谓的"全能"就包含着"上帝已经彰显的能力"(可以在经验指称中谈论的)和"上帝没有彰显的能力"(经验指称没法赋义的,只能在信任情感中赋义的)。

  很明显,我们发现,"情感赋义"所呈现的上帝的"全能"要远远超出"经验指称"所赋义的"全能",而这两种不同的赋义方式也会造成对"上帝"的不同理解。由于人的有限性,我们不可能凭着有限的理解力和有限的语言来理解和表达上帝的无限的"全能",所以,"经验指称"中生存的人,无论如何努力想象,上帝的全能性都是在我的理解力和语言框架之内的,也就是说,上帝的全能性要囿于或受制于人的理解力和语言表达。这样的"上帝"还能是"全能"的吗?而这导致人对上帝的理解呈现"封闭性":上帝的全能不过是我们头脑中想象出来的产物。所以,像"上帝能否创造一块自己也举不起的石头呢"这样的问题就应运而生了,因为在人的理解力和语言表达范围内,这句话的确是不合逻辑的:如果上帝是全能的,他一定会创造出任何石头;而如果上帝举不起一块石头,那么他就不是全能的——这是一个"悖论"。

  但"情感赋义"中生存的人,由于相信上帝会主动彰显他自己的"全能",所以作为有限的人,我们对上帝的"全能"是在信任情感的基础上被赋义的，也就是说，因着上帝源源不断地把自己的能力给出，在我们的生存中就不断接受上帝的给予，从而使得我们可以在经验上来指称这种"全能"，但是我们相信上帝向我们彰显的能力只是他"全能"的一部分，他肯定还有未向我们彰显的能力。这样，我们对上帝的"全能"的赋义就因着我们的信心而不断更新，且不断经历，从而使我们对上帝的了解呈现"开放性"。这样，"上帝能不能创造一块自己也举不起的石头呢"，我们不知道，因为上帝没有向我们展示这种超出我们理解力的"能力"，但我们相信上帝一定是"全能"的，而且我们相信这句话一定不会有矛盾，至于上帝会如何创造出自己举不起的石头，因为上帝没有彰显给我们看，所以我们只能保持沉默，但我们确信这句话不是"悖论"，只是判断权在上帝那里，我们只需凭着信心接受就可以了。这与"经验指称"对"上帝"概念的理解是不同的，继而影响到不同的生存状态："经验指称"中的人凭着自己的想象去构造"上帝"概念，一旦这个概念不符合自己的想法，就会加以拒绝；而"情感赋义"中生活的人，则无论有什么样的经历，都会在顺服、谦卑和信任中等待上帝旨意的彰显。

我们在以上比较详细地叙述了"经验指称"和"情感赋义"，这是生存分析的两条原则。如果了解了这两条原则，那么我们在理解第三条原则，即生存分析注重"出发点"问题时就比较容易了。我们说当今哲学研究的三大方法，都比较注重起点或出发点问题，比如语言分析强调人在最初是如何获得语词的，这与生存分析比较相似，典型的例子就是维特根斯坦在《哲学研究》一书中所引用的奥古斯丁的那段话——是"实指教学"的例子；现象学方法强调抓住对事物的本质直观，因为这是我们理解的起点。与它们相比，生存分析更强调生存出发点问题。因为寻找到了生存出发点，才能真正找到我们在生存中所面临的问题、所要解决的问题，并由此出发来分析我们的生存走向。在"经验指称"中，我们强调在经验中某一外在事物的实在性问题，比如，我们讲过的小孩子获得"凳子"概念的时候，他所坐过的第一个"凳子"的经验就是他对"凳子"这个概念赋义的起点，正是在这个起点上，他把坐过的那个"凳子"与妈妈嘴里发出的声音 DENGZI（凳子）联系起来，完成了从经验中实在的"凳子"到"凳子"概念的赋义过程。在"情感赋义"中，我们强调人在使用语言时所处的情感或情绪状态，当一种情感出现时，我们同时理解了这个概念，那么对这个概念的赋义就取决于这种情感，这就是情感赋义。需要强调的是，情感赋义强调的是以情感为出发点，并不考虑情感从何而来，即不考虑情感为什么产生或产生的原因，而是考察这种情感产生之后对我们的生存所产生的影响。比如在我们讲过的"黑狗"的例子中，说话人在语气中强调"黑狗"的"黑"的时候，是明显带有情感性的。这样，"黑狗"对他的意义就不再仅仅是经验指称中的"黑色的狗"了，而是被他的厌恶或恐惧的情感所赋义的。可见，这个情感在整个赋义过程中是一个出发点，所以就显得尤为重要。如果我们没有找到这个作为赋义过程起点的"情感"，我们可能就会走"经验指称"的思路，那么，正如以上我们所分析的，我们的生存就会变得不一样了。

正是基于以上的分析和考虑，我们在研究宗教语言问题时，也尝试使用生存分析法。本书的主旨致力于说明，近代西方基督教背景下的宗教语言问题，即人类语言对"上帝"概念的赋义问题，主要是由休谟、康德、齐克果、维特根斯坦和普兰丁格等哲学家和神学家来推动的，他们的讨论形成了一个承上启下的传统，而在这个传统中，有两条根本的原则在起推动作用，我们称之为经验指称和情感赋义。

第二章 "上帝"概念与经验指称

关于宗教语言问题在近代思想史上的质疑和产生，我们认为，应当肇始于大卫·休谟。为什么开始于休谟呢？我们可以引用斯温伯恩（Swinburne）的观点来证明之。斯温伯恩认为，这应该是起源于休谟，因为从整个英美哲学的观点来看，休谟的怀疑论导致了逻辑实证主义的兴起。按照休谟的观点，经验是我们一切科学的基础和标准，我们的知识不仅受制于经验而且超出经验范围之外的任何宣称都是无意义的。由此可见，逻辑实证主义的可证实原则与上述观点是一脉相承的，即主张只有被经验观察所证实的命题才是有意义的，那些关于形而上学和宗教的陈述并不是虚假的，而是无意义的。所以，斯温伯恩批判逻辑实证主义者时，曾经指出，逻辑实证主义及其证实原则秉承的就是休谟怀疑论哲学的精神，即强调论证的"精确性"："逻辑实证主义运动令人们对精确性更加强调，对模糊性强烈反对。它像一道命令，祈使人们去观察事实，去伪存真。"[1] 无独有偶，英国哲学家索斯凯斯（Soskice）也持有相同的意见，她说："关于宗教语言的争论，在现代英语哲学界应该归于大卫·休谟……休谟则在他的《宗教的自然史》一书中，对话主人翁之一的Cleanthes代表了牛顿式的护教主义者。而很少有人提到，Demea所代表的则是基督教思想的'神秘派'或否定派，即所有的人类语言都不能达到神的荣耀（all human language falls short of the glory of God）。休谟在书中描述了宗教信念'起源'的伪历史，他指出，当奴隶般的崇拜者对自身安危感到恐惧，寻找越来越多的崇高头衔来奉承他们的神灵时，诸神的名称就自然而然地出现了。现代学者对宗教语言的两种最有毁灭性的批判，都可在休谟的论著里

---

[1] 转引自张志刚《理性的彷徨：现代西方宗教哲学理性观比较》，东方出版社1997年版，第143—144页。

觉察到苗头。首先，宗教语言缺乏意义的或没有意义的；第二，如果有人能谈论其意义，那也肯定不是宗教徒以天真态度所认可的'意义'。"① 此外，更为有力的证据来自逻辑实证主义者艾耶尔自身的论证，艾耶尔指出，逻辑实证主义跟休谟哲学的联系主要是通过马赫（Ernst Mach, 1838—1916）来建立起来的："马赫认为，既然我们是通过自己的感觉获得关于科学事实的知识的，那么作为最后一着，科学必须成为感觉的描述。维也纳学派把这一点接过去，于是他们所遵循的自然是一种旧有的经验主义传统。尽管他们自己不了解或不关心哲学史，他们所说的都很像苏格拉哲学家大卫·休谟在18世纪所说的话。"② 所以，按照斯温伯恩、索斯凯斯和艾耶尔本人的说法，宗教语言问题在近代哲学肇始于大卫·休谟。那么，休谟到底说了什么？到底要怎样看待宗教语言？如果宗教语言没意义，那么为什么在我们的生存中还被人们大量使用且人们并没有感觉到应用的困难？为此，我们的研究不妨就从大卫·休谟开始，考察一下他的宗教语言观。

大卫·休谟（1711—1776）是英国著名哲学家。人们通常将他标志为"经验主义者"，这主要是由于他的思想深受约翰·洛克和乔治·贝克莱经验论思想的影响；也有人认为他是"怀疑主义者"或者"不可知论者"，这一点尤其突出地表现在他对宗教问题（如"上帝是否存在"等经典问题）都持有怀疑的批判态度。但本章认为任何一种标签都不足以概括休谟哲学的特征，在休谟的宗教思想中，与"经验"（或"理性"）相并列的还有更为重要的一个方面——"情感"。在对休谟的《人性论》《人类理解研究》《自然宗教对话录》和《宗教的自然史》四部代表作品进行较为详细的解读的基础上，我们在本章尝试论证以下观点：在宗教认识的问题上，一方面休谟主张要在人类经验的基础上为宗教信仰和神学证明寻求哲学依据，但是在论证过程中发现上帝存在和上帝属性及神迹等问题缺乏足够的证据而变得"不可证明"；另一方面，他又坚持"理性是情感的奴隶"，肯定了人的"情感"在宗教认

---

① Janet M. Soskice, *Religious Language*, *A Companion to Philosophy of Religion*, Edited by Philip Quinne, 1985, pp199-200. 中文翻译部分参照了张志刚《宗教哲学研究当代观念、关键环节及其方法论批判》，中国人民大学出版社2003年版，第348页。张志刚先生认为不赞成Soskice和斯温伯恩的看法，而认为宗教语言的问题应从20世纪初逻辑实证主义开始。本书则赞同斯温伯恩和Soskice的观点。

② 转引自张志刚《理性的彷徨：现代西方宗教哲学理性观比较》，东方出版社1997年版，第143页。

识中的主导性作用，故提出对宗教问题要从"情感"上进行赋义和理解。正是在经验（理性）与情感的张力与冲突之间留下的距离和空间，使得人们对休谟宗教思想的解读呈现色彩纷呈的特征，从而产生了分歧和争鸣。经验和情感是两个完全不同的出发点，这在宗教问题上显得尤为突出和明显。休谟的这一思想对后来的哲学家产生了深远影响，突出表现在宗教语言——人类有限的语言该如何言说无限的上帝——这一观点上，在这一点上后人呈现两条路径：一方面，我们需要在人类经验的基础上对超越的"上帝"进行言说，力图使我们的语言"符合"上帝的本质和属性，我们称之为"经验指称"；另一方面，我们需要从"情感"上对"上帝"进行理解和赋义，"上帝"的概念是在情感驱动下的结果，在这种情感中我们完成了对"上帝"概念的赋义，这个过程我们称之为"情感赋义"。可以说，休谟对宗教的"经验"与"情感"两条路径的哲学解释是许多哲学家宗教思想的理论前导。

第一节　休谟：宗教认识的经验论与情感论

一　宗教认识的经验论基础

我们说休谟是经验论者，这与他在《人性论》一书中所坚持的经验论主张是密不可分的。休谟认为，一切科学包括数学、自然哲学和自然宗教都是在某种程度上依靠"人"的科学，因为这些科学都是在人类的认识范围之内，并且是根据人的能力和官能而被判断的。故在哲学研究中，他致力于对人性进行考察，并由此提出建立在牢固基础之上的完整科学体系。这个基础，休谟说，必须建立在经验和观察的基础之上，因为它是"唯一而且牢固的"。精神哲学（人性科学）和自然哲学都必须建立在经验和观察的基础之上。"我们不能超越经验，这一点是确定的"[①]，由此，休谟为自己的哲学（和宗教）研究奠定了一个基本出发点：经验。所有的哲学研究都必须在经验和观察的基础之上进行，人类的所有知识都来源于经验，我们所有的观念都来自经验。鉴于他的这一思想对其宗教思想而言是前导性和奠基性的，所以我们首先要

[①]　[英] 休谟：《人性论》，关文运译，商务印书馆1996年版，第9页。本书写作时也参照了英文版 David Hume, *A Treaty of Human Nature*, Oxford at the Clearendon Press, 1967。

考察他的"经验主义"观点的具体表达，这有利于我们对他的宗教思想的更好解析。休谟在《人性论》这本极具分量的著作中系统阐述了他的"经验论"观点。在该书第一章《论知性》中，休谟具体考察了观念的起源和联系，并由此表达了他的经验论主张。

休谟把人类心灵中的一切知觉分为印象（impression）和观念（idea），二者的差别仅在于它们对心灵刺激的强烈程度和生动程度的不同。此外，知觉还可以分为简单的知觉（包括简单的印象和观念）和复合的知觉（可以再区分为许多部分的印象和观念）。印象和观念的关系表现为："我们的全部简单观念在最初出现时都是来自简单印象，这种简单印象和简单观念相应，而且为简单观念所精确地复现。"① 也就是说，印象是先于观念而存在的，且是观念产生的原因。他认为，我们的一切简单观念都是或间接地或直接地从它们相应的印象中得来的。这一看法就否认了有"先天观念"或"天赋观念"的看法，与洛克的观点一脉相承。印象在前、观念在后，印象为观念的原因，这是休谟建立人性科学的第一条原则。

休谟关心的是观念的起源问题，既然找到了印象是观念的原因，那么，印象是如何产生观念的呢？他把印象又进一步分为感觉印象和反省印象。感觉印象由我们所不知的原因产生于心中②，而反省印象则是大部分观念的原因。反省印象产生观念的过程是：一个印象最先刺激感官，使我们知觉各种冷、热、饥、渴、苦、乐等，从而在心中留下一个复本，这个复本就是观念。当苦乐观念回复到心中时，它就产生欲望和厌恶、希望和恐惧的新印象，这些新印象可以恰当地称为反省印象，因为它们是由反省得来的。这些反省印象又被记忆和想象所复现，成为观念，这些观念或许又会产生其他的印象和观念。反省印象只是在它们相应的观念之前产生，但却出现在感觉印象之后，而且是由感觉印象得来的。

休谟说，从经验出发，当任何印象出现于心中之后，它又作为观念复现

---

① [英]休谟：《人性论》，关文运译，商务印书馆1996年版，第16页。
② 休谟认为感觉印象产生的原因是人类理性所完全不能解释的，但也不是很重要的。他说，"我们永远不可能确实地断定，那些印象是由直接由对象产生的，还是被心灵的创造能力所产生，还是由我们的恶造物主哪里而来的。这样的一个问题对于我们现在来说也并不重要"。[英]休谟：《人性论》，关文运译，第101页。

于心中，复现有两种方式：记忆和想象。记忆的主要作用在于保存简单观念出现时的形式如次序和位置等，而想象可以自由地移置和改变它的观念。各个观念之间可以通过记忆或想象进行联系，表现为三种方式：相似、时空接近和因果联系。而在这三种关系中，因果联系是非常独特的，因为它是人们进行"推理"时必须依据的原则，并且是"唯一能够推溯到我们感官以外，并把我们看不见，触不着的存在和对象报告于我们"①。也就是说，相似关系和接近关系必须发生在两个或多个对象直接呈现于我们的感官之前时，以我们的"知觉"为前提，而因果关系则可以使我们的心灵超越感官去"推理"我们的感觉和经验之外的对象或存在。这就成为我们谈论宗教问题的一个基本原则，即因果关系。我们可以根据我们经验到的感官内的事物（比如一台机器的存在）去推知一个设计者的存在。后来休谟在《人类理智研究》中也表达了同样的观点，他说："一切关于实际的事情的推理，似乎都建基于因果关系。仅仅通过这种关系，我们便能超出我们的记忆和感官的见证以外。"②而我们关于因果关系的知识，在任何情况下都不是从先验的推理获得的，而是完全产生于经验，即产生于当我们看到一切特殊的对象恒常地彼此联结在一起的那种经验。③

　　但是，因果关系的存在也需要一个前提，那就是"原因的必然性"，即"一切开始存在的东西必然有一个存在的原因"④。因为如果一个事物或存在没有原因则它或者处于悬空状态，或者是一种"虚无"，又或者是自我产生的，而这都是不可能的，所以每个存在和对象都必然有一个原因，这个意见是由观察和经验得来的。那么经验是如何产生出"原因的必然性"呢？或者说我们为什么会形成因果关系的推理呢？休谟认为，当我们由原因推导结果时，我们必须确立这些原因的存在。而要确立这个原因，只有两个方法：或是通过我们的记忆或感官的间接知觉，或是由其他原因加以推断。这个其他原因又可以继续推断下去，如此无穷后退，但最终的落脚点仍然是我们的记忆印象或感官印象。所以全部论证连锁或因果关系都是建立在我们的记忆或

---

① ［英］休谟：《人性论》，关文运译，商务印书馆1996年版，第90页。
② ［英］休谟：《人类理智研究》，吕大吉译，商务印书馆1999年版，第20页。
③ ［英］休谟：《人类理智研究》，吕大吉译，商务印书馆1999年版，第21页。
④ ［英］休谟：《人性论》，关文运译，商务印书馆1996年版，第95页。

感官根据之上的，否则我们的因果推理都是虚妄而没有基础的。① 很明显，在这里，休谟认为因果关系的起点是我们的经验，正是在这个意义上，我们将其称之为"经验论者"。

休谟接着分析了因果关系进行推理的对象和过程。他认为在因果推论中，我们要涉及三个因素，即作为原因的对象、作为结果的观念和在原因结果之间的推移过程。作为原因的对象是来自我们的感官印象和记忆印象的简单观念，这个简单观念必须建立在我们的原始知觉基础之上，不能超出我们经验的范围。而作为结果的信念则是"和现前一个印象关联着的或联结着的一个生动的观念（a lively idea related to or associated with a present impression）"②，但它可以超出我们的经验范围之外。为什么休谟要加上"生动的"（lively）呢？因为他认为作为结果的观念和作为原因的观念只是在对心灵刺激的强烈程度和活泼程度上有所增加，并没有增加或改变原初的观念。他举了一个宗教上的例子，他说，当我们肯定说上帝是存在的时候，我们只是照人们向我们描述的样子形成那样一个存在者的观念；我们并不是通过一个特殊观念来想象归属于他的那种存在，并把这个特殊观念加到他的其他性质的观念上，而且还可以把这个特殊观念和那些性质的观念分离开、区别开。休谟认为，任何对象的存在概念对于这个对象的单纯概念来说并没有任何增加，而且还主张，对于存在的信念也并不是以新的观念加到组成那个对象观念的一些观念上。当我想到上帝的时候，当我想到他是存在的时候，当我相信他是存在的时候，我的上帝观念既没有增加也没有减少。③ 但是一个对象存在的单纯概念和对它的信念之间既然确有一个很大的差异，而这种差异又不存在于我们所想象的那个观念的一些部分或它的组成中间，所以我们就可以断言，那个差异必然存在于我们想象它的方式中间。这个想象的方式就增加了我们对其观念的强烈和活泼程度。显然，这种想象方式的改变只能发生在从因到果的推断过程中。休谟说，按照我们的"经验的本性"，我们只能根据经验从一个对象的存在推断另外一个对象的存在。但是我们发现在因果两个对象之间具有一种恒

---

① ［英］休谟：《人性论》，关文运译，商务印书馆1996年版，第100页。
② ［英］休谟：《人性论》，关文运译，商务印书馆1996年版，第114页。
③ ［英］休谟：《人类理智研究》，吕大吉译，商务印书馆1999年版，第38页。

常结合（constant conjunction），其含义就是相似的对象永远被置于相似的接近和接续关系中。所以从因到果的推移过程是建立在我们的经验以及我们对于对象恒常结合的记忆当中。但是我们的理性是不能帮助我们把经验扩大到我们所未曾经历的那些特殊事例上的（比如上帝是超出我们的感官之外的），因为我们的理性根本没有充分理由说明我们所没有经历过的例子或者类似于我们所经验的例子，它不能说明我们经验到的事物和未曾经验的事物之间的关系和联系。所以，当心灵由一个对象的观念或印象推到另一个对象的观念或信念的时候，它并不是被理性决定的，而是被联结这些对象的观念"并在想象中加以结合的某些原则"所决定的。这个"某些原则"，休谟认为就是我们的想象的习惯。他说："我们之所以能根据一个对象的出现推断另一个对象的存在，并不是凭着其他的原则，而只是凭着作用于想象上的习惯。但是需要注意的是，我们关于因果的一切判断所依据的过去经验，可以不知不觉地影响我们，使我们完全没有注意到，甚至在某种程度上不被我们所知道。知性或想象无须反省过去的经验，就能从它得出推断，更无须形成有关这种经验的任何原则，或根据那个原则去进行推理了。"① 休谟认为，习惯是可以不经任何新的推理或结论而单纯由过去的重复而产生的一切，当我们习惯于看到两个印象结合在一起时，一个印象的出现（或是它的观念）便会立刻令我们的思想联想到另一个印象的观念。可见，在由因到果的推断过程中，习惯发挥了重要的纽带联结作用。休谟认为，一切从经验而来的推论都是习惯的结果，而不是运用理性的结果。所以，从这个意义来说"习惯是人类生活中的伟大指南"②。

休谟又认为，习惯是受我们的情感支配和影响的。"一切概然推理都不过是一种感觉（sensation）。不但在诗歌和音乐中，就是在哲学中，我们也得遵循我们的爱好和情趣（taste and sentiment）。当我相信任何原则时，那只是以较强力量刺激我的一个观念。当我舍弃一套论证而接受另外一套时，我只不过是由于我感觉到后者优势影响而作出决定罢了。"③ 在这段话中，"感觉（sensation）"和"爱好和情趣（taste and sentiment）"都是一种很强的情感

---

① ［英］休谟：《人性论》，关文运译，商务印书馆1996年版，第116页。
② ［英］休谟：《人性论》，关文运译，商务印书馆1996年版，第117页。
③ ［英］休谟：《人性论》，关文运译，商务印书馆1996年版，第123页。

性的词语表达。显然，在休谟看来，尽管因果推断要建立在我们的经验基础之上，而且经验是我们唯一的根据，但是在"推断"的过程中，我们不可避免地要受自己的情感支配。而正是这种情感的力量，使得我们在对作为结果的对象进行推理时，会对其形成信念和印象，并且增加了我们对它感觉上的强烈程度和活泼程度。从这个意义上说，信念是与先前印象相联系的生动的观念，而情感在信念的形成过程中同样扮演着举足轻重的角色。换句话说，信念是不能被理性来证明和确认的，它需要我们从情感上去赋义和把握。正是由于认识到了情感在因果关系推论中的作用，所以在《人性论》的第一章论述过"知性"之后，休谟笔锋一转又开始着墨于对"情感"论述。

这里我们不禁要问，在休谟的思想中，经验（理性）与情感到底是个什么样的关系？

二 "理性是情感的奴隶"

休谟之前的哲学界流行的观点是认为理性与情感是相互冲突和斗争的，人们认为理性要高于情感，比情感具有优越性。故人们推崇理性，而轻视情感。这体现在人们往往偏重于叙述理性的"永恒性、不变性和神圣性"，而情感则被普遍认为具有"盲目性、变幻性和欺骗性"。但休谟对理性和情感关系的叙述则具有颠覆性。他认为，人类的活动除了理性，同样不可忽视情感的作用，因为情感对人类意志活动的影响力甚至要超过理性。另一方面理性和情感并不是冲突的，情感高于理性，理性要服务于情感，故"理性是情感的奴隶"。

关于第一点，休谟认为，理性仅仅是指导人类意志活动的一个方面，并不是任何意志活动的动机，情感也可以指导人类的意志活动。知性在依照理性或概然推断进行判断时，其作用体现在观念间的抽象关系或者是凭经验所知晓的对象之间的关系。但是，我们却不能忽略的是，观念之间的关系及凭经验了解的这个对象所给予我们的情感的变换，比如快乐或痛苦等，会影响我们的观点以及我们对因果关系的推理过程，以至于使我们的行为发生变化。比如我们由于预料到痛苦或快乐，才对对象产生厌恶或爱好，而这些情绪会扩展到由理性和经验所指出的那个对象的原因或结果。在这里，理性的作用仅仅是发现对象之间的因果联系，但是由此引起的情感因素也是不可忽略的，所以对象不能借理性而是借情感来影响我们，使我们产生行为和意志。所以，休谟说，由此我们就可以得到一个必然的结论即理性不能制止意志作用，或"与任何情感和情绪争夺优先权"①；传统哲学中认为情感与理性相争的看法是错误的，是"不严格的、非哲学的"，二者之间的关系正确表达应该是"理性是，并且也应该是情感的奴隶，除了服务和服从情感，再不能有任何其他的职务"②。为了证实这一点，休谟接着论述道，情感是一种原始的存在，或者也可以说是存在的一个变异，并不包含任何表象的性质使它被称为其他任何存在或变异的一个复本。比如，当我饥饿时，这是一种真真实实的情感，这个情感是不能被理性所反对的，或者说这种情感并不违反理性。因为我们的知性只有通过判断才能与真理或理性相联系——这是违反理性的前提，既然情感超出了判断的范围，所以是不违反理性的。从反面来表达就是，情感要违反理性，必须在判断或意见的范围之内才行。③ 根据这样的原则，情感只有建立于一个虚妄的假设上或者在它选择了不足以达到预定目的的手段时，才可以称为不合理的，而永不能在其他任何意义下称其为不合理的。所以休谟说，理性和情感永远不能互相对立，其对意志和行为的统治权是分立的。但是休谟也承认，在这两种伴有"虚妄的判断"的情况下，我们与其说情感不合理，不如说在这两个推断过程中的"虚妄的判断"是不合理的。他说："简而言之，一种情感必然要伴有某种虚妄的判断，然后才可以说是不合理的；甚至在这时候，确当地说，不合理的也不是情感，而是判断。"④ 显而易见，休谟认为最终会犯错误的是我们的理性，而不是我们的情感。

情感对意志的影响，并不与情感的猛烈程度和情感所引起的性情的混乱程度成正比例；当一个情感已经成为一个确定的行为原则，并且是灵魂的主导倾向时，它通常就不再产生任何明显的激动。重复的习惯和那个情感自己的力量既然已经使一切都屈服于情感，所以这种情感在知道行动和行为时，就不再遭受到每一种暂时发作的情感所自然地引起的那种反对和情绪。因此，我们必须区别平静的情感与微弱的情感，区别猛烈的情感与强劲的情感。虽

---

① [英]休谟：《人性论》，关文运译，商务印书馆1996年版，第453页。
② [英]休谟：《人性论》，关文运译，商务印书馆1996年版，第453页。
③ [英]休谟：《人性论》，关文运译，商务印书馆1996年版，第454页。
④ [英]休谟：《人性论》，关文运译，商务印书馆1996年版，第454页。

然如此，可是当我们想支配一个人而怂恿他做出任何行动时，较好的办法通常是鼓动他的猛烈的情感，而不是鼓动他的平静的情感，宁可借着其偏向来支配他，而不借着世俗的所谓的理性来支配他。①

由此可见，休谟把理性和情感看作两个独立的判断，当一个行为不能用理性加以理解的时候，它就涉及一个信仰或人生价值意义的判断，那就可以用情感来解释。这一点尤其明显地体现在他对宗教起源的考察中。他坚信，任何所谓的宗教的理性基础，都与宗教在人性和历史中的实际起源之间存在着很深的鸿沟，他说，"最早的宗教观念并不是源于对自然之功的沉思，而是源于一种对生活事件的关切，源于那激发了人类心灵发展的绵延不绝的希望和恐惧"②，于是他找到了宗教真正的起源——情感。对这一问题的考察和分析集中体现在他的另一部力作——《宗教的自然史》中。

三 宗教的起源——情感

休谟对宗教的探究最重要的是要考察两个问题，第一是宗教理性的基础；第二是宗教的人性的起源。③ 对这两个问题的论述，分别体现在他的两部关于宗教研究的论著即《宗教的自然史》和《自然宗教对话录》中。前者立足于考察宗教的人性的起源，后者则致力于考察宗教理性的基础。我们首先要考察他在《宗教的自然史》中关于宗教的起源的论述，其次我们要考察他在《自然宗教对话录》中的叙述。

在《宗教的自然史》中，休谟致力于探讨的问题是产生宗教信仰的原则以及引导这种信仰运行的事件和原因。他给出的答案是宗教具有一个人性的起源，即情感。关于这一点，他论证说，人类最初的宗教是多神教④，所以要了解宗教的起源，实际上也就是研究多神教的起源。那么多神教是如何起源的？休谟说这是来自人们对生活事件的"关切"，来自人类心灵中的"希望和恐惧"。对此他的论证过程是这样的：在野蛮未开化的时代，要是人类的注意

---

① [英]休谟：《人性论》，关文运译，商务印书馆1996年版，第457页。
② [英]休谟：《宗教的自然史》，徐晓宏译，上海人民出版社2003年版，第13页。
③ [英]休谟：《宗教的自然史》，徐晓宏译，上海人民出版社2003年版，第13页。
④ 这一点是他根据人类的历史和关于美洲、非洲和亚洲等野蛮部落的原则和看法上的经验而得出的。休谟认为多神教先于一神教产生，这一点是无可争议的。详见《宗教的自然史》第一章。

力由关注自己生存中的事物延伸转向对一种不可知的理智力量——神的推论，那么就需要或者是能够刺激人们思想和反思的"激情"或者是某种能够促使人们对神进行探究的"动机"，而对于那个时代的人来说，最有效的激情，就是普通的人类生活的情感，如对幸福的热切关注、对未来悲惨生活的担忧、对死亡的恐惧、对复仇的渴望和对食物及其他必需品的欲望，等等。这些普通的情感推动着他们以"战战兢兢"的好奇心去探究产生的原因，但是这些原因又是未知的，所以这些未知的原因就成了人们的情感——不断产生的希望和恐惧的对象。而人类本身有一种很普遍的情感倾向，就是要将一切存在物都设想为跟人类自身相似且具有人类所熟知的某些意识和情感的，比如诗人常常将自己的情感和激情赋予无生命的东西，而哲学家也常常"无法免除这个人类天生的弱点"，把同情、恐惧等情感赋予无生命的物质。于是人们就凭着这种"自然的习性"将善意和恶意归之于自己所希望和恐惧的对象，这样"神"的概念就产生了。从这个意义上说，休谟认为，"神"的概念是人们将自己的激情和弱点转移后而产生的一种"依赖感"。他说："人类处于这样一个对原因无知的状态之中，而同时他们又对他们未来的命运感到非常焦虑，于是乎，他们直接承认自己对拥有情感和理智的不可见力量的依赖，也就不足为怪了。那些不断引发他们去思考的未知的原因，由于总是以同一种模样出现，也就被理解为属于同一类型了。为了让他们与我们自己更近似，我们把理性和激情，有时甚至是人的四肢外形赋予他们，这也就是水到渠成的事情了。"[①] 宗教起源于人类的情感，人类的任何情感，无论是希望还是恐惧、感恩还是烦恼，都可能会把我们引向一个不可知的理智力量的观念。而在这种情感的推动下，人们"几乎无暇，也无意去思考那些不可见的领域。"[②]

休谟继续论述道，一神教是从多神教脱胎而出的。一神教也是在人类情感的推动下产生出来的。在多神教信仰中的各个"神"虽然要比人类强大得多，但他们的"法力有限"且是"不完善的"，于是我们的心灵把这些"不完善的神"进行抽象，并把更加崇高和高尚的神性移植到一个更高更完美的

---

① ［英］休谟：《宗教的自然史》，徐晓宏译，上海人民出版社2003年版，第19页。
② ［英］休谟：《宗教的自然史》，徐晓宏译，上海人民出版社2003年版，第19页。

神身上，一神教由此而生。但它同样产生于人们情感的基础上，而不是理性。事实上，休谟坚决反对一神教产生于理性的观点。他讽刺地说，如果一个人将一神教教义的成功归之于无懈可击的理性，并且坚持认为一神教也是以理性为基础的，那么他其实是无知愚昧且"迷恋迷信到一个无药可救"的地步了。① 人类宗教产生的基础是情感，由此出发，我们才可以由人的生死祸福和季节变换推知并承认一个最高心智存在，才可以从自然界既定的规律和严格遵循规律的过程中，得出一神教的首要理据。虽然，自然界中的混乱、失序、奇迹和异象表面上看与一个智慧的统辖者的设计最为相悖，但是这一切却给人类"烙上了最强烈的宗教情感"，虽然疯狂、暴戾、愤怒和激越的想象使人们沉沦于最接近野兽的水平，但是这些性情也常常被认为是"唯一能够赖以与神直接沟通的性情"。

通过以上的分析，我们发现，在《宗教的自然史》中，休谟一方面肯定了人的情感在宗教产生中的重要作用，但另一方面认为这种情感同时也"束缚"了"神"的概念，即"神"不过是人类所有情感如恐惧、希望、同情、热爱等的不断积累和叠加，换句话说，"神"是人类情感的结果，且受人类情感的制约和束缚。对此，休谟是承认的。他说："由于赐予祸福的那些原因一般而言都很少为人所知，也非常不确定，因此我们焦急的关切之心就试图获得有关它们的确定观念；我们会发现，最方便的莫过于将他们描绘成一个像我们自己一样理智的自觉能动者；只不过在力量和智慧上略胜一筹而已。"② "神"的产生是人类情感的需要，但是这样的结果只能是将"完美的神"归因于"不完善"的人类。但不管怎样，休谟的这一思想是具有启迪性的，他至少为人们理解"神"的概念开辟了一条道路，即"情感赋义"的道路。休谟的"神"是人们情感赋义的结果，他指出"神"的概念的获得是需要我们在情感上去赋义和理解的。

于是，我们就发现，在探究宗教问题或具体到"神"的概念上，休谟给我们指明了两条路径：经验与情感。而在宗教问题上，这二者就是两个出发点的问题。宗教的基础不是理性和经验，而是情感，故只能在情感的语境中

---

① [英]休谟：《宗教的自然史》，徐晓宏译，上海人民出版社2003年版，第19页。
② [英]休谟：《宗教的自然史》，徐晓宏译，上海人民出版社2003年版，第19页。

去对宗教进行赋义，混淆了这一点就会造成人们在论证宗教问题上进入死胡同。他的这一看法突出地表现在《自然宗教对话录》中他对上帝存在的设计论证明上，他明确指出神的存在不仅不能用理性和经验加以证明，而且倘若超出了理性的范围，将理性发挥到了极致和无所不能的地步，得到的也只能是幻想。

四　经验与情感对"上帝"的赋义

首先我们来看休谟从经验角度对"上帝"的批判。我们知道，由于上帝的超越性，他的神圣本质和属性对于有限的人类来说，是神秘的，甚至是不可知的。如果我们要在自己人世经验的基础上来思考上帝和谈论上帝，只能采取我们的理性和经验所熟悉的方法，比如类比法。但是这些方法是有效的吗？怎样才能够有效呢？这是《自然宗教对话录》中所讨论的重点问题。而对这些方法（类比法）争论的背后，是对"设计论证明"的批判和辩护。休谟在《自然宗教对话录》中从后天的、先天的两个层面对"设计论"进行了反驳和批判。在以下的篇幅中我们会简明扼要地叙述他这两个方面的论证。我们将从休谟对"设计论"坚持的"相似结果源于相似的原因"和"神人同形论"观点进行的后天的论证开始着手叙述，因为在休谟看来，如果后天的论证存在困难，会直接影响先天论证的"稳固地位"。

首先，在上一节中我们已经分析过，休谟认为我们对一切事物的描述都必须从经验出发，以经验为依据，但对于宇宙的起源等超出经验范围的现象却无法用经验来观察。休谟本人对于从经验出发进行类比推理这一点是肯定的，因为经验是我们谈论任何事物的根据，引用《自然宗教对话录》中的另一主人翁 Philo 的话来说，就是"一切关于事实的推论都必须以经验为根据"[①]。我们所有的结论都必须根据经验的事实推理而来，换言之，所有关于事实的结论都必须以经验为根据和准绳。所以，休谟说："秩序、排列或者最后因的安排，就其自身而言，都不足为造物设计作任何证明；只有在经验中体察到秩序、排列或最后因的安排是来自造物设计这个原则，才能作为造物

---

① ［英］休谟：《宗教的自然史》，徐晓宏译，上海人民出版社，2003年版，第20页。英文版参见 Nelson Pike *Hume*, *Dialogues Concerning natural religion*, Macmillan Publishing CompanyNewYork Collier Macmillan Publishers London, 1985, p. 19。

设计这个原则的证明。"① 可见，在休谟的批判中，他坚持的经验论要求一切事物必须限定在经验观察的范围之内，超出了这个范围，对于宗教比如上帝的证明等，我们并不能从观察经验中合理地类似地推论出来，因为我们的观念超不出我们的经验：我们没有关于上帝神圣的属性与作为的经验。故从已知的观察经验中推出关于神的存在和性质的一切知识都是不合法的。

其次，上帝和人的层次不同，不具有可类比性，用齐克果的术语来说，就是"绝对的差异"。因为人是生活在经验世界中的有限的不完美的存在，而上帝是一个超经验世界中的无限的完美的存在，上帝和人之间有着属性和本质的不同，比如在思想的材料和思想的方式两个方面都是不同的。对此，休谟解释说，人的思想的材料主要是内在的情绪观念和外在的感觉观念，这构成了人类智力的全部内容。在思想材料方面，人类与上帝没有任何的相似性：人心的内在情绪如感恩、愤怒、爱情、友谊、赞誉、谴责、怜悯、竞争、妒忌等皆与人的情况和处境有明显的关系，而且维持着人的生存，促进人的活动。但是如果我们把这些情绪也类比地转移到至高的存在（上帝）身上，认为上帝也会受这些情绪所支配，则是不合理的；而我们由感觉而得的观念也是虚妄而荒谬的（false and illusive），我们同样也不能把人类的外在观念放置在至高者的理智中。在思想方式方面：人类的思想是变动的、不定的、一瞬即逝的、连续的、混杂的，而如果在提到至高存在时，仍然能用"思想或理性"这样的名词的话，则这些名词的意义是我们完全不能了解的。休谟说："应该承认我们本性的缺陷不容许我们得到与神性不可名言的崇高性有些微相适应的任何观念。"② 在这里，休谟立足于经验，批判了设计论的两大主题对象——有限的人和无限的上帝根本不能构成类比。

再次，休谟对类比推论的前提原则即由结果的相似性推知原因的相似性提出了自己的疑问。他认为，"相似的原因产生相似的结果"或者反过来说，由类比结果的相似性就推论原因也是相似的，这一点是不妥当的，因为这个推理过程仅仅是一种猜想或揣测而已。比如，他认为从部分得出来的结论并不能以如此合适的类比方式推而用之于全体，因为这其中具有很大的悬殊，

---

① [英]休谟：《自然宗教对话录》，陈修斋、曹棉之译，商务印书馆1989年版，第22页。
② [英]休谟：《自然宗教对话录》，陈修斋、曹棉之译，商务印书馆1989年版，第34页。

是一切的比较和推论都不能解决的。举例来说，我们即使观察了一根头发的生长也不能由此推知关于一个人生长的知识，即使彻底了解了一片叶子动摇的情形也不能完全了解一棵树的成长情况。

最后，休谟指出，根据"相似的结果源自相似的原因"这个原则，我们实际已经预设了"神人相似论"这个看法，从而会使我们把物质世界和精神世界混淆等同起来。休谟说，如果我们用理性或经验来对一切关于因与果的问题进行判断的话，那么我们就会想当然地认为精神世界（或观念的宇宙）与物质世界（或物体的宇宙）都同样要求一个原因，并且已经预设了精神世界与物质世界具有相似的"排列"，由此我们推论说这两个世界也必然有相似的原因。于是我们"强迫"我们的经验对于超出其范围之外的命题仍然要做出判断，这样就使得精神世界和物质世界之间的任何实质性差异都被抹杀了，结果是我们发现它们是受相似的原则支配，并且依靠同样繁多的原因而活动的。如果我们将物质世界和精神世界存在的原因归之于造物主，这更是由物质世界追溯到了观念世界，这样做是一种"大胆的冒险"，并不能使人信服。假如物质世界依存于一个相似的观念世界，那么这个观念世界就必然依存于某一个另外世界，即我们可以从这个观念世界再往前追溯到另一个观念世界或者是一个新的理智原则，如此类推，就会陷入"无穷后退"的困境之中。所以休谟说："把我们所有的研究限于目前这个世界，而不向更远处探索，在我们要算是聪明的。远超出人类智力狭窄范围的这些思考是永远得不到满足的。"[①]

总之，立足于经验的基础去类比地论证上帝的存在和属性这个过程充满了矛盾和"幻想"，并不合乎逻辑，问题根源就出在我们的前提原则上。然而更为麻烦的是，如果我们把"神人相似论"以及"相似的结果源自相似的原因"这个后天论证当作神学上正确无误的论证的话，将会对"上帝的存在"这个先天论证造成反驳和威胁。

在《自然宗教对话录》第九章开头，休谟借对话者 Demea 的口说："假如后天的论证有这么多的困难，那么我们还是守住那简单而崇高的先天的论证，因为这种论证能给予我们绝无谬误的理证。"[②] 但是"这种先天的论证"

---

① ［英］休谟：《自然宗教对话录》，陈修斋、曹棉之译，商务印书馆1989年版，第40页。
② ［英］休谟：《自然宗教对话录》，陈修斋、曹棉之译，商务印书馆1989年版，第65页。

真的是"绝无谬误"的吗？休谟认为，如果我们仍然坚持"神人相似论"以及"相似的结果源自相似的原因"这个原则，则我们连"上帝存在"这个先天的论证也必然会推翻。原因在于以下几点。

第一，我们不能擅自用先天论证来证明"存在"。也就是说，存在作为一个经验的事实，是不能用先天论证来证明的。我们不能根据我们先天接受的一个假设作为论据去证明一个存在，因为这先天的假设也是有问题的。上帝被认为是一个必然存在的"存在"。倘若我们有超过"上帝"的理智和智慧使得我们可以了解上帝全部的本质或本性，那么我们就会知道，他的不存在是不可能的。但是我们很显然不可能了解上帝的全部本质或本性，我们先天地设定上帝是存在，现在如果设想他是不存在的，那么这也是可能的。所以，我们说，上帝是"必然的存在"，这是没有什么意义的，这个先天的假定是有问题的，因为我们也可以说，上帝不存在——没有什么是永恒一贯的，这个结果是一样的。这个论证比较绕弯子，我们用最简单的话来说，休谟的论述其实表达出了三点：第一，上帝存在是一个存在"事实"，无法用先天论证来证明；第二，如果上帝存在是个事实，那么上帝不存在也是可能的，所以作为宇宙万物终极原因的上帝，其存在与不存在都是同样合乎逻辑的；第三，这里的论证具有循环论证的性质，即上帝被认为是一个必然存在的"存在"，但他存在的必然性又以他的不存在不可能（存在的可能性）为证明，这就陷入了同义反复的论证。

第二，休谟进一步指出，即使我们确定了有一个"必然存在者"，但是这个"必然存在者"很可能也是"物质的宇宙"，而不必归之于"上帝"。事实上，我们没有证据把"必然存在者"推理为"上帝"，而不是"物质"。所以，休谟说："心灵至少能够想象神的不存在，或者他的属性是可以改变的。要使他的不存在显得不可能，或使他的属性显得不可改变，必须有某些不知的、不可思议的性质，这些性质为什么不可以属于物质，是没有理由可说的。既然这些性质是全然不知的和不可思议的，那就绝对不能证明它们是与物质相冲突的。"[①] 休谟的意思是，我们对上帝的属性和性质的论证如果归属于物质（如不可知、不可思议等性质），同样是有理的和说得通的。

---

① ［英］休谟：《自然宗教对话录》，陈修斋、曹棉之译，商务印书馆1989年版，第68页。

第三，我们在追溯因果关系时，犯了一个逻辑错误，就是在了解部分的原因后还要最终了解总的原因，这样做是无意义的。用休谟的话来说："在追溯一个永恒的物体的连续之外，还要探索一个总因或第一个造物主，这是荒谬的。"① 因为根据因果关系，原因总是时间上在前，又是存在的开始，那么如果有一个"永恒的存在"，它就不需要有一个原因去解释了。另外，我们知道，在物体的连续中，每一部分都是由前一部分引发，而又引发后一部分，但是如果我们为全体（the whole）寻找原因，则是没有什么意义的。就如同我们把各个不同的州郡统一为王国，或者是各个不同的肢体统一为一个身体一样，完全是"由心灵的主观判断行为"来完成的，对于事物的本性并没有什么影响。休谟举了个例子，如果有二十颗物质，我们知道了每一颗的原因就足够了。如果再问这二十颗总体的原因，这样的问法就显得"画蛇添足"了。

休谟最后总结说："先天的论证很少能使人非常信服，除非对于那些具有形而上学头脑的人们；他们习惯于抽象的推理，又从数学中发现智力常常可以透过晦暗并与初见的现象相违反，而导致真理，于是他们便将这同一的思想习惯转而用之于不应该用到的论题上面。"② 可见，休谟以经验论为依据同样认为关于上帝存在的先天论证也是站不住脚的。

我们来小结一下休谟的后天论证和先天论证。在休谟看来，我们应该立足于经验，对一切事物进行观察。但是对于超出经验范围的宗教的论证，我们却绝不能做"信仰的冒险"，大胆地用"相似的结果源自相似的原因"或"神人相似论"的原则推知至高者的本质和属性。如果我们"强迫"经验去判断经验能力范围之外的论题，经验只能发现精神世界和物质世界是受相似的原则支配的。实际上我们的经验只能在狭小的物质世界范围内起作用（而且也常常是妄谬和荒诞的），但思想和思想原因的关系非常精妙，我们不可能用类比的相似原则去理所当然地推知。所以"设计论"的前提原则是站不住脚的，其论证过程也只是一种猜测和假设而已，并不能令人信服。同时，如果我们坚持"相似的结果源于相似的原因"这个前提原则，同样会对"上帝"存在这个先天论证造成威胁，因为上帝存在作为一个必然原因，也可能仅

---

① ［英］休谟：《自然宗教对话录》，陈修斋、曹棉之译，商务印书馆1989年版，第68页。
② ［英］休谟：《自然宗教对话录》，陈修斋、曹棉之译，商务印书馆1989年版，第69页。

仅是"物质的宇宙"的一个代名词。以上帝的存在论证上帝不存在的不可能性是一种同义反复论证，而且由部分的原因的连续去追溯总体的原因也是无意义的。

休谟从经验上批倒了"上帝"，但是我们在生存中为什么还需要"上帝"呢？休谟认为，这是我们情感的需要，宗教起源于情感，故我们只能从情感上对上帝进行赋义。

我们需要明确的一点是休谟在《自然宗教对话录》里的对话或争论有一个基本的大前提就是"上帝是存在的"，对此不应该存在任何的争议。他在《自然宗教对话录》中借 Demea 之口有过明确的表达："我相信没有一个人至少没有任何具有常识的人，对于这般确定而明确的真理会存有严重的疑心。问题不在于神的存在，而在于神的性质（The question is not concerning the being but the nature of God）。"① 然而在上文中我们看到他对"上帝存在"这个问题从经验的角度认为其论证是不合逻辑且不成立的，比如他指出在由相似的"果"去推知相似的"因"的过程中，实际上需要做一种"信仰的飞跃"或"信仰的冒险"。而这就为他用"情感"来解释宗教留下了空间和余地。我们已经较为详细地论述过休谟宗教起源于情感的观点，我们发现，在《对话论》中，他同样认为承认"上帝存在"是人们情感的需要，我们既然不能从经验的角度去推翻"上帝存在"的论证，那么我们只能从情感的角度去理解和赋义。他的这一思想还突出地表现在对于"神迹"的理解上。所以在以下篇幅中，我们就致力于对休谟的"情感"进行梳理和解读。

休谟承认，虽然我们没有理性的根据来成功地论证上帝是否存在，但是我们的内心倾向于相信他的存在，因为上帝为我们的焦虑、悲伤、震惊等一切剧烈的心灵感受提供了一个避难所，同时也为我们的希望、快乐等精神提供了依据，所以"上帝"完全可以为愿意相信它的人们提供可靠的基础。所以，人们寻求宗教，不是由于任何的推理，而是出自人们内心中的情感或感觉，是由于他感觉到了自己的懦弱和不幸，所以才去追寻人与万物所依赖的那个"存在"的保佑。比如，生活中的苦难和恐惧使我们往往要寄望于宗教

---

① ［英］休谟：《自然宗教对话录》，陈修斋、曹棉之译，商务印书馆1989年版，第16页。Nelson Pike (1985) Hume, Dialogues Concerning natural religion, Macmmillan Publishing Company NewYork Collier Macmillan Publishers London.

提出的赎罪方法以平息我们的恐惧心理。对人们产生宗教感的原因最好的描述是人类的悲惨、不幸和邪恶。在休谟看来，"整个地球都是罪恶的、污秽的。在一切生物之间进行着永久的战争"①。这一点其实也构成对"设计论"观点的批判。如果上帝是公正、恩惠、慈悲、正直的，那么根据"神人相似"的原则，则人类也应该具有这些道德德行。但是，由人类所有不幸可以看出，上帝并不想让人类幸福，这说明他不是"全善"；由自然的历程并不倾向于人类或动物的幸福，可见上帝在设计宇宙过程中的目的和手段会出错，所以他不是全能的或全知的。②但是设计论者主张我们可以通过否认人类的痛苦和邪恶，来坚持传统宗教上帝是恩惠的、正直的和公义的观点。他们认为，根据人类生存的事实和经验，苦难在人类中只占有极小的比例，比如健康比疾病更普通、快乐比痛苦更普通、幸福比不幸更普通——人们的享受要大于烦恼。休谟论证说，这种观点是无法证明的，而且它并没有回答人类的苦难问题。事实上，苦难问题的确是对上帝存在的最有力反驳，我们根据经验和理性是无法回答这个问题的。我们必须承认这些问题超过了所有的人类能力，我们对于真与假的一般衡量不能应用于解释苦难问题。所以，"我们推知道德的属性，或者求知我们只能借信仰以发现无限的恩惠，以及无限的力量与无限的智慧，没有不是极大的勉强的"③。总之在休谟看来，我们对人类的经验世界来推知上帝的存在与上帝属性的做法应当绝对否认，因为我们在这个过程中所使用的都是我们的假设或揣测，而这"决不能作为任何推论的根据"。总归到底，"上帝"的存在与属性问题是属于人的"情感"问题，它不需要理性的证明和论证，人只能通过自己的"情感"去理解和赋义。从这个意义上说，休谟论述说，神学家所使用的"哲学"这个词所表示的哲学意味不比它表达的情感（如赞美）意味更多，所有用来形容上帝属性的词语，如"可赞扬的、卓越的、非常伟大的、智慧的、神圣的"等，词语足以满足人类的想象，但

---

① ［英］休谟：《自然宗教对话录》，陈修斋、曹棉之译，商务印书馆1989年版，第82页。
② 其实这个由人类苦难和罪恶的问题来反驳上帝存在是一个古老的论证，自古希腊哲学家伊壁鸠鲁时代就已经被提出：如果上帝能够制止又愿意制止人类的罪恶，那么人类怎么会有罪恶？很明显，人类的罪恶和上帝的存在，在休谟看来构成一对因果关系，由人类的罪恶这个"果"去推知其产生的原因，只能会归结到"上帝根本就不是全知全能全善的"这个原因。所以恶的存在，是对传统宗教学说的有力回击，也是对"神人相似论"的有力批驳。
③ ［英］休谟：《自然宗教对话录》，陈修斋、曹棉之译，商务印书馆1989年版，第82页。

超出这些词语的表达方式，会使人进入荒谬，但是对于人们的情感或情绪等没有什么影响。① 事实上，由于人的语言和观念本身具有含混的性质，用任何定义都不能达到一个合理的确定性或准确性，故我们只能依靠自己的情感去领会和理解这些词的含义。这样一个过程，其实就是"情感赋义"的过程。比如，对于一个有神论者来说，他承认人的心思意念与上帝的心思意念之间存在着巨大的差异，因其不可了解，所以是极大而不可衡量的；他的态度越是"虔敬"，越是能欣然承认对上帝属性肯定的一面，越是倾向于扩大这种差异。宗教中包含的情感很多，其中"恐惧"是基本的也是占主要地位的。人在遭遇苦难时，由于其恐惧心理，使人必然要从宗教中寻求安慰，于是"上帝"就成了他内心中的"避难所"和"保护者"，可以说"上帝"这个概念意义的获得就是在这种情感力量的推动下被理解和把握的，这也就是使用"情感赋义"这个术语的实质。所以休谟说："对象的伟大性会自然地引起某种惊奇，它的晦暗性会引起某种伤感，也会引起某种对于人类理性的蔑视，因为人类理性对于如此非常而如此庄严的一个问题不能给予更满意的解答。一个向往于上帝的人在这种情况下会感觉到最自然的情绪，是渴盼或渴望上帝会赐予人类一些更具体的启示，并将我们信仰的神圣对象的本性、属性和作用显示出来，以消除或至少减轻我们这种深重的愚昧。"②

我们在本章中，较为详细地解读了休谟对宗教问题的论证和分析，我们发现经验和情感分别是他谈论宗教问题的两个不同的出发点，是一对具有张力的概念，涉及的是我们谈论宗教问题的基本立足点。他认为，所有的哲学研究都必须在经验和观察的基础之上进行，人类的所有知识都来源于经验，我们所有的观念都来自经验，但是宗教信仰却并没有经验的基础。因为如果我们仅从经验出发，根据"相同的结果源自相似的原因"和"神人相似论"原则，会发现关于上帝的存在和上帝的属性的论证并不能成立，在这个因果推论过程中，不可忽视"情感"的力量。因为宗教信仰有个人性的起源，即人的情感。"理性是情感的奴隶"，宗教及上帝的论证基础应该是情感，我们只有在情感（及受情感支持的信仰）力量的驱动下才能对"上帝"等基本宗

---

① ［英］休谟：《自然宗教对话录》，陈修斋、曹棉之译，商务印书馆1989年版，第82页。
② ［英］休谟：《自然宗教对话录》，陈修斋、曹棉之译，商务印书馆1989年版，第109页。

教概念完成赋义，这就是一个"情感赋义"的过程。经验和情感是人性结构中两个独立的方面，各有其"管辖"范畴，混淆了它们的概念和范畴，就会造成我们谈论哲学及宗教问题出发点（或立足点）的失误，由此会造成论证过程中的矛盾和不合逻辑之处。休谟关于经验基础上的观念理论、因果关系的推理、理性与情感的关系以及"理性是情感的奴隶"等方面的论述，使我们重新认识到人类的经验和理性的作用及范围，并能正确评估"情感"在宗教问题中的地位及意义。简单而言，任何忽视了休谟哲学中的"情感"力量，而将其标志为"彻底经验论者""怀疑论者"甚至是"无神论者"的学说和解读，都是在不同程度上对休谟思想的误读。

第二节 康德和黑格尔论上帝的"经验指称"

一 康德的"哥白尼式的革命"与"上帝"概念

休谟的思想对康德产生了重大的影响。我们发现，康德在他的著作中多次提到大卫·休谟的名字，且阐述他的经验论主张。更具体地来说，康德完全同意休谟主张的不能从经验出发谈论宗教问题，并将之上升为一个"认识论"问题。这也是《纯粹理性批判》中要解决的两个问题之一，另一是形而上学。在认识论问题上，他的"哥白尼式的革命"颠倒了主体与客体的关系，即不是主体符合作为对象的客体，而是作为对象的客体要符合主体，只有在主体中并由主体规定的对象才是实在的对象。这种思维方式的大变革，进一步确立了"经验指称"的赋义方式，即在经验界我们只能以"经验指称"来赋义事物（对象），但是对于超经验的事物，"哥白尼式的革命"是否可以很好地解释作为先天知识的形而上学问题呢？在康德看来，形而上学的对象——上帝与不朽灵魂等——是人类不能以知识的方式加以把握的，而只能以一种（合理的）信仰的方式加以领会与理解。这也就是他所说的"我不得不扬弃知识，以便为信念腾出地盘"[1]的含义。在形而上学问题上，康德旨在探讨纯粹理性的思辨所适用的范围和界限并对其进行批判，"取消思辨理性越界洞察的僭妄"[2]，

---

[1] ［德］康德：《纯粹理性批判》，李秋零译，中国人民大学出版社2004年版，第18页。
[2] ［德］康德：《纯粹理性批判》，李秋零译，中国人民大学出版社2004年版，第18页。

这一思想其实就是对休谟理性批判工作的承接和继续。当然，康德认为，通过为理性设限的做法是为科学的形而上学的建立扫清道路，从这个意义上讲，纯粹理性批判的工作实际上是为形而上学做了基础奠定的工作，其目的并不是要放弃形而上学，恰恰相反，是要将形而上学建成一门"真正的科学"。康德对形而上学问题研究的切入点是研究"先天综合知识"如何可能的问题。我们在本节中首先要对这个问题以及康德对此的思路进行分析和探讨。

康德写作《纯粹理性批判》的一个重要目的就尝试"通过一场完全的革命"，来变革传统的形而上学研究方法。在他看来，尽管形而上学是一门古老的学问，但是却始终没有成为一门"科学"，它就像一个战场，每个人都有一定的地盘，但是却没有谁能够取胜并站稳地盘。为什么会这样呢？康德说，这是因为传统形而上学的研究方法出了问题，这个问题导致了所有对形而上学的研究都只是在"概念中间来回摸索"。这个问题是什么呢？产生的根源是什么呢？康德认为，传统形而上学的做法主要是由于人类的"理性"超出了自己适用的范围，起了"越俎代庖"的作用，也就是说，它超出了自己能够起作用的"经验"界限，而进入了"超出经验之外"的范围，且自以为自己有能力做好。所以康德说，我们要做的工作就是必须对人类理性进行分析、研究和批判，为其划定适用的界限，使它能够安心在自己管辖的范围内"在其位谋其政"，而不要超出自己的适用范围。那么，如何做到这一点呢？康德说，由于传统的形而上学的做法都是要使"（主体的）知识符合对象"，但是，"关于对象先天地通过概念来澄清某种东西以扩展我们的知识的一切尝试，在这一预设下都归于失败了"①，所以我们需要发动一场"哥白尼式的革命"，即颠倒主客体之间的关系，不是主体符合对象，而是"对象符合（主体的）知识"。这种思维方式的大变革可以很好地来解决传统形而上学研究的困境，因为这种方式可以很好地解释形而上学的先天知识的可能性，并且更重要的是，这可以给"先天地存在于（自然界的作为经验对象总和）基础中的法则（或规律）"以满意的证明。比如，康德举例说，迫使我们超出经验和现象的界限的东西乃"无条件者"，如果根据"知识符合对象"的方法，那么，我们就根本不能无矛盾地思维无条件者；而如果我们根据"对象符合知

---

① ［德］康德：《纯粹理性批判》，李秋零译，中国人民大学出版社2004年版，第11页。

识",即让对象作为显象遵照我们的表象方式,那么,矛盾就没有了。也就是说,"我"的知识并不是对象给"我"的,而是"我"赋予对象的,这样就很好地解释了"我"作为主体对对象拥有先天知识的可能性。所以,纯粹理性批判的工作就是要论证这场"哥白尼式的革命"是否能成功,从而改变传统形而上学的研究方法。但是,这场革命的效果好像既是消极的又是积极的。因为它一方面好像是致力于"限制"思辨理性的范围,使得思辨理性不再冒险超越经验界限,这好像是消极的;但是它"同时排除了限制或者有完全根除理性的实践应用的危险的障碍"①,也就是说为纯粹理性的实践应用留出了空间,所以也是积极的。

康德认为,对纯粹理性的批判实际上是为把形而上学建成一门"科学"扫清了道路上的障碍,所以是建立形而上学大厦的奠基性工作,或者毋宁说,纯粹理性批判是"基础的形而上学"。②关于这一点,康德在《导言》部分给出了较为详尽的说明和分析。康德首先从知识的性质入手,认为我们的一切知识都从经验开始,这被称为经验性知识;但还有一种先天知识,独立于经验和一切感官印象。而在先天知识中不掺杂任何经验性因素的知识,称为纯粹的知识。区别纯粹先天知识与经验性知识的标志就是经验,但经验不能告诉我们一种知识的必然性和普遍性。必然性就是除了一种情况,不可能有相反的情况,普遍性指普遍适用性。而必然性和普遍性正是先天知识所具有的特征。所以,在人类的知识中确实有纯粹的先天知识:它们是必然且普遍的。比如,所有的数学命题都是纯粹的先天判断。"一切变化都必然有其原因",这个命题中的原因概念明显包含着一种与结果相联结的必然性和一种规则的严格普遍性。由于我们的经验不能够对超出感官世界的知识起作用,所以就需要一门规定一切先天知识的可能性、原则和范围的科学,这门科学就是形而上学。康德曾说:"纯粹理性自身的这些不可回避的课题就是上帝、自由和不死,但是,其最终目的及其所有准备都本来只是为了解决这些课题的科学,就叫作形而上学。"③可见,在康德看来,对纯粹理性的分析和批判都是为了

---

① 李超杰编:《近代西方哲学的精神》,商务印书馆2011年版,第280页。
② 关于这种说法,可以参见黄裕生《"纯粹理性批判"与存在论问题——从〈纯粹理性批判〉如何成为"基础形而上学"谈起》,《南京大学学报》(哲学·人文科学·社会科学版)2010年第5期。
③ [德]康德:《纯粹理性批判》,李秋零译,中国人民大学出版社2004年版,第30页。

能够使形而上学成为一门科学。但康德非常清楚，理性的这一做法是"独断的"，也就是说，人类的理性虽然承担了对形而上学的研究，但是它是否有能力却是要打个问号的，我们在没有对理性本身的能力进行审查以前，已经"冒险"地预设了它有能力实现我的需要。事实上，康德已经明确地意识到，理性的这一做法是"僭妄的"，因为它只能研究经验性的知识，对先天知识根本无能为力，因为离开了经验的基础建立一座理性的大厦是不可能成功的。要使人们认识到这一点，就需要"对这座大厦的奠基做出保障"，即对纯粹理性进行批判。换个角度来说，既然形而上学的根本认识是要研究超出经验之外的上帝、灵魂不朽等问题，那么，我们能够做到"超出经验"吗？如果能，是靠什么？靠理性吗？所以，要解决这些问题，首先要面对的就是澄清人类理性经验的运用是有界限的，这就必须对理性进行批判和考察。

　　要对纯粹理性进行批判，其中一个核心问题就是作为形而上学命题的"先天综合判断"如何可能。"先天综合判断"（das synthesische Urteil apriori）这个术语包括"先天的"（apriori）和"综合判断"。首先说"先天的"，它与"先验的（transzendental）"不同。根据邓晓芒先生的说法，"先天的"是说我们在一件事情还没有发生前就可以先天断言它是有原因的，"先验的"除了可以先天断言，还是关于我们的这个断言如何可能的知识。"先验"可以解释为先天的先天，关于先天的知识就是先验的知识，所以，先验的知识比先天的知识层次更高，"先验的当然是先天的，先天包括先验的，但是先天的不一定都是先验的"[①]。什么叫"综合判断"呢？在康德的术语中，"综合判断"是相对于"分析判断"而言的。我们知道，一个命题往往由主词和谓词两部分构成。如果谓词 B 属于主词 A，作为包含在概念 A 中的某种东西，那么，这个命题就是分析判断，比如"一切物体都是有广延的"，"广延"与"物体"这个概念相连，且不超出这个概念，所以这是一个分析判断；如果谓词 B 虽然与概念 A 有关联，但却完全在它之外，那么，它就是综合判断，比如"一切物体都是有重量的"这个命题中，"有重量"虽然与"物体"有关，但是却在物体之外，人们在思维物体的时候不必与其"重量"相联系，所以这个命题是综合判断。由于分析判断的谓词只是把主词中已经具有的东西明确

[①] 邓晓芒：《康德哲学讲演录》，广西师范大学出版社 2005 年版，第 16 页。

地说出来，所以它并不能增加我们的知识，只是将我们已有的知识（概念）更加清晰地表述出来。而综合判断不同，它的谓词在主词之外，可以为我们提供新的知识，所以能够扩展我们对主词的认识。从这个意义上讲，"经验判断就其自身而言全部是综合的"①。但是，它们之间还有一个更为重要的区别，那就是，综合命题具有偶然性，而分析命题具有必然性。比如，我们可以说有些物体在地球上有重量，但到了某些场合比如太空中可能就没有重量了。所以，凡是经验的综合判断命题都只具有偶然性，而没有普遍必然性，而分析命题则具有普遍必然性，没有偶然性。那么有没有一种命题融合了分析命题和综合命题各自的"优点"，既是先天的、普遍必然的，又是综合的能够增加我们的知识呢？康德给出了肯定的答案，这就是先天综合判断。为什么康德如此重视"先天综合判断"呢？我们可以这样来分析，康德认为形而上学是一种"完全孤立的思辨的理性知识"②，这种知识"凭借的是概念"，超越了经验，所以要求具有一种"普遍的必然性"，即必须是"先天的"，同时，它又需要扩展我们的知识，使我们可以对超出经验范围的知识也能够有所增加和了解，所以又必须是"综合判断"，故"先天综合判断如何可能"这个命题决定着"作为科学的形而上学如何可能"，换言之，"先天综合判断"决定着"科学的形而上学"的命运，是它的基础和根基。可以说，形而上学能不能够作为一门"科学"出现，能不能够存在，其关键就在于"先验综合判断如何可能"这一问题。③ 更进一步来分析，康德还发现，不仅在形而上学中，几乎在理性的所有理论科学中都包含着作为原则的先天综合判断命题，比如数学、自然科学。他所发现的先天综合命题都是从科学知识中发现的，且都以先天综合命题为基础。所以，康德就把"先天综合判断"作为他整个理性批判工作中的重中之重："形而上学的成败就基于这一课题的解决。"④

康德的整本《纯粹理性批判》都是致力于回答"先天综合判断如何可能"这个问题的。不过他把这个问题分成了四个更为具体的问题：（1）纯粹

---

① [德] 康德：《纯粹理性批判》，李秋零译，中国人民大学出版社2004年版，第32页。
② [德] 康德：《纯粹理性批判》，李秋零译，中国人民大学出版社2004年版，第9页。
③ 黄裕生：《"纯粹理性批判"与存在论问题——从〈纯粹理性批判〉如何成为"基础形而上学"谈起》，《南京大学学报》（哲学·人文科学·社会科学版）2010年第5期。
④ [德] 康德：《纯粹理性批判》，李秋零译，中国人民大学出版社2004年版，第37页。

数学如何可能？（2）纯粹自然科学如何可能？（3）作为自然禀赋的形而上学如何可能？（4）作为科学的形而上学如何可能？前两个问题已经实际存在，当然是可能的，所以关键是回答其"如何"。而他把形而上学分为两个阶段，是基于这样的想法，在我们对纯粹理性进行批判之前或者说科学形而上学尚未建立之前，形而上学只是假冒了"科学"之名，可以说是一类假科学，但它作为人类的自然禀赋产生，虽然只是人类理性"僭越"到超经验界所产生的后果，但它已经存在而且还将继续存在，所以我们必须对其产生的人类"理性的本性"即主体可能性的根据进行质疑——这就是第三个问题的提出，并在《纯粹理性批判》的"先验辩证论"中加以解决。于是经过了这一阶段，形而上学才成为科学，而这时要解决的问题就是理性要确定它是否能够知道它的对象，是否能够对它本身的活动进行"限制"，这就产生了第四个问题。康德认为，对理性自身的这种批判的考察，最终必然使形而上学成为科学。[1] 故此，康德对纯粹理性的批判分为了纯粹理性的要素论（先天要素论）和纯粹理性的方法论（先天方法论）两部分。在这其中，他考察了人类知识的三种能力，即感性、知性和理性。限于篇幅，我们不可能对他的论证进行较为详细的阐述和分析，只能择其要点叙述。

在先验感性论中，康德认为，人的感性认识具有空间和时间两种纯粹直观形式，这是对象可以被感觉的必要条件，即凡是可被感觉的事物都必须处在空间和时间的形式框架中。但是康德通过论证认为，空间和时间都不是对象或物自身的某种属性，而是依附于直观对象的主体之上，没有人的主体意识，外在对象的空间和时间性质就不能被确定。所以空间和时间是主体的一种预先设定的感性形式结构。这样，康德通过把空间和时间论证为一种先天的直观形式，解决了数学问题如何可能的问题。

接着康德对知性进行了考察。康德说："对感性直观的对象进行思维的能力是知性。"[2] 主体凭借自己的认识能力把在感性阶段形成的概念联系起来构成判断，这种判断的能力就是人的知性，其功能在于运用主体固有的纯粹概念（范畴）去思维对象。知性的纯粹形式是范畴，由于知性是运用概念进行

---

[1] 对康德这四个问题的详细阐述，可以参见郭立田《康德〈纯粹理性批判〉文本解读》，黑龙江大学出版社2010年版，第33—52页。

[2] ［德］康德：《纯粹理性批判》，李秋零译，中国人民大学出版社2004年版，第69页。

思维的能力，其内容就包含在最一般的概念即范畴中。那么，这些最一般的范畴是什么，有多少呢？由于判断是概念的连接，知性是逻辑思维的能力，所以，形式逻辑的判断方式就决定了知性的形式，有多少种逻辑判断，自然就有多少范畴，因为它们之间是一一对应的形式。这样，从逻辑判断的形式推导出知性范畴就是范畴的形而上学演绎。康德把"先验逻辑"分为"先验分析论"和"先验辩证论"两大部分。"先验分析论"又分为"概念分析论"和"原理分析论"。在"概念分析论"中，康德通过逻辑判断表①（含 12 个种类）的导引，推论出了四组 12 个范畴，即量的范畴（单一性、复杂性和全体性）、质的范畴（实在性、否定性和限定性）、关系的范畴（实体与偶性、原因与结果、主动与受动的交互作用）、关系的范畴（可能性与不可能性、存在与不存在、必然性和偶然性）。范畴是知性的根本形式，并不直接来自经验，而是来自逻辑推论，所以具有必然性和严格的普遍性，故是先天的。而知性则是主体的人的综合能力，外在事物恰恰是通过知性范畴才满足了主体的人的综合能力，从而才得以被人认知。换句话说，如果外在事物不在这些知性范畴内，就不能够满足人的认识，从而不能成为人的认识对象。故知性范畴在康德看来是用来建立对象的，它要建立有关对象的知识，那就是自然科学知识。从这个意义上说，自然科学家是直接面对对象的，是人直接为自然界立法，而立法的依据就是范畴。这样康德通过"先验知性论"有力地解释了自然科学如何可能。

　　人类的认识能力是由感性到知性，再由知性到理性。在先验理性论阶段，人的认识能力达到了最高的层次，这是一种对对象的知识和人类主体思考对象的能力的总体思考能力。正如与知性相对应的逻辑形式是判断，从判断形式推导出知性范畴，与理性相对应的逻辑形式是推理，从推理的形式可以推出理性的最高概念。推理有三种形式：直言推理、假言推理和选言推理。直言推理所指向的是一个自身不再是宾语的主语，这就是"灵魂"的概念；假言推理指向的是一个自身不再以任何事物为条件的整体，这就是"世界（宇宙）"的概念；选言推理所指向的是一个自身不再是部分的前提，这就是"上帝"的概念。所以，灵魂、世界（宇宙）和上帝就是理性的三个理念最

---

① ［德］康德：《纯粹理性批判》，李秋零译，中国人民大学出版社 2004 年版，第 82 页。

高形式，康德称之为纯粹的理性概念或者先验理念："如果人们把理性推理的形式按照范畴应用于直观的综合统一，这种形式就也将包含着一些特殊的先天概念的起源，这些概念我们可以称之为纯粹的理性概念或者先验理念。"①

我们发现，康德通过哥白尼式的革命把主体和对象的关系颠倒过来了，即不是主体符合对象，而是对象符合主体。只有在主体中的对象才是实在的对象，所谓的外在存在（或实在论中的客体），是不可知的。康德用"物自身"来指称实在论中的客体，且认为它不是认知对象。康德对主体规定对象的过程进行了详细的研究和讨论。在这一节我们已经就对他的思想进行了解读和介绍。最终我们发现，康德的"上帝"是人的理性通过推理的结果，也就是说，上帝是在理性范畴之内的，是理性中最高形式的理念，是纯粹的理性概念或者先验理念。或者换句通俗的话来说，"上帝"是人的理性的产物，是人脑子里想出来的。因为人类只能以"经验指称"的方式来谈论经验界的事物，但是"上帝"超出了理性的范围，由于人具有对上帝的先验理念或纯粹的理性概念，所以人又必须指称上帝。所以康德的上帝终究只是在"纯然理性范围"内的上帝，是"经验指称"能够够得着的上帝。

二 黑格尔的"绝对精神"与"上帝"概念

我们发现，康德之后，黑格尔将"经验指称"的思路发挥到了顶点和极致，并牢牢地将"上帝"概念限制在了人的理性范畴之内。考察完了康德，我们再来看黑格尔。

黑格尔的《精神现象学》可以看作他整个哲学体系的前导或奠基，是其哲学"真正的诞生地和秘密"。在这部深奥而又晦涩的著作中，黑格尔表达了自己的真理观。他认为真理应当是一个科学体系，这个体系要通过"概念"来建立，而且要使"实体成为主体"，使绝对成为精神，从而建立绝对真理（上帝）。需要说明的，黑格尔的上帝观跟他的真理观是分不开的，或者说在他看来，上帝就是真理。他有句名言："就真理的最高意义而言，上帝即是真理，而且唯有上帝才是真理。"② 同时，在他的著作中，他还把上帝等同于绝

---

① ［德］康德：《纯粹理性批判》，李秋零译，中国人民大学出版社2004年版，第245页。
② ［德］黑格尔：《小逻辑》，贺麟译，商务印书馆2017年版，第36页。

对精神，他认为绝对精神既是宇宙万物生发的根源，又主宰万事万物发展的方向、方式，故此，绝对精神实际上具备了上帝的功能。所以黑格尔也把"绝对精神"看作"上帝"。所以，在黑格尔看来，上帝其实就是真理，就是绝对精神。需要注意的是，黑格尔的"上帝"是人的意识形态发展到最高阶段的产物，只有在"绝对精神"阶段，"上帝"才能得到最充分最完满的昭示，才能最终地体现出它的自身。故此，"绝对精神"就成了"上帝"的代名词。

在《精神现象学》里，黑格尔致力于建立一个关于真理的体系。他认为"只有真理存在于其中的那种真正的形态才是真理的科学体系"[①]。所谓的"科学体系"实际上就是一个"哲学体系"，黑格尔使用这个术语的目的就在于要用科学的、客观的方法和形式来建立哲学的体系，对此，他清楚地表达说"我在本书中所怀抱的目的，正就是要促使哲学接近于科学形式"[②]，而如果能做到这一点，则"哲学"的原初含义"爱智慧或爱知识"都会变成"真实的知识"（科学化、体系化的知识）。黑格尔为什么要建立真理的科学体系呢？因为在他看来真理必须是一个有机的统一体，才能促进真理的前进发展。这就好像是人们如果仅仅只关注一株植物的花蕾或花朵或果实，往往都会得出片面的结论，但是如果从整体来看，就会发现，这株植物的花蕾、花朵和果实构成了一个有机整体，彼此之间并不互相抵触，而且都是必要的。同样的道理，真理也应当是一个科学的体系，从整个体系来看真理，才会发现真理的各部分都是"相辅相成"的，并没有片面性或矛盾之处。所以，他所要做的工作就是要建立一个真理的科学体系。正像一株植物具有花蕾、花朵和果实一样，真理的体系也必须有一定的要素，这个要素，黑格尔认为就是"概念"。可以说，真理的科学体系的一个重要特征就是它必须是概念的体系，"科学只有通过概念自己的生命才可以成为有机的体系"[③]，因为"真理的存在要素只在概念之中"[④]。黑格尔使用"概念"正是为了反对"感觉"和"直观"，也就是说，他明确反对"情感赋义"的思路。他认为宗教不是人的情感或直观的产物，而是人的理性的产物。因为在他之前的一些哲学家比如谢林

---

① ［德］黑格尔：《精神现象学》上卷，贺麟、王玖兴译，商务印书馆1997年版，第3页。
② ［德］黑格尔：《精神现象学》上卷，贺麟、王玖兴译，商务印书馆1997年版，第3页。
③ ［德］黑格尔：《精神现象学》上卷，贺麟、王玖兴译，商务印书馆1997年版，第35页。
④ ［德］黑格尔：《精神现象学》上卷，贺麟、王玖兴译，商务印书馆1997年版，第4页。

等坚持认为真理只存在于"直观"或者"关于绝对、宗教、存在等的直接知识"中，这些直观或感觉一般来说都是"可意会不可言传"的东西，需要个体的感觉或体悟，但黑格尔使用"概念"正是为了反对这种观点。他认为，真理必须是能言说的，而能够言说必须使用"概念"，概念正是建立科学体系这座大厦的建筑材料，是最基本的要素，如果不使用概念，我们就无法形成知识，当然也就无法建立真理的科学体系。所以"概念"必须是一种人类都能够理解的东西："只有完全规定了的东西才是公开的、可理解的，能够经学习而成为一切人的所有物。"① 可以说，真理本身只有作为科学的概念体系才是现实的。那么，如何通过概念来建立真理的科学体系呢？黑格尔认为，关键在于："不仅把真实的东西或真理理解和表述为实体，而且同样理解和表述为主体。"② 这就是他所提出的"主体即实体"的命题。这一命题使得实体和主体成为一个统一体。对这方面的论述，黑格尔认为首先要做到实体与主体的统一，我们必须将"实体"变为主体，这个过程是通过"实体"的"自身运动"完成的。黑格尔说："活的实体，只当它是建立自身的运动时，或者说，只当它是自身转化与其自己建立的中介时，它才真正是个现实的存在，或者换个说法也一样，它这个存在才真正是主体。"③ 所谓实体的"自身"运动其实就是实体的"简单的否定性"，也就是实体否定自身，逐渐转化为主体，这样消除了实体与主体之间的界限，从而使得客体本身成为主体，实现实体与主体的统一。所以，黑格尔的实体概念具有两个特征：第一，实体可以自我运动，因为它自身包含着否定性；第二，实体可以转化为主体，且只有在它自己建立自己的过程中，才是现实的存在。有了这两点，实体就可以与主体统一，从而实现了"实体即主体"。

我们发现，在实体转向主体的过程中，"否定"具有动态性，且起着重要的作用。黑格尔在他的思辨哲学中尤其注重于"否定"的作用，他称之为"否定之否定"，也就是他的辩证法的核心。具体来说，否定之否定就是一个过程：对立——反思——同一。以"实体即主体"这个命题的形成过程为例，我们在对"实体"和"主体"两个概念关系的"反思"中，就会发现，"实体"

---

① ［德］黑格尔：《精神现象学》上卷，贺麟、王玖兴译，商务印书馆1997年版，第8页。
② ［德］黑格尔：《精神现象学》上卷，贺麟、王玖兴译，商务印书馆1997年版，第10页。
③ ［德］黑格尔：《精神现象学》上卷，贺麟、王玖兴译，商务印书馆1997年版，第11页。

作为一个概念一旦形成,具有了独立性,那么,它就必须与"主体"这个概念区分来开,形成二者的对立。但是这种对立并不是孤立的,因为孤立的概念无法被赋义。"实体"这个概念之所以能够为我们赋义,正是因为有"主体"这个概念反映的反思,没有"主体"概念也就没有"实体"概念。所以"实体"这个概念是在与"主体"这个概念发生关系时才被定义的,是"主体"反思的结果。这个反思就是"否定",所以"否定"确立了"实体"和"主体"这样一对对立的概念。在否定动力的推动之下,"实体"否定自己,同时"主体"也否定自身,于是"实体"与"主体"的界限逐渐消失,最终二者达到了"同一",即"实体即主体",这个命题的形成正是"否定之否定"的产物,这个新概念包含了"正反"两个概念,由一对对立概念的内部运动产生,这使得"实体"和"主体"两个概念内在地构成了同一体。这其实就是辩证法的过程。黑格尔发现,这个辩证法的过程正是真理(上帝)这个概念产生的过程。于是"真理是过程"也就成了黑格尔的论点,他说:"实体作为主体是纯粹的简单的否定性,唯其如此,它是单一的东西的分裂为二的过程或树立对立面的双重化过程,而这种过程则又是这种漠不相干的区别及其对立的否定。所以唯有这种正在重建其自身的同一性或在他物中的自身反映,才是绝对的真理,而原始的或直接的统一性,就是这样一个圆圈,预悬它的终点为目的并以它的终点为起点,而且只当它实现了并达到了它的终点它才是现实的。"[①] 实体由于自身内部的否定性的推动——其自身具有"能动性",所以它自己否定自己而成为发展出的现实,也就是说由于实体在自身中包含着"纯粹的否定性",所以它作为单一的东西自己否定自己,从而使自己由单一而变成"一分为二",将自己树立为对立面。如此,则实体与其对立面其实就是一对"矛盾",但是,实体自身又不能是这种矛盾或对立,所以它必须将之"否定"或舍弃,从而完成对自身同一性的"重建"。所以这个过程实际上是实体自我运动的过程。这个过程可以被理解为一个圆圈,即它以起点为终点,以开端为结果,恰是一个圆圈式的运动,而在这个过程中,当实体真正成为主体,从潜在展开自身并且重建自身同一性的时候,实体才会成为现实的。由此可以看到,黑格尔所坚持的"真理"观实际上是一个圆圈式的过程,这个过程的

---

① [德] 黑格尔:《精神现象学》上卷,贺麟、王玖兴译,商务印书馆1997年版,第11页。

起点就是终点和目的,开端和结果是统一的,而且只有当起点和终点、开端和结果统一时,真理才会是"现实"的。在这个过程中,真理将所有一切展开了的因素都包容在自身之内,故而它又是"全体"的。所以,黑格尔说,"真理是全体"①,"但全体只是通过自身发展而达于完满的那种本质"②。

黑格尔要建立真理的科学体系,当然要从这个体系的每个"环节"开始做起。所以,他在《精神现象学》各章所要做的工作就是对真理的科学体系的每个"环节"做充分或绝对的考察。这个道路是遥远的,需要我们的"耐心"。概括而言,在整部《精神现象学》里,黑格尔所考察的各个环节就是各个意识形态,分别是意识、自我意识、理性、精神和绝对精神五个环节和阶段,每个环节都是一个整体;但是就内容而言,前三个环节(意识、自我意识、理性)往往又被称为主观精神,而第四环节精神一般又被称为客观精神;所以宏观上来说,黑格尔探索了主观精神、客观精神和绝对精神。按照黑格尔自己的说法,《精神现象学》是"意识的经验科学",他从经验的眼光来考察意识,并用一种科学的、客观的方式来对人类的意识进行描述和梳理看意识是怎样的。但我们看到,他的出发点是他(黑格尔)头脑中的意识,是哲学家的意识,是哲学家的抽象的意识和自我意识。③

限于篇幅,我们直接讨论黑格尔的绝对精神。黑格尔认为实体即主体,且只有当实体展开为世界并且扬弃一切差别重建自身的同一性时,它才是真正的现实,而这个重建自身同一性的工作就是通过人类精神对绝对的认识活动来实现的。换言之,绝对通过它的代言人——人类精神——而认识了自己,最终成为绝对精神。绝对精神,在黑格尔的术语里,其实就是上帝的代名词。只有当我们认识到绝对精神时,我们才能够认知上帝,并言说上帝,乃至使用宗教语言,比如关于上帝的各种命题。他说,"上帝的生活和上帝的知识因而很可以说是一种自己爱自己的游戏"④;"由于需要将绝对想象为主体,人们就使用这样的命题:上帝是永恒,上帝是世界的道德秩序,或上帝是爱等等。在这样的命题里,真理直接当作主体,而不是被表述为自身反映运动。在这样的命

---

① [德]黑格尔:《精神现象学》上卷,贺麟、王玖兴译,商务印书馆1997年版,第12页。
② [德]黑格尔:《精神现象学》上卷,贺麟、王玖兴译,商务印书馆1997年版,第12页。
③ 邓晓芒:《邓晓芒讲黑格尔》,北京大学出版社2006年版,第62页。
④ [德]黑格尔:《精神现象学》上卷,贺麟、王玖兴译,商务印书馆1997年版,第11页。

题里，人们从上帝这个词开始。但这个词就其本身来说，只是一个毫无意义的声音，一个空洞的名称。只有宾词说出究竟上帝是什么之后，这个声音或名称才有内容和意义；空虚的开端只在达到这个终点时，才是一个现实的知识"①。

从绝对精神的产生来看，黑格尔认为，在绝对精神产生过程有两股力量是至关重要的：自在（being in itself）和自为（being for itself）。自在（being in itself）和自为（being for itself）黑格尔哲学中两个常见的术语。"自为"的意思是整个的绝对精神的活动，而相对地，"自在"是指孤立的单一的过程，是拒绝"否定"的。在"绝对精神"产生之前，概念处在"自在"活动中，成为自身并保持自身；而在"绝对精神"产生过程中，概念就进入了"自为"活动中，反思自己的有限性，并通过"否定"而超出自身。② 在绝对精神的产生过程中，自在和自为两种力量辩证地联系在一起，共同推动了绝对精神的发展，并产生了二者的同一体——真理（上帝）。具体来说，黑格尔认为绝对精神是"一个包含那些形态作为它的各个环节的简单、纯粹的概念"。③ 在这句话中，那些形态指的是意识、自我意识和理性和精神，它们的最高形式就是绝对精神。绝对精神要求实体和自我意识两个方面要真正结合从而成为辩证统一体。而要做到这一点，就要求"实体外在化它本身而成为自我意识"，同时"自我意识外在化它本身而成为事物性或普遍的自我"④，简单来说，就是作为现实性的自我意识和潜在性的实体相互外在化，在精神中成为统一。要达到这一步，需要三点：第一，神圣的自我意识的直接存在；第二，最高本质的概念因个别自我使得抽象性与直接性的同一达到完成；第三，玄思知识是绝对宗教的社团的表象。

关于神圣自我意识的直接存在，黑格尔论证说，这就需要客观的概念从自在的实体转化为自觉的意识。客观的东西对意识来说是从概念发生的，而且这个概念还是直接性（直接性就是感性意识没有内容的对象），"概念既是自身外在化的东西或被直观到的必然性之［向主观］转化，它也同样是在必

---

① ［德］黑格尔：《精神现象学》上卷，贺麟、王玖兴译，商务印书馆1997年版，第14页。
② 谢文郁：《自由与生存：西方思想史上的自由观追踪》，张秀华、王天民译，上海人民出版社2007年版，第171页。
③ ［德］黑格尔：《精神现象学》上卷，贺麟、王玖兴译，商务印书馆1997年版，第233页。
④ ［德］黑格尔：《精神现象学》上卷，贺麟、王玖兴译，商务印书馆1997年版，第233页。

然性内即在自身内，并且知道并把握这必然性"①。

在黑格尔看来，概念是直接的存在和对这种直接存在的意识的统一，它通过自在的实体外在化其自身而成为自为的自我意识，这实际上只是它的自觉的自我认识过程，而这个过程在概念中具有内在的必然性。这样概念就扮演了两种"角色"，而这两种角色又是同一"角色"。具体来说，它既是实体、是对象（相对于精神而言），同时又是对对象的意识即主体（相对于对象而言），正因这样它才达到了实体与主体的统一，才使得"概念作为自在的东西同时也就是自为的东西，精神作为意识同时也就是自我意识"②。绝对精神自在地从而也就自觉地取得了自我意识的形态，并且成为直接确信的对象这样，人们在信仰的意识中就可以看到、感到和听到关于"上帝"的神圣性了：作为自在的实体的上帝由于在一个现实的人（耶稣）身上呈现为自我意识，这样的概念由自在状态向自为状态的变化过程就表现为上帝的"道成肉身"。而这恰恰就是绝对宗教（基督教）的简单内容："这种神圣本质之变成肉身，换句话说，神圣本质直接在本质上具有自我意识的形态，就是绝对宗教的简单内容。"③黑格尔认为，绝对宗教，其实就是上帝"道成肉身"这种神圣本质（实体）对自己的意识（主体）——意识到自己是精神，即实体就是主体或自我。从这个意义上说，基督教所谓的"启示"，即上帝的神圣本质为认识的人所知道，"在这种宗教里神圣的本质就被启示出来了。它的被启示显然意味着它的本质是被知道了。但是它的被知道正由于它是作为精神、主要地作为自我意识这样的本质而被知道的。"④用黑格尔的话来说，所谓的上帝的启示其实就是人的精神的自我启示："精神是作为自我意识而被知道，并且是直接地启示给自我意识的，因为它就是自我意识本身。"⑤从这个意义上说，自我才是真正的唯一的启示出来的东西。所以，我们在言说上帝时所使用的"仁慈者""公正者""圣洁者""天地的创造者"等用来描述上帝语词，都是以我们的主体意识为归宿的，并且只有当意识返回到我们的思维时，它们才

---

① ［德］黑格尔：《精神现象学》上卷，贺麟、王玖兴译，商务印书馆1997年版，第234页。
② 赵林：《黑格尔的宗教哲学》，武汉大学出版社2005年版，第142页。
③ ［德］黑格尔：《精神现象学》上卷，贺麟、王玖兴译，商务印书馆1997年版，第235页。
④ ［德］黑格尔：《精神现象学》上卷，贺麟、王玖兴译，商务印书馆1997年版，第236页。
⑤ ［德］黑格尔：《精神现象学》上卷，贺麟、王玖兴译，商务印书馆1997年版，第236页。

存在。黑格尔的意识显然是说，我们言说上帝其实就是我们在言说自己的精神，所以"神的本性与人的本性是同样的东西"①：我们认识了人的精神，就是认识了上帝；言说上帝，也就是言说自己的精神。这样，我们对上帝这个最高本质的概念的认识就因为对个别性的自我意识的认识而实现，从而使得抽象性与直接性的同一达到完成，"说最高的本质可以作为一个存在着的自我意识而看得见、听得到等等，事实上这就是最高本质的概念的完成；并且通过这种完成那最高本质就直接地作为真正的最高本质存在那里"②。

黑格尔认为，我们只有在纯粹玄思的知识中才能达到上帝（真理），或者说，上帝其实就是玄思知识本身，并且只能在玄思知识里。黑格尔所使用的"玄思知识"其实就是对天启宗教（基督教）的知识。他认为，我们对天启宗教即上帝的知识其实就是对我们的自我的知识。他说："玄思知识认识到神是思维或纯本质，认识到这种思维是存在、是特定存在，并且认识到特定存在是它自身的否定，从而是自我，这一个［个别的］和普遍的自我。天启的宗教所知道的正是这种自我。"③ 在黑格尔的哲学中，主体与实体、思维与存在实际上是一回事。存在和思维的这种统一性就是自我意识。他认为在基督教信仰中作为上帝之子的"耶稣"是一个直接性的特定存在，同时也是直接的自我意识。耶稣是绝对本质，且这种绝对本质只有当它被直观者当作直接的自我意识时，它才能够被认识为精神。所以，在耶稣身上，本质、存在、意识和精神归于统一。这就是我们的"玄思知识"。

但是需要注意的，我们的玄思知识——作为对于上帝道成肉身、绝对本质的启示的耶稣，他是个别的人，是一种感性存在。耶稣是当前存在的神，人们对耶稣的认识是精神性意识，但这种意识还只局限在个别性的自我中，还不是普遍的自我。那么，耶稣如何从"个别自我"过渡到"普遍的自我"呢？黑格尔认为，那就需要作为现实性的直接自我的"否定"，这种否定在耶稣身上就体现为"耶稣受死"。正是通过耶稣受难被钉死，个别意识才取得了普遍的自我意识："在那个被知道作为绝对本质的直接定在的消逝里，直接意识便取得了它的否定的环节；精神仍然是现实性的直接的自我，不过已经是

---

① ［德］黑格尔：《精神现象学》上卷，贺麟、王玖兴译，商务印书馆1997年版，第236页。
② ［德］黑格尔：《精神现象学》上卷，贺麟、王玖兴译，商务印书馆1997年版，第237页。
③ ［德］黑格尔：《精神现象学》上卷，贺麟、王玖兴译，商务印书馆1997年版，第238页。

作为［宗教］社团的普遍的自我意识，而这普遍的自我意识是它自己固有的实体的主体，正如这实体在普遍的自我意识中是普遍主体那样。这种普遍自我意识并不单单是个别的主体，而是个别主体同宗教社团的意识在一起的，而就普遍自我意识对这个社团的关系来说，它就是个别主体的完善的主体。"① 简单来说，由于耶稣之死，众多的自我才会意识到耶稣的精神已经进入了他们之中，成为他们自己的精神，或者说，意识到他们自身就是精神。这样，耶稣作为个别意识就成了普遍的自我意识——宗教社团的普遍意识。②

这样，绝对宗教概念的发展就经历了三个环节：首先，精神最初在纯粹实体内，即它是纯粹意识的内容；其次，是精神的表象过程，即精神由纯粹实体和纯粹意识下降到特定存在或个别性的运动，精神在这一过程中转化为他物的意识；最后，精神从表象和他物的意识回归到自我意识本身。这三个环节构成了精神，精神在表象中分离出来，即由于它存在于它以一个特定的方式而存在。

通过以上分析，我们可以看出黑格尔建立真理观的最终目的就是通过概念自身的辩证运动来论证理性与信仰的同一性，把上帝等同于人的绝对精神本身，把真理看作人对上帝的认识或上帝在人身上的自我认识，从而实现知识与宗教、哲学与神学的统一。黑格尔通过概念自身的"否定之否定"运动论证了上帝就是绝对精神，天启宗教（基督教）就是绝对精神在自身中的自我启示。那么，黑格尔的"上帝"就是基督教中的"上帝"吗？我们发现，这两种上帝存在着根本的不同。

我们知道，传统基督教中的上帝是"又真又活"的真实存在的上帝，是超越人的经验、理性和思想的，上帝的"永恒和神性是明明可知的，虽是眼睛不可见，但借着所造之物就可以晓得，叫人无可推诿"（罗马书1：20）。而黑格尔所说的"上帝"其本质在于精神，他的"上帝"是人精神的产物，是认识的对象、思维的对象，是一个完满的概念。在黑格尔看来，事物完满的关键在于这个事物是精神，并且是具有自我意识的精神，是能够思维的思维。而真正能够达到这种品质的，就只有绝对的上帝。所以，"黑格尔的上帝其内在的本质在于思维、在于理性"③。可以说，黑格尔所论证的上帝由于是

---

① ［德］黑格尔：《精神现象学》上卷，贺麟、王玖兴译，商务印书馆1997年版，第240页。
② 赵林：《黑格尔的宗教哲学》，武汉大学出版社2005年版，第144页。
③ 雷礼锡：《黑格尔神学美学论》，湖北人民出版社2005年版，第80页。

理性的、精神的、可被思维的上帝，所以才是存在的，并且是绝对的存在、完美的存在。他的"上帝"具有两方面的特征：一是在我们的经验范围内，作为我们感知的确定性的对象，所以他是"存在"；二是可以作为我们思维的对象，他又必须是"理性""精神"的。这就使得黑格尔在构造真理（上帝）的体系时，要使用复杂的概念，以显示不同于基督教的叙述方式，而他又必须参照基督教信仰中的"上帝"来构建自己的"上帝"，可以这样说，黑格尔通过人的理性和精神所构建的"上帝"是以基督教所信仰的"上帝"为蓝本的，其目的就是说明人的理性完全可以"克隆"出一个同样的"上帝"。

基督教所信仰的上帝是一个既定的完满的存在，是全知全能的，无所不在、无所不包，他通过耶稣"道成肉身"将真理"启示"给人。黑格尔所构建的"上帝"则是人意识的自我发展、自我完善的神性精神，而且最终还要回归到"自我意识"、精神本身。经过他的解释，所谓上帝的"启示"，其实就是人的绝对精神的自我启示，而且耶稣作为直接存在的人，同时又是人的直接的自我意识，且这种自我意识通过"耶稣受死"从个人的自我意识推及到了宗教社团的普遍自我意识，从而成为信仰的对象。所以，黑格尔的"上帝"不过是理性化、现实化了的"上帝"而已。

然而，我们发现，黑格尔的上帝观，仅仅关注于概念的完满性，却忽视了人的生存问题，或者说，他的思辨哲学将"上帝"困在了人的理性框架之内。在基督教主导的社会中，人们的生存不可能离开"上帝"，而黑格尔以真理体系最顶端的"绝对精神"来解说"上帝"，显然也有他的目的，即要以他所建立的这套真理体系来指导人的生存。但是他的这套真理体系是指导人的生存，还是忘却了人的生存呢？黑格尔显然没有意识到，人的生存活动是不能受制于某一个思想"体系"的，无论其原则或方法多么完善、多么完整，其根本点都在于限制人的生存。如果我们在这样的体系中生存，则实际上放弃了我们的生存。更严重的是，一旦这个体系出现任何问题甚至破产，那么我们的生存该怎么办呢？离开这个体系，难道我们就不能生存了吗？正是由于这一点，我们看到，黑格尔的体系遭受了许多批评和非议。而对他批评最厉害且最有说服力的是生存主义者索伦·齐克果。

第三章 "上帝"概念与情感赋义

我们在上一章比较详细地梳理和解读了大卫·休谟、康德和黑格尔的思想。我们发现，在宗教认识的问题上，休谟主张要在人类经验的基础上为宗教信仰和神学证明寻求哲学依据，但是在论证过程中发现上帝存在和上帝属性及神迹等问题离不开人的"情感"，且受情感支配，而他又坚持"理性是情感的奴隶"，这样情感就成了谈论宗教的出发点：休谟在生存中肯定了人的"情感"在宗教认识中的重要作用。但后人单单对休谟的经验论思想情有独钟，反而忽略了他的情感赋义思想。造成这种偏见的主要原因，是康德继承了休谟的经验论，并将其进一步发扬光大。的确，休谟的思想深深影响了康德。而康德通过"哥白尼式的革命"颠倒了主体与客体的关系，即不是主体符合作为对象的客体，而是作为对象的客体要符合主体：只有在主体中并由主体规定的对象才是实在的对象。康德旨在探讨纯粹理性的思辨所适用的范围和界限并对其进行批判，"取消思辨理性越界洞察的僭妄"，这样做就为科学的形而上学的建立扫清了道路。但康德的"上帝"终究还是人类理性的产物，忽视了人的生存。在康德看来，形而上学的对象——上帝与不朽灵魂等——是人类不能以知识的方式加以把握的，而只能以一种（合理的）信仰的方式加以领会与理解。但"上帝"仍然是人的理性可以达到的，是纯粹的理性概念，是一种先天综合判断。而黑格尔则进一步将人的理性发挥到了极致，他坚持"实体即主体"的原则，并以此为基础企图建立起一个真理体系。在他的这个真理体系中，"上帝"是人的意识形态发展到最高阶段的产物，只有在"绝对精神"阶段，"上帝"才能得到最充分最完满的昭示，才能最终体现出它自身。故此，"绝对精神"就成了"上帝"的代名词。黑格尔建立真理体系的最终目的就是通过概念自身的辩证运动来论证理性与信仰的同一性，把上帝等同于人的绝对精神本身，把真理看作人对上帝的认识或上帝在人身上的自我认识，从而实现知识与宗教、哲学与神学的统一。我们发现，黑格尔的上帝观，仅仅关注于概念的完满性，却忽视了人的生存问题，或者说，他的思辨哲学将"上帝"困在了人的理性框架之内。然而我们的生存是实实在在的，是不依赖任何思想体系的。所以，康德和黑格尔之后，人的生存该如何走向，成为哲学家们必须解决的一个问题。

在康德哲学在认识论领域凯歌高奏的时候，施莱尔马赫却鲜明地提出了"情感主义"的主张。在施莱尔马赫看来，宗教是一种关于神圣的东西，人的理性是平庸且可鄙的东西，从理性出发谈论宗教，是一种"冰冷的论证"，或者是"一种学院派论证的腔调"，因为宗教是来自人的内在的情感力量，它发源于人的内心深处，是不受任何东西束缚的，要想对宗教进行认识，人必须从自身内心的这种宗教情感出发，所以"宗教按其完整的本质而言是远离一切体系性的东西的"[①]，"宗教的本质是直观和情感"[②]。奥托继承了施莱尔马赫的这一思想，也认为对"上帝"不能从理性的角度去理解，而只能从"非理性"（情感）的角度去体会"直觉感受"（Divination）能力。这样，施莱尔马赫和奥托就开辟了"情感赋义"谈论上帝的路线。齐克果则进一步深化了这一思路，将"情感赋义"思路深入人的生存之中。在齐克果看来，悖论是生存的个人与永恒的真理（上帝）之间的关系，而这种关系在基督教信仰中体现为"绝对的悖论"，而对于这种悖论我们只能以信仰的激情去理解和赋义。因为在他看来，激情是把握生存的个人和上帝之间关系的基础，是个体的人维持对上帝信仰的关键所在，故在对"上帝"的信仰中，我们只能够走"情感赋义"的路线，而不能走客观（理性）的路线。在本章之中，我们首先要考察施莱尔马赫和奥托的"情感赋义"思路，进而梳理和解读齐克果在生存层面提出的"悖论的激情"。

第一节 施莱尔马赫和奥托的"情感赋义"

施莱尔马赫（Schleiermacher）和奥托（Otto）在宗教问题上开辟了"情

---

① ［德］施莱尔马赫：《论宗教》，邓家庆译，香港：道风书社2009年版。
② ［德］施莱尔马赫：《论宗教》，邓家庆译，香港：道风书社2009年版。

感"的路线，认为要理解宗教语言，必须从宗教情感出发去理解和赋义，这种谈论宗教语言的方法我们便称之为"情感赋义"。简单来说，我们对"上帝"概念的赋义取决于我们对上帝的某种"情感"。施莱尔马赫认为这种情感是一种"绝对依赖感"，所以我们谈论宗教（和宗教语言）的出发点应该是个人内在的宗教情感，应该采取的方式就是直观，故宗教（基督教）的本质是直观和情感。奥托继承了施莱尔马赫的这一思想，也认为对"上帝"不能从理性的角度去理解，而只能从"非理性"（情感）的角度去体会"直觉感受"（Divination）能力。但不同的是，他认为施氏的"依赖感"这个术语是不妥帖的，较为合适的术语是"被造感"（Creature-feeling）。无论是"依赖感"还是"被造感"都是人的情感，是人谈论上帝的出发点。本节旨在对施莱尔马赫和奥托相关著作中的"情感赋义"思想进行梳理和解读，以探讨情感力量在宗教认识论中所应当具有的地位，而这将是我们理解宗教语言的新方式。

一 施莱尔马赫的"绝对依赖感"

施莱尔马赫（1768—1834）是 18 世纪末和 19 世纪初期的自由派新教神学家、哲学家，被公认为是近代神学的先驱。连最反对他观点的卡尔·巴特也曾经在一本书中评价说，"在近代神学史上排名第一的属于而且将永远属于施莱尔马赫，对此他是没有对手的"①，"我们应当指出的是施莱尔马赫并没有建立任何学派……但是却建立一个时代。"② 卡尔·巴特甚至把他看作 19 世纪的教父，而且也有可能成为 20 世纪的教父。③ 施莱尔马赫之所以获得如此之高的赞誉，关键一点在于他在康德哲学声名鹊起，理性主义在知识各领域凯歌高奏，而浪漫主义文化思潮异军突起的时期，旗帜鲜明地举起了"情感主义"的大旗。在他的思想中既包含着康德哲学的严密论证又有德国浪漫主义的情感抒怀。他的两部代表作《论宗教》和《基督信仰》向人们有力地展

---

① Karl Barth, Protestant Theology in the Nineteenth Century, Wm. B. Eerdmans Publishing Company 2002, p.425.

② Karl Barth, Protestant Theology in the Nineteenth Century, Wm. B. Eerdmans Publishing Company 2002, p.425.

③ Karl Barth, *Protestant Theology in the Nineteenth Century*, Wm. B. Eerdmans Publishing Company, 2002, p.425.

示了情感力量在宗教认识上的有力地位。在本部分中，我们先考察他《论宗教》中所提出的"谈论宗教的出发点是情感"与"宗教的本质是直观和情感"命题，然后我们具体考察《基督信仰》一书中他是如何在自己的个体生存中对"绝对依赖感"进行分析的。

我们知道，始于18世纪初的启蒙运动引发了长时期的宗教批判运动，这使得人们对宗教（尤其指基督教）信仰的重视程度一落千丈。思想界流行的风气是以"怀疑宗教""批判宗教"为荣，在施莱尔马赫生活的时代，当时"有教养的"知识分子普遍认为宗教已经过时，因而对宗教产生了极其强烈的"蔑视"态度。而年轻的施莱尔马赫却认为宗教的精髓不是理性证据，不是超自然启示的教条，也不是教堂中繁文缛节的礼仪形式，而是人心最深处对上帝的"情感"，所以他将《论宗教》（由关于宗教的五篇演讲组成）一书的副标题定为"对蔑视宗教的有教养者讲话"，其演讲的对象正是一批深受启蒙运动影响，对宗教怀有蔑视态度的听众。

在《论宗教》第一讲《申辩》中，施莱尔马赫认为当时造成人们蔑视宗教的状况的原因有两点：第一是人们对宗教求知欲的下降，进而对宗教行家更加"蔑视"；第二是宗教行家陈旧僵化的言说，"无力"挽回宗教衰落的趋势。但话锋一转，他说，宗教并不是"衰落"了，而是当今的时代对宗教有了更好的接纳。关键在于我们对"宗教"存在着种种的误解。所以要找出宗教在人的生存中最内在的动力是什么，这是人的"最高之物"，且"总还能够以某种方式激起我对时代和人性变迁的思考"。[①] 但这种思考不应该用思辨和论证的方法。该用什么方法呢？施莱尔马赫先卖了几个关子，他说，因为宗教是人天生俱有的，"必然地拥有的"，而不是从别人的描写或观察中"学"来或通过说教习得的。要了解宗教，就需要深入人的内心深处，"我不想为一些个别的观念做辩护或争论；我想陪伴你们进入宗教最内在的深处，只有从这里出发它才首先与心灵对话；我想指给你们看，宗教首先是从人性的哪些禀赋里产生出来的，以及它是如何成为你们最崇高最珍贵的东西的；我想把你们领到庙宇的墙垛，使你们能够眺望整个圣殿，发现它最内在的奥秘"[②]。

[①] ［德］施莱尔马赫：《论宗教》，邓安庆译，香港：道风书社2009年版，第12页。
[②] ［德］施莱尔马赫：《论宗教》，邓安庆译，香港：道风书社2009年版，第12页。

所以这里就涉及一个"出发点"问题，因此寻找谈论宗教的出发点就成了当务之急。

宗教究竟源自何处呢？或者说我们该从何处出发来谈论宗教呢？在施莱尔马赫看来，寻找谈论宗教的出发点是一个非常关键的问题，因为只有这样我们才可能真正了解宗教的实质和内容，才能正确观察宗教现象，把握宗教共同内容。出发点错误，结论必然是错误的，比如有的人希望从宗教的中心出发来看宗教的内在本质，但施氏认为这是把宗教看作人的本性的一个作品，"根植于一个从它必然的行动方式或者本能而来的东西"①；有人从宗教的局限出发，考察到处已经接受了的特定的行为举止和形态，那么这种情况下，宗教就只能被看作时代和历史的产物。这些都不能作为谈论宗教的出发点，因为它们都是关于宗教内容的概念，是对宗教这种精神现象的另一种看法，是"空洞和错误的幻影"。所以对宗教的研究不能从对宗教的具体观察即人的理性出发，因为，从人的理性出发谈论宗教，总是会发现它们"所有的无稽之谈和反理性"，而"神圣的东西"不能"放到一个以某种平庸的东西开头并以可鄙的东西结尾的系列中"②。在施莱尔马赫看来，宗教是一种关于神圣的东西，人的理性是平庸且可鄙的东西，从理性出发谈论宗教，是一种"冰冷的论证"，或者是"一种学院派论证的腔调"，用这样的方法去理解宗教，最终把握的只能是"一堆僵死而冰冷的泥土"。也就是说从理性出发建立起来的一套体系性的东西并不能把握宗教的本质："宗教按其完整的本质而言是远离一切体系性的东西的。"③ 事实上，"凡有宗教发挥作用之处，它必定显示出，它是以一种独特的方式激动人心，把人的灵魂的所有功能或者融为一体，或者相反地相互疏离，并把所有活动融入对无限的令人惊讶的直观的"④。由此施莱尔马赫抛出了自己的主张，即要从个人的内在情感出发去把握宗教。只有从人心最深处的情感出发，才能真正体会到宗教的真实内涵，才能与自己的心灵对话。从情感出发才是我们把握宗教的关键点。他说："宗教是从每一个比较好的灵魂的内部必然地流淌出来的，发源于自身，它属于心灵中一

---

① ［德］施莱尔马赫：《论宗教》，邓安庆译，香港：道风书社2009年版，第16页。
② ［德］施莱尔马赫：《论宗教》，邓安庆译，香港：道风书社2009年版，第16页。
③ ［德］施莱尔马赫：《论宗教》，邓安庆译，香港：道风书社2009年版，第18页。
④ ［德］施莱尔马赫：《论宗教》，邓安庆译，香港：道风书社2009年版，第16页。

块固有的领地，在其中它不受限制地统治着，它值得尊重之处在于，通过其最内在的力量感动最高贵和最优秀的人，使他们按照其最内在的本质获得认识。"① 宗教是来自人的内在情感力量，它发源于人的内心深处，是不受任何东西的束缚，要想对宗教进行认识，人必须从自身内心的这种宗教情感出发来谈论宗教。

找到了出发点，接下来的问题就是用什么样的方法来谈论宗教？施莱尔马赫提出了一个对后世哲学（尤其是现象学）影响极其深远的概念——直观。他认为对宗教应该采取的研究方法是直观和情感，而不需要思维或行动："它（指宗教）不象形而上学那样，它不想像道德那样，按照本性来规定和解释宇宙，用人的自由力量和神圣的任意性来继续塑造和完成宇宙。宗教的本质既非思维也非行动，而是直观和情感。"② 宗教想直观宇宙，是从它自身的表现和行动来观察宇宙，这一点是它与形而上学及道德在本质和影响力方面的对立。形而上学的出发点是人的有限的本性，它从最简单的概念出发，从其力量的规模、意识之感受性的限度出发来规定宇宙之于人能是什么，人何以必然地必须关注宇宙。宗教的整个生命也是生活在本性中，却是整体恒一与完全的无限的本性。道德的出发点是"自由意识"，想把自由的王国扩大至无限，使一切都服从于它。而宗教的脉搏跳动在自由本身已经再次成为本性的地方，它想在人的特殊力量与人格表演的彼岸来把握人，从他必须是的、所是的、他愿意是或者不愿意是的观点出发来看待人。因此，施莱尔马赫说，宗教只有既完全走出思辨的领域也完全走出实践的领域，才能坚持它自己的风格。③ 因为，实践是技艺，思辨是科学，宗教则是对无限的感觉和鉴赏。为什么人们对宗教存在种种误解或者只把它当作一种"公式化的空洞游戏"呢？施莱尔马赫说，主要是因为对宗教研究的出发点错了，"因为它没有宗教性，因为它没有神灵活现的对无限的情感，而且没有对无限的渴慕，对无限东西的敬畏，没有让你们细腻而轻飘飘的想法感受到一种必要的，稳固的厚重，以至于自身能够对付这种巨大的压力"④。所以，唯一要采用的方法就是"直

---

① ［德］施莱尔马赫：《论宗教》，邓安庆译，香港：道风书社 2009 年版，第 23 页。
② ［德］施莱尔马赫：《论宗教》，邓安庆译，香港：道风书社 2009 年版，第 32 页。
③ ［德］施莱尔马赫：《论宗教》，邓安庆译，香港：道风书社 2009 年版，第 35 页。
④ ［德］施莱尔马赫：《论宗教》，邓安庆译，香港：道风书社 2009 年版，第 34 页。

观"，这是宗教的一块"试金石"："一切都必须从直观出发，缺乏对无限进行直观之欲望的人，就没有一块试金石。"①

对宇宙直观是施莱尔马赫使用的一个非常关键的概念，他认为，这个概念是"宇宙中最普遍的和最高的公式"，而"宗教的本质和界限可以据此得到最准确的规定"②。一切直观都来自被直观者对直观者的影响，来自被直观者本源的和独立的行动，然后由直观者合乎其本性地对其进行摄取、概括和理解。宇宙存在于一种不断的活动中，每时每刻都在向我们显示它自己。在传统宗教观念中，万事万物跟宇宙的关系都是个别与整体、有限与无限的关系。但施莱尔马赫认为，这是一条错误的思路，因为"它没有办法更加深入地弄清整体的本性和实体"③，就不再是宗教了。而宗教应该保持和坚守在对宇宙的实存和行动的直接经验上，在一些个别的直观和情感上；每种这样的直观和情感都是自为存在的活动，不与别的东西或依赖它的东西相关。施莱尔马赫在这里非常强调对个体的直观，他认为对个体的事实或者行动，包括一切在个体之内直接的和自为的真实的东西，都可以称为宗教本源的和首要的东西。他说，在宗教中，只有个别的东西是真实的和必然的，没有什么东西能够证明或者可以从另外的东西来证明，而个别东西应该在其中加以把握一切普遍东西，与一切联合和联系，或者存在于一个殊异的领域，只要它们应该是与内在之物和本质的东西相关联的，或者只是想象力之游戏和最自由的任意的一个作品。很显然施莱尔马赫认为对宗教的个别直观就是对宗教的本质直观："正是由于这种独立的个别性才是如此无限的直观的领域。"④

施莱尔马赫将宗教直观分为宗教对自然的直观和对人性的直观。宗教对自然的直观，施莱尔马赫说，其目标就是"爱戴世界精神，喜乐地直观其产生的作用"⑤，自然界万事万物之所以存在就是由于"上帝的爱"。上帝的爱是宇宙万物存在的原因，也是孩童般的人为内在的爱所环绕的原因。宇宙万物的"秩序与和谐"的一切规律性都要归于上帝的爱，可以说上帝的爱赋予

---

① ［德］施莱尔马赫：《论宗教》，邓安庆译，香港：道风书社2009年版，第34页。
② ［德］施莱尔马赫：《论宗教》，邓安庆译，香港：道风书社2009年版，第34页。
③ ［德］施莱尔马赫：《论宗教》，邓安庆译，香港：道风书社2009年版，第50页。
④ ［德］施莱尔马赫：《论宗教》，邓安庆译，香港：道风书社2009年版，第50页。
⑤ ［德］施莱尔马赫：《论宗教》，邓安庆译，香港：道风书社2009年版，第50页。

这个世界以"灵魂的精神"。我们要对这个世界进行直观，必须站在一个更高的点上（比如必须站在上帝的角度上），但由于这个点是我们无法达到的，所以我们对这个世界的直观也总是不完善的。所以对上帝凭着自己的爱创造的这个世界我们只能从信赖、感恩的情感出发来进行直观，施莱尔马赫说，这就是对宇宙的直观："它从一切由神性渗透并与之同一的东西中发展出来，抓住情感，事实上到处都可看到它，但不只是在所有的变化中，而且在一切生存活动中看到它，我们寻求的无非就是精神的一个作品，就是这些规律的一种表现和实施，只有对于它，一切可见的东西也现实地是一个世界，一个有教养的世界。"[1] 施莱尔马赫认为，爱和反叛、个体性和统一性，这些在直观世界时所使用的概念，都不是从自然中得到的，而是从内心的情感缘起并因此而指向世界的直观，这就是宗教所注目的真正的情感，而宗教就是从这里取得对世界的直观的。宇宙是在内在生命中形成的，只有通过内在生命，外在的生命才获得理解。但情感，如果它必定创造和滋养宗教的话，也必须在一个世界中被直观到。

宗教在人性中的直观，施莱尔马赫说，人性本身就是一个宇宙，不过这个宇宙在人的内心之中。为了直观世界和拥有宗教，人才必须找到人性，他只是在爱中并通过爱才找到人性。所以人和人性两者是如此内在地和不可分离地联系在一起：对宗教的渴求就是有助于他享受宗教的东西。每个人最热烈地拥抱这种享受，在这种享受中世界最清晰最纯粹地映照出来；每个人最柔情地喜爱这种享受，在这种享受中他相信能够找得到他所缺乏的，所有能把人性组织集中起来的东西。所以，让我们走向人性，我们在这里为宗教找到了素材。只有在人性中，人才处在最本真和最挚爱的家乡，开始最内在的生活，才树立起人的一切追求和行为的目标，这是人力量的内在动力，推动着人对这个目标奋进。所以，从这个意义上讲，人性本身才是真正的宇宙，其他的一切只有当它们同人类有关联并环绕人性时，我们才能把它看作一个宇宙。

根据施莱尔马赫的观点，宗教是内在地与直观相联系的，是从直观中流淌出来的，并且只有在直观中才能得到说明。只有在对宇宙的直观中，我们的内心中才会充满对永恒和不可见之物的畏惧，从而能够在同宇宙的比较中

---

[1] ［德］施莱尔马赫：《论宗教》，邓安庆译，香港：道风书社 2009 年版，第 50 页。

看到自己的渺小,内心中就会产生真实而淳朴的谦卑之情,这种情感是体现在我们真实的生存活动中的。也就是说,它是与我们的生存密切相关的,是驱使我们尊重那些"与我们的生存密切交织"的人,因为他们与我们一样都与宇宙这个整体达到了"血肉相连",而我们也只有在这个宇宙的整体中才能意识到我们的生命。在施莱尔马赫看来,宗教不是一种认识对象,而是一种和人的理解、情感同在的生存活动。正是在这个意义上,我们认为,施莱尔马赫的宗教情感论实际上就是一种"生存分析"①,因为他关注于人的生存状态以及情感在人的生存中的重要作用。

施莱尔马赫还认为,直观和情感密切相连、不可分割。如果割裂它们,宗教就丧失了最纯真的精神。情感是直观的起源和驱动力,正是受这种情感的驱动,我们才能够对宗教形成直观,才能正确把握宗教的本质。没有这种情感,直观就没有根基性;反过来说,直观是情感的表现形式。所以施莱尔马赫说,无情感的直观什么也不是,既不会有合理的起源,也不会有正当的力量,无直观的情感什么都不是:两者存在着并所以是某种东西,只是因为它们原始地是一个东西,是不可分离的。情感是从宗教中一切生命的诞生时刻发展出来的,它内在地是人天生就拥有的,所以我们不能靠概念和解释等哲学分析的方法来"肢解"这种宗教感,而只能从内在的生命中去直观和感受。对施莱尔马赫来说,包括上帝在内的神灵不可能是别的,"无非就是一种个别的宗教的直观方式"②。在这种直观方式中,上帝不仅仅是人性的守护神,还是一个与人性完全不同的个体,是一个独特类族的唯一样本,他通过启示使人们认识自己。而人作为被启示者或者上帝启示的接受者,从内心的启示中会发现,关于上帝的认识除了启示的东西,肯定还有更多的东西,所以要在不断地对上帝概念的更新中去了解上帝。这样,"上帝"的概念虽然对我们来说是一个不完整的概念,但是却"让我们同时达到上帝的最高概念,达到由一最高存在者,由一种具有自由和理智的宇宙精神主宰的概念"③。

---

① 谢文郁:《自由与生存:西方思想史上的自由观追踪》,张秀华、王天民译,上海人民出版社2007年版,第196页。
② [德]施莱尔马赫:《论宗教》,邓安庆译,香港:道风书社2009年版,第77页。
③ [德]施莱尔马赫:《论宗教》,邓安庆译,香港:道风书社2009年版,第78页。

那么,"上帝"这个概念带给我们一种什么样的情感呢?或者说,我们是在什么样的情感下赋予"上帝"这个概念以意义的呢?施莱尔马赫在他的成熟之作《基督信仰》中给出的答案是:绝对依赖感。所以,在下面的篇幅中,我们要转入他对"绝对依赖感"的分析。他的"绝对依赖感"其实就是一种上帝的意识(God-consicousness)。

《基督信仰》是施莱尔马赫成熟时期的作品,这部书奠定了施莱尔马赫在基督教思想史上无可争议的地位。《基督信仰》一书的英文译者 Richard Niebuhr 曾经这样评价施莱尔马赫的这部著作,他说,《基督信仰》在神学史上的地位相当于康德的《纯粹理性批判》在哲学史上的地位。所以从这个意义上说,施莱尔马赫可以被称为现代新教史上的康德(Kant of modern Protestantism)。[①] 我们这里不打算全面介绍这部洋洋洒洒几十万字的著作的全部思想,而只集中于他思想中的一个小点,即他对"绝对依赖性"的分析,由此"管中窥豹",看他是如何赋义"上帝"概念的。

在《基督信仰》中,施莱尔马赫对"绝对依赖感"的分析是一种自我意识分析。他着眼于自身的个体的宗教情感,即对个体基督徒宗教信仰的情感进行个体性的分析。这是一种"生存分析法",其实质是一种自我意识分析。[②] 施莱尔马赫认为,有两种类型的意识:知识和情感。正如他在《论宗教》中所坚持的,知识与宗教是格格不入的,人只有在情感中才能真正体会到宗教的敬虔(或虔诚 Piety)。在基督教信仰体系中,所有的基督徒的宗教意识都是完全合理的,因为这种意识是从独特的基督徒的宗教经历的具体内容中抽象出来的。但在这些自我意识中,上帝的意识是必不可少的。换句话说,如果任何人坚持说可能有些基督徒的宗教经历中并没有上帝的参与,即在这种宗教经历中,并不包含绝对的上帝的意识,那么他就不属于基督信仰的范畴了。所以,基督徒的每一种宗教情感,无论其包含多少特殊的内容,有一点是必不可少的,那就是上帝的意识。上帝的意识不能被任何其他的东

[①] Friedrich Schleiermacher, *The Christian Faith*, edited by H. R Machintosh, and J. S. Stewart, Edinburgh: T&T Clark, 38 George Street, 1928.

[②] 参见谢文郁《自由与生存:西方思想史上的自由观追踪》,张秀华、王天民译,上海人民出版社 2007 年版,第 196 页(及脚注)。谢先生的这一用法不同于 Crouter[将这种方法称为经验方法(expierenced approach)],他认为"经验"一词具有误导性。本书赞同并遵从谢先生的用法。

西中立化，以至于跟基督和上帝切断了联系。只有在上帝的意识中，我们才能体会到真正的敬虔，因为"上帝的意识体现在所有基督徒敬虔的特殊时刻"①。而这种上帝的意识其实就是绝对依赖感。或者说，施莱尔马赫是从上帝的意识出发来谈论绝对依赖感的。

关于绝对依赖感的存在，施莱尔马赫的论证思路是这样的。他认为，在我们的自我意识中，有两种因素：自我设定和非自我设定。这两种要素可以被称为是"主体的自我存在"和"通过其他手段而存在"。② 自我意识中的这两个要素表现了主体自身的存在以及主体与其他存在者之间的关系。从现象上看，这两个因素相应地表现为自由的情感和依赖的情感。在由有限存在者组成的世界中，没有绝对自由感也没有绝对依赖感，因为所有的存在者都不是绝对的受动，也不是绝对的主动，他们都是互相作用的。如果只存在由有限的存在者构成的世界，那么就只有这两种相对的情感。但事实却不然，施莱尔马赫认为存在着绝对依赖感。这源于上面提及的相对自由感与绝对依赖感的关系：没有任何自由感，绝对依赖感也就不可能。自由感来自哪里？它不可能从世界产生，因为世界限制了自由。假如自由来自它，就意味着主体受外界决定，主体的活动就只是对外在影响的机械反应而已。所以自由感是主体自发活动中产生的，但它的根据却不在主体自身，而是有其他的根源。自发活动性的根源在于绝对依赖。就此而言，绝对依赖是自发活动存在的根据，而自发活动却构成了绝对依赖得以被认识的根据。所以从这个意义上说，"我们没有绝对自由的情感"（there can, accordingly, be for us no such thing as a feeling of absolute freedom），而只有绝对依赖感（therefore in every such case there is involved a feeling of dependence）。③

---

① Friedrich Schleiermacher, *The Christian Faith*, edited by H. R Machintosh and J. S. Stewart, Edinburgh, T&T Clark, 38 George Street 1928 8 § 32. 1.
② 英译版原文是："in self-consciousness there are only two elements: the one expresses the existence of the subject for itself, the other its co-existence with other." 本部分写作的翻译均来自作者本人对本书的英译，但部分也参考了张云涛《论施莱尔马赫的自我意识理论》（《西南农业大学学报》2008年第3期）、黄毅《施莱尔马赫关于自身意识学说的研究》（《内蒙古社会科学》2009年第1期），以及邓安庆《试论施莱尔马赫思想的现代意义和对后世的影响》（《湖南社会科学》2005年第5期）等文章中从德语原版翻译为汉语的文字。
③ Friedrich Schleiermacher, *The Christian Faith*, edited by H. R Machintosh and J. S. Stewart, Edinburgh, T&T Clark, 38 George Street 1928 8 § 32. 1.

第三章 "上帝"概念与情感赋义

"绝对依赖感"是宗教敬虔的本质和核心。施莱尔马赫的"绝对依赖性"概念是与他所叙述的宗教的"敬虔"分不开的。施莱尔马赫认为，宗教情感中最重要的因素是敬虔（Piety）。敬虔既不是"理解"（Knowing），也不是去"行动"（Doing），而是情感的倾向和改变。在所有的宗教情感中共有的因素以及敬虔的本质就是：我们的绝对依赖感意识——也就是我们对上帝的绝对依赖的情感。对此他论述到，所有有限的存在对无限者的依赖都是对所有宗教情感产生基础的完整描述，故敬虔是所有宗教情感中表达了有限的万事万物对至高者和无限实在者的依赖感的那种，当一个具有宗教情怀的人信仰独一的上帝时，他会认为自己对上帝具有一种"绝对的依赖感"。这种绝对的依赖感是一种直接的自我意识（immediate self-consciousness）。如果我们意识到自身的有限，那么作为对上帝的绝对依赖，所有的有限存在包括我们自己，在这种关系中，都会把我们自己连同整个世界，作为我们自我意识的一种统一（unity of our self-consciousness）。

对他的这一观点我们可以做如下分析。我们知道，依赖情感是在意识中对某一对象的依赖。而施莱尔马赫认为，我们在对对象的依赖中，会进入这样一种自我意识状态：认为"我们的全部活动都来源于我们之外的某个源泉。"这一"某个源泉"便是上帝概念所指称的对象。绝对依赖情感于是在上帝概念中得到充分的表达。他说："只要这一观念［即上帝概念］同时出现，绝对依赖情感就成为清醒的自我意识了。"[①] 在他看来，绝对依赖感就是绝对依赖的意识，它指向有限存在者的根据，即它是对我们整个自发活动来源于一个外在于我们的根源的意识。而这个依赖的由来就是上帝，因而绝对依赖感就是上帝的意识。显然，施莱尔马赫是从上帝的意识出发来谈论绝对依赖感的，其实质是把绝对依赖感等同于上帝意识。"上帝"一词正是在信徒的绝对依赖感中才获得了它的原初含义。

施莱尔马赫认为宗教自我意识的发展总是以宗教情感为前提，而且包含在每一个基督徒的宗教情感中。所以他把绝对依赖感看作直接的自我意识（上帝意识），并要在其中找到个人的自我。这就需要以每个基督徒的宗教自

[①] Friedrich Schleiermacher, *The Christian Faith*, edited by H.R Machintosh, and J. S. Stewart Edinburgh, T&T Clark, 38 George Street 1928, §4.4.

我意识为前提，并且相应地包含在这种宗教情感中，只有这样，我们的自我存在和上帝无限的存在才能在自我意识中统一。①

从以上的梳理中我们可以看出，施莱尔马赫对"上帝"概念坚持的"情感赋义"路线，他对任何关于"上帝"的哲学论证和理论分析都不感兴趣，无意提供一种理想化的人类所共有的上帝观念。他所关心的是在自己的个人生存（自我意识）中究竟会出现什么样的上帝观念。这一思想对后世影响深远。虽然人们给予《基督信仰》很高的评价，但自1821年它问世以来就引起了广泛的神学争论，迄今没有停止，可以说是毁誉参半、褒贬不一。但有个人却坚定继承了他的思想，并提出了自己的独特见解，这个人就是鲁道夫·奥托。

二 奥托的"被造感"

鲁道夫·奥托（Rudolf Otto，1869—1937）是德国基督教神学家、宗教史家和宗教现象学家。他的代表作是《神圣者的观念》。在该书中，他继承并批判了施莱尔马赫的宗教情感论观点。跟施莱尔马赫一样，奥托在这本书中认为，谈论"神圣者"不能单靠理性的方法，而更应该从非理性的——尤其是情感的角度去对"神圣者"进行赋义。所以我们认为奥托也是主张"情感赋义"的先锋人物。奥托把"神圣者"（The Holy）作为特殊的宗教范畴，创用新词"神秘者（Numinous）"，表达除去理性与道德的附加意义之后"神圣者"的原始意义——对神既敬畏又向往的情感交织，认为它是不可被归结为任何其他因素的心理状态，人只有在对它有某种情感体验时才能理解。它唤起人的强烈的"被造感"，使人对神秘者产生既可怕又沉迷的情感，这种情感是人认识"神圣者"的基础；人类具有真正认识各种神圣现象的能力"直觉感受"（Divination），依靠这种能力，人可以意识到"神秘者"（Numinous）所表现出来的意义、价值和目的。在下面的篇幅中，我们打算较为详细地分析他对上帝概念的"情感赋义"。

同施莱尔马赫一样，奥托也认为谈论宗教（上帝）要用情感去赋义，而不能用理性去论证和分析。所以他在《神圣者的观念》一书的开头就论述了

---

① Friedrich Schleiermacher, *The Christian Faith*, edited by H. R Machintosh, and J. S. Stewart, Edinburgh, T&T Clark, 38 George Street 1928 P. 131. § 32.

第三章　"上帝"概念与情感赋义 | 105

要谈论"神圣者"的两种方法，即理性的和非理性的。但在人们的谈论中往往过于强调"理性的"方法。他承认用理性概念如精神、理性、目的、善良意志、最高全能、统一、自性等特性来标示和精确描述任何一种有神论的神的观点，尤其是基督教的上帝观念中的神性都是至关重要的，所有的这些特性都可以形成清晰明确的概念，这些概念能被理智把握，能被思想分析，甚至能被定义。所以"一种能这样用概念思考把握的对象就可以被称作理性的"①。"那么，用上述特性所描述的神性本质就是理性的宗教。只有以这些理性概念为基础的信仰，才能与纯粹的情感相抗衡。"② 从这个角度讲，奥托认为，我们可以把理性概念作为宗教的一种较高层次、较大价值的标志和尺度，这种宗教不缺乏关于上帝的观念，它会以概念思维的形式承认那些无论是已经提到过的还是继承和发展的关于超越者的知识——也就是通过信仰得到的知识。但是这种从理性概念角度来看待宗教的方式也需提防另一种误解，即认为只能通过用"理性的"性质将神的本性完整而彻底地表达出来，换言之，我们不能单纯以理性的眼光来看待神圣者，因为这是一种错误的或片面的理解。但是这种片面理解又是不可避免的，根源就在于我们语言的局限，因为无论是传统的训导语言（edification，包括其特有的术语和观念）还是布道或神学教育中的语言，甚至包括《圣经》本身，通过这些宗教语言来阐述真理，"就不可避免地要倾向于强调上帝的'理性的'性质"③。对于语言的这种局限，奥托说："一切语言——只要它是由词汇构成的——都声称以传达观念或者概念为业，而这正是语言的意义所在；一种语言在概念与观念的表达上越是清晰明确，这种语言越好。"④ 所以，通过宗教语言来表达神圣者的观念，其"理性的"因素是非常突出的，而"其他因素则丝毫没有显露出来"。那么这里的"其他因素"是什么因素呢？奥托接着论述道，"由于这些'理性的'性质根本不能穷尽神性观念，所以这些性质只是一种'非理性'或者'超理性'的主体的诸多属性。这些理性的性质是这一主体的'根本的'性质，我们可以借助它们来界定'神圣者'这一主体，但是这一主体'更深的本质却不

---

① ［德］鲁道夫·奥托：《神圣者的观念》，丁建波译，九州出版社2007年版，第3页。
② ［德］鲁道夫·奥托：《神圣者的观念》，丁建波译，九州出版社2007年版，第3页。
③ ［德］鲁道夫·奥托：《神圣者的观念》，丁建波译，九州出版社2007年版，第5页。
④ ［德］鲁道夫·奥托：《神圣者的观念》，丁建波译，九州出版社2007年版，第5页。

是，事实上也不能通过它们来领会，更要靠一种完全不同的领会"①。奥托这里的意思显然是说要认识"神圣者"——比如基督教中的上帝，仅仅依靠理性概念进行表述是不够的，还必须要从另一个角度对"神圣者"进行赋义。"尽管这一主体总是躲避着概念式的理解方式，但它必然会以某种方式为我们所把握。"② 那么这里奥托所说的"完全不同的领会"和"某种方式"是指什么呢？用奥托自己的术语来说，是"非理性"——也就是跟"理性"相对立的概念。这个"非理性"的东西，奥托认为是一个宗教中最核心的东西，"任何一种宗教的核心处都有这种东西存在，如果没有它，宗教就不成其为宗教了"③，它是一种卓越的活生生的力量，而且需要我们作出"一种独特的原初性的情感反应"的图示化处理。所以，我们也可将奥托所提的"非理性"称作对神圣者的"情感赋义"，也就是对描述"神圣者"比如上帝的本性和性质的语言要从情感方面去理解。奥托主张对神圣者进行"情感赋义"，为言说"神圣者"开辟了一条不同于理性概念的方式。因为"神圣者"这个范畴包含着十分独特的因素，而且"由于无法使用概念来把握，它也是不可言说的"④，所以对"神圣"这个词的普通用法是不正确的——"它包含着一种明显的额外含义"。奥托用一个来自拉丁文的字汇 numen 的新造词 numinous（神秘者）来指代这个"额外含义"，而这个 numinous（神秘者）有个神秘的"心态"（mental state），这种心态具有的特点是：在使用"神秘"者范畴的地方都可以发现，而且，它完全"自成一类（suigeneris）"，"允许讨论，但不能被严格地界定"，并且更重要的是它"不能教的，它只能在心中被激起与唤醒"。通过这些特点，我们很显然可以推论出，奥托所说的其实就是施莱尔马赫一直在倡导的"宗教情感"。事实上，奥托明确说明了这一点。他认为，"神秘者"的本质是这样的："它以这种或那种确定的感受状态来影响或者激发人们的心灵。"⑤ 而这种本质只能以一种特殊的方式来表示，在这种方式中，"神秘者"以情感的形式被反映到心灵中（it is reflected in the mind in terms of feel-

---

① [德] 鲁道夫·奥托：《神圣者的观念》，丁建波译，九州出版社 2007 年版，第 15 页。
② [德] 鲁道夫·奥托：《神圣者的观念》，丁建波译，九州出版社 2007 年版，第 5 页。
③ [德] 鲁道夫·奥托：《神圣者的观念》，丁建波译，九州出版社 2007 年版，第 6 页。
④ [德] 鲁道夫·奥托：《神圣者的观念》，丁建波译，九州出版社 2007 年版，第 6 页。
⑤ [德] 鲁道夫·奥托：《神圣者的观念》，丁建波译，九州出版社 2007 年版，第 29 页。

ing)。在《神圣者的观念》第三章①中，奥托使用了"被造感"（Creature-feeling）来指代人们在宗教体验中的瞬间深刻感受和诸如庄严崇拜这样的心灵状态时所具有的情感因素。"被造感"其实就是施莱尔马赫使用的"依赖感"。但是，奥托认为，施莱尔马赫使用"依赖感"（feeling of dependence）有两大缺陷，首先，"依赖感"这个术语所包含的感觉或者情感是就其在宗教生活体验中产生的特殊意义而言的，而不是从其他生活和体验领域得出的"自然"意义。因为人类对受制于条件与环境的感觉而产生的无能为力的感觉也可以被称为"依赖感"，但宗教依赖感则是"我们精神生活中最原始和最基本的东西，因此只能通过它自身来加以界定"②。奥托认为，这种情感是"人"作为被造物的感受，因为与那个高踞于万物之上的造物主相比，被造物完全被自己的虚无感所遮蔽与压制，所以他用了一个术语叫"被造物意识"（Creature-conciousness）或被造感（Creature-feeling）。"被造感"这个术语表现了人面对"神圣者"这种强大的绝对力量时所产生的没入虚无之中的感受。"而每一事物都仰赖与这一超强力量的特性，这种特性是难于言传的，而只能通过人们对此作出的情感反应的语调和内容得到间接的暗示"。这种情感反应只有通过人的亲自体验，才能够真正了解。其次，施莱尔马赫的"依赖感"还有一个缺陷，就是这个术语是人们有所依赖的状态下的感受，这样就要论证一个在我之外的"外在因素"来解释我的"依赖感"，而奥托的"被造感"这个术语则表明"被造感"本身只是另外一个情感因素的第一主观伴生物及效果。这种情感因素投射出来成为"被造感"，而它本身却不容置疑地立即并且首先牵涉某个外在于自我的对象，这个对象就是"神秘者"。奥托说，正是由于在心中有了"被造感"和依赖感，"神秘者"就会自然而然被体验为一种现时的东西，也就是说，"只有当'神秘者'的范畴出现时，被造感和依赖感才会作为一种伴随性的情感在心灵中呈现出来"③。奥托在这里强调的是宗教情感的内在性和自发性，认为这种情感在面对神圣者时会被激发，而且这种情感或能力是人面对"神圣者"时自然而然产生的，所以他将其命名为

---

① 此章标题为《"神秘者"的诸因素》。
② ［德］鲁道夫·奥托：《神圣者的观念》，丁建波译，九州出版社2007年版，第23页。
③ ［德］鲁道夫·奥托：《神圣者的观念》，丁建波译，九州出版社2007年版，第27页。

"直觉感受"（Divination）能力。这种直觉感受能力用理性主义的概念和论证方式无法解释，因为这种情感或能力是"来自灵魂深处的，自发地骚动着的，与一切概念理论无关的，无拘无束的认识和内心的承认"①，这种情感是内在的，不可言说，却真实存在。如果用《圣经》中的教义语言来表达，这种直觉感受的本领或能力其实就是"圣灵的内在见证"（the inner witness of the Holy Spirit）。从这个意义上讲，直觉感受 Divination 就不是什么新的神学术语了，其实在施莱尔马赫的《论宗教》中就早已使用了这个词。施莱尔马赫也承认这种直觉能力是"有限而不完善的"，但是又是"不可争辩地是真实的"。跟施氏一样，奥托认为这种直觉是一种认知或者是一种认知的方式，不是反思的产物，而是情感的直观结果。但是施莱尔马赫和奥托在对"直觉感受"这个术语的使用上也是有分歧的，这突出表现在这个术语使用的范围上。施莱尔马赫认为"直觉感受"的本领或能力是一种"普遍"的能力，即人类的普遍潜能，而奥托则认为这个术语只适用于描述"特别有禀赋的人的一种特殊的天资和天分"，认为"只有那些特殊的具有'直觉感受'性质的人，才真正拥有直觉感受的能力"②。显然，奥托的意思是说，这种情感只有在有共鸣的人群中（比如信徒团体）才能得以交流和传递。对此我们可以做如下分析。一个群体内部的人们之间要进行情感的交流和传递，则必须是以共同的生活形式为基础。在群体性的宗教生活中，人们由于有共同的敬拜对象（比如上帝）、共同的语言表达，更重要的是有对所敬拜对象的共同情感（比如激情、爱和忏悔等），所以才使得情感在交流时能够引起群体性的共鸣。宗教群体内（比如基督徒教会）的人之间由于共同享有对"上帝"的"直觉感受"能力，才使得其宗教情感得以顺利交流和保障。从这个意义上讲，"上帝"其实就是一个情感性的实在，或者具体来说，上帝是基督徒群体内部的"情感指称"。

在本节中我们较为简略地对施莱尔马赫和奥托在宗教认识论中的"情感赋义"进行了梳理和解读。我们发现，他们的思想，一致认为宗教是个"情感"问题，所以不能用理性的论证方法去探讨，而只能采取情感赋义。施莱尔马赫认为宗教的本质是直观和情感，所以只能从情感出发去谈论宗教，并

---

① [德] 鲁道夫·奥托：《神圣者的观念》，丁建波译，九州出版社2007年版，第34页。
② [德] 鲁道夫·奥托：《神圣者的观念》，丁建波译，九州出版社2007年版，第27页。

且认为"绝对依赖感"就是上帝的意识；而奥托继承了施莱尔马赫的思想，也认为非理性的（即情感）方法才是理解宗教的正确方法，但他不赞同施莱尔马赫使用的"绝对依赖性"这个术语，所以采用了"被造物意识"（被造感），由此，"上帝"就成了一种情感性的实在，是一种"情感指称"。我们发现，施莱尔马赫和奥托所倡导的"情感赋义"是研究宗教以及宗教语言的一条新路子，为我们理解"上帝"概念提供了一种新的方式。这是值得我们重视的，并应当以此来深化我们对宗教本质和宗教语言的认识。

第二节 齐克果："悖论的激情"

施莱尔马赫与奥托的"情感赋义"思路是针对康德的理性主义思路提出的，而齐克果的"情感赋义"则旨在反对黑格尔的真理体系。齐克果年轻时，正值黑格尔的鼎盛期——二人基本生活在同一时代，但齐克果旗帜鲜明地对黑格尔的"客观的真理体系"进行了抨击。比如，他认为，体系化的理论使得人的生存被抽象化，以至于根本就不能触及生存着的个体的人（single individual）以及他的主体生活。故此，齐克果认为，对"上帝"的赋义，需要建立在主体性的情感—激情之上，而非客观证据的基础之上。齐克果指出，激情是把握生存的个体的人和上帝之间关系的基础，是个体的人维持对上帝信仰的关键所在，故在对"上帝"的信仰中，我们只能够走"情感赋义"的路线，而不能客观地证明。为此，他从生存论角度出发，致力于探索基督徒的生存状态，认为生存就是选择，而选择是一种"悖论"，悖论是"思想的激情"。简单来说，齐克果"情感赋义"的基本思路是：在人的美感、伦理和宗教生活中，人的生存离不开对"善"的追求，而如何"知善"则是一个情感问题，因为人的情感把握着人在生存中的选择，而这种情感的诉求是指向"善"的，因此，如何把握"善"是人们在生存中的关键点，而对"善"的认识最终都集中到了"至善（上帝）"问题，而上帝问题就是一个探索真理的问题。本章在对齐克果的几部重要著作《非此即彼》《哲学片断》和《结论性的非科学的最后附言》研读分析的基础上，试图梳理出其关于悖论思想的"情感赋义"问题。齐克果在生存意义上对"悖论"问题的思考，蕴含丰富的理论内涵，关注着我们的"生存"问题，值得我们去慎思之、明辨之。

对于悖论，齐克果说过这样一段话："悖论是思想的激情（Paradox is the passion of thought），没有悖论的思想家就像没有激情的恋人一样：只是一个庸人而已。但任何激情的最高能力永远都是它自己决意去下降，所以，这也是理解的最高激情会去冲突，虽然用此种或彼种的方式冲突会下降。"[1] 可见，在齐克果看来，悖论是思想激情的源泉与动力，没有悖论的思想是乏味的、枯燥的、没有激情的。在齐克果看来，人具有三种生存状态，即美感生存、伦理生存和宗教生存，这几种状态中都存在着"悖论"，但在这其中，宗教生存中的"绝对的悖论"决定着我们生存的导向和永恒幸福，故是最重要的生存悖论。在下面的篇幅中，我们先简略叙述齐克果在《非此即彼》一书中所叙述的美感选择和伦理选择中的悖论，之后我们将重点放在他的宗教选择中的悖论，尤其是宗教 B（基督教）生存中的"绝对悖论"。故此，我们将分两节进行叙述，首先我们分析齐克果"悖论的激情"的思想，其次我们将重点分析他对黑格尔理性客观方法的反对和他所主张的"主观的"方法。

一 选择的悖论："非此即彼"

一提到齐克果，人们首先想到的就是他的《非此即彼》，似乎"非此即彼"这个术语已经成为齐克果的"专利"，成了他思想的一个专门标志。事实上，《非此即彼》是齐克果的早期作品，又译为《或此或彼》或《或者/或者》。这个术语表达的是一个"选择"的问题，也是齐克果生存论的一个核心和精髓，即一种"非此即彼"的生活。在齐克果看来，"选择"是个关系到作为个体的人的生存问题，在人的生活中，会面对很多"选择"，这会让我们犹豫不定——无从选择而又不得不选择，这就是一种选择的悖论。生存就是选择，对此，我们引用他的两个例子来说明。在《哲学片断》中，齐克果曾经举了一个"小孩买玩具"的例子：一个小孩得到别人的一点钱——这点钱正好能买一本有趣的书或者买一件同等价格的玩具——如果他买了玩具，那么他就不能再买书了，

---

[1] Johannes Climacus, *Philosophical Fragment*, by Soren Kierkegaard edited and translated with introduction and notes, by Howard V. Hong and Edna H. Hong, Princeton University Press, Princeton, New Jersey, 1985, p 37. 中文译文为本书作者自己根据本书翻译，但也部分地参照了［丹］克利马科斯（克尔凯郭尔）《论怀疑者》，陆兴华、翁绍军译，上海人民出版社2006年版的译文。下文引文使用均是此方法，特此说明。

因为，这笔钱已经被花掉，而书商又不会同意他拿玩具换书。① 而在《致死的疾病》(The Sickness of the Death) 中，齐克果也讲了这样一个故事：在一队深入森林的部队中，有一位士兵发现了极其罕见的鸟，因此想逮着它——眼看它不难逮着，于是就追了上去；但它又飞远了，他仍然认为可以逮住它；于是继续追，如此这般，直到他远离部队，迷失在森林里。② 齐克果用这两个例子表明了我们生活的一种状态，即人们在自己的生存中总是面对着两种或两种以上的选择的可能，而且，人的选择只能是这诸多可能性中的一个，即选择"最好的"可能性。因此，人在选择之前，人的生存是一种自由的状态，但是一旦人冒险做出了自己主观上所认为的最好选择，那么他就进入了不自由的状态，比如在以上两个关于选择的例子中，小孩子和士兵都面临着两种可能性的选择，在做出选择之前，他们是自由的，可以任选其中任何一个；但是一旦他们"冒险做出了选择"，比如小孩选择了买玩具或者士兵选择了去追小鸟，他们就变得不自由了。这种关于选择的自由我们可以称为"人自由地选择不自由"，这是人的一个生存事实。③ 从悖论的角度来看，这恰恰是我们生存选择中的悖论。在我们的生存选择中，做出"选择"行为的主体是我们自己，别人无权干涉，他们的意见和建议只能是作为一种间接的提醒或参考，但最终做出选择的还是我们个人，因为这是我们个人的事情，是关系到我们生存的事情。从这个意义上说，选择是我们主体性的行为，其实质就是"选择我们自己（to choose yourself）"。正如在《非此即彼》中，伦理的代言人威廉法官想让 A 放弃美感生活而选择伦理的生活，但是他没有以命令和绝对的口吻说"放弃美学！选择伦理"，而是说"选择你自己（choose yourself）"。其次，在这个意义上，选择就意味着冒险。每个人在生活中总要遭遇到一些非此即彼的选择，而且，这种选择实质上是一种冒险，是人必须做出的一种冒险的行为。但它却是决定性的、绝对的，决定

---

① Johannes Climacus, *Philosophical Fragment by Soren Kierkegaard*, edited and translated with introduction and notes, by Howard V. Hong and Edna H. Hong, Princeton University Press, Princeton, New Jersey, 1985, p. 10.

② Kierkegaard, *The Sickness unto Death*, Howard V. Hong & Edna H. Hong Princeton University Press, 1980, p. 37.

③ 参见谢文郁《自由与生存：西方思想史上的自由观追踪》第五章，张秀华、王天民译，上海人民出版社 2007 年版；或参见谢文郁《自由：自主性还是接受性？》，《山东大学学报》（哲学社会科学版）2006 年第 1 期。

着一个人生存的质量和所能达到的目标。

齐克果把人的生存选择模式分为三种①：美感选择、伦理选择和宗教选择。而宗教选择又分为两种：宗教 A 和宗教 B。在这三种模式中："美学的生存本质上是享乐，伦理的本质上是奋斗和胜利，而宗教的生存本质上是苦难，并且宗教的苦难不是暂时性的，而是持续性地伴随着苦难。"② 齐克果对美感和伦理选择的叙述主要体现在《非此即彼》这本书的上下卷中，而对宗教选择的论述则体现在《哲学片断》和《最后的非科学的附言》两本书中。我们首先简略介绍一下他的美感选择和伦理选择。

在齐克果看来，在美感选择中，人的生活具有这样的特点：满足人的欲望"要享受生活"，且"为了你的欲望而生活。"③ 对一个要审美的人来说，他的美感选择始终停留在感性的水平上，受人的情感、冲动和情绪的支配，他所追求的就是当下的快感，其选择就是遵循享受一切情感经验和感官愉快的欲望。而欲望的满足又指向欲望的对象。比如，人渴了想要喝水，饿了需要食物等。美感选择的特点就是感性的直接性，就是说，在"欲望"和"对象"之间无须任何"中介"的参与，比如"渴了"这个欲望可以被满足的直接对象就是"水"，"饿了"这个欲望可以被满足的直接对象就是"食物"。所以在美感选择中，能够满足人的欲望的对象是人的"选择"。比如，在《非此即彼》中，齐克果所刻画的"勾引者"，就是一个典型的审美的人，他没有道德观念，完全听任自己情欲的支配，他全部生活的动机就是享乐。在对象呈现"多样性"的时候，能够满足欲望的对象就是好的选择，这是一种选择的自由，但是当人做出了选择的决定以后，也就是说当对象满足了欲望的那个"时刻"，人就变得不自由了。这就是齐克果所说的"自由地选择不自由"，也是感性选择的特征和内涵。而当人的生存完全受制于欲望的对象时，人的自由就丧失了。④ 齐

---

① 齐克果关于生存选择的三种模式有不同的说法，比如在他的其他著作如《生活道路诸阶段》中，就有"三阶段说"，"三境界说（three spheres）"或"三种生活方式（three ways of life）"，但不管说法如何，大体都指美学、伦理和宗教。
② Evans, Stephen, *Kierkegaard's "Fragments" and "Postscript"*, Humanities Press, 1983, p.34，中文解读参见梁卫霞《间接沟通：克尔凯郭尔的基督教思想》，上海人民出版社 2009 年版，第 169 页。
③ ［丹麦］基尔克果：《或此或彼》，阎嘉译，华夏出版社 2007 年版，第 844 页。
④ 谢文郁：《自由与生存：西方思想史上的自由观追踪》，张秀华、王天民译，上海人民出版社 2007 年版，第 235 页。

克果说:"一个人身上的美学就是他自发地、直接地成为什么所要依靠的东西,伦理学就是他成为他自己所要依靠的东西。一个生活于美学中、依靠美学生活、以美学为出发点、为了自己身上的美学而生活的人,就是审美地生活的人。"①

但齐克果也意识到,美感选择的最终结果就是绝望。因为美感选择仅仅是为了满足暂时性的欲望,或者说是"此时此刻"(当下)欲望的满足。它的基本命题就是,"此时此刻就是一切",就是说,人在欲望满足"享乐"的时刻,也意识到这个时刻是短暂的,如果人在美感选择的时候只生活在"此时此刻",那么他的全部生活就化为"无"。他的生活必然是不幸,他追求快乐,最后得到的却只能是痛苦,这最终使他意识到,这转瞬即逝的"此时此刻"是审美的人生存的所在,"对美感的生存来说,最合适的表现就是:它存在于此时此刻"②。生活在美感选择中的典型人物是唐璜、浮士德等,他们的生存所体现的都是一种"空虚"或"绝望":"你已经看透了一切事物中的空虚,但你却没有进一步前进。你偶尔会投入其中,在你让自己沉浸于享乐的某个时刻,你也意识到了它是空虚的。因此,你不断超越你自己——那就是说,处于绝望之中。"③齐克果也指出既然在美学选择中生存的人最终的导向就是空虚和绝望,所以,人们应当清楚地意识到这一点,尽快从这种"绝望"中苏醒过来,转换自己的生存方式,向更高一级的生存方式迈进,即向伦理选择迈进。

在伦理选择中,我们要分辨善恶。但是什么是善,什么是恶呢?或者如何定义善恶呢?齐克果曾引用苏格拉底的观点,认为"人皆求善"。比如,在他的《心的纯洁是求一事》一书中,几乎在每一章开头都写道:"心灵的纯洁是求一事,而如果是真正的求一事,心灵的纯洁只能是求善。"④但是齐克果认为,我们求善只能在"生存"的意义上去谈,而不能够依赖任何理论框架(比如黑格尔的思辨哲学的框架),因为如果在某一理论框架下谈论善,那么我们谈论善恶的方式就会受到哲学理论体系的限制。如果这个哲学理论体系

---

① [丹麦]基尔克果:《或此或彼》,阎嘉译,华夏出版社2007年版,第839页。
② Kierkegaard, *Either/Or*, Howard V. Hong & Edna H. Hong Princeton University Press, 1987, p. 234.
③ [丹麦]基尔克果:《或此或彼》,阎嘉译,华夏出版社2007年版,第855页。
④ Kierkegaard, *Purity of Heart is to Will One Thing: Spiritual Preparation for the Office of Confession*, trans. with introductory essay by Douglas V. Steere, New York: Harper and Brothers, 1958, p. 33. (作者自译)

站立不住，那么，我们谈论善恶的方式就受到了限制。而在"生存"意义上谈论善，则不受任何理论体系的限制，我们只需作为活生生存在的人，在自己的生存中去选择善。对此，齐克果说，伦理学的人生观应该把其生活建立在实质上属于"应当存在"的基础上……①而且，"伦理学是一个人据以成为他要成为的东西"②。因为只有在"我"个人的生存中，我在面对选择的时候，才会总会选择"善"，"善是因为我意愿，否则它就完全不是善"③，"善就是为了本身的存在，要凭借为了本身的存在来断定，而这就是自由"④。正是在生存的层面上，我们对善的选择才是唯一的，故而也是绝对的，从这个意义上说，绝对地选择"善"就是绝对地选择"我自己"，或者反过来说，"绝对地选择自我"就是绝对地选择善与恶两者。⑤ 可见，选择自我，对自我的完全认识是绝对地选择善的准则和标准，或者说，选择善是建立在对自我的全面认识的基础之上。认识自我的过程就是追求善的过程，这个认识自我的过程被齐克果称为"反思"。

在"反思"中，我要追求的是对作为生存目标的"我自己"的完全认识。但是，"我"可以"完全认识"自己吗？这里的"完全认识"当然包括对我自身各种因素的认识，不但包括好的方面，而且包括坏的方面；不但是"此时此刻"的"好"，而且也是今天、明天甚至永远的"好"：也就是说对于我自身必须有个"普遍的善"的认识。对此，齐克果说："承认善是最高尚的，真的需要极大的伦理学上的勇气，因为人们由此会完全陷入各种普遍范畴之中。"⑥ 这个"普遍范畴"中的"善"，也就是"普遍的善"。在齐克果看来其实就是一种"理想自我"，是作为主体的"我"在"反思"中产生的且作为反思的对象出现的。所以在伦理选择生存模式中的人，追求理想自我是其生存的目标。

"理想自我"（ideal or exemplary）在齐克果看来是在伦理生活中的生存目标，它是完善，是引导人生活的方向，故它应该是完善的，至少在逻辑上或概念层面。但是相对于"现实自我"——在生存上作为主体的我来说，在未

---

① [丹麦]基尔克果：《或此或彼》，阎嘉译，华夏出版社2007年版，第887页。
② [丹麦]基尔克果：《或此或彼》，阎嘉译，华夏出版社2007年版，第887页。
③ [丹麦]基尔克果：《或此或彼》，阎嘉译，华夏出版社2007年版，第886页。
④ [丹麦]基尔克果：《或此或彼》，阎嘉译，华夏出版社2007年版，第887页。
⑤ [丹麦]基尔克果：《或此或彼》，阎嘉译，华夏出版社2007年版，第887页。
⑥ [丹麦]基尔克果：《或此或彼》，阎嘉译，华夏出版社2007年版，第889页。

达到"理想自我"目标的那个"瞬间"之前,"现实自我"都是不完善的。于是"理想自我"和"现实自我"就构成了"悖论",对这一"悖论"的分析,我们认为谢文郁先生在《自由与生存》一书中的分析较为具体而深邃,我们这里引用谢先生的观点,以便更好理解这一"悖论":"从生存的角度看,理想自我是生存的最后目标,是生存的努力方向,因此,它尚未实现,还是不完善的。它的完善性只有在它实现之后才能得到。只要它还没有实现,理想自我在生存上就不是完善的。另一方面,当理想自我在生存被追求而走向现实化时,它就立刻失去它作为理想自我的地位而成为一个现实自我。也就是说,已经实现的'理想自我'就不再是理想自我了,而是一种'现实自我'。所有的'现实自我'都是不完善的。这样看来,理想自我拒绝被现实化,它就无法作为生活的目标。在这两种情况下,理想自我都无法维持。"①以"理想自我"为生存目标,那么"理想自我"实现的过程正是生存目标消失的过程,这就导致了我们生存的困境。于是在伦理选择中生存的人就进入了困境之中。在伦理选择生存模式下生活的人最终的结局仍然是绝望。因为对一个可以无限地选择自己的人来说,他并不是上帝。对此,齐克果说,他的基本错误确实就在于他并没有选择他自己:毫无疑问,他选择了他自己,却外在于他自己;他认为选择完全是抽象的,并没有在自己的具体性中把握住他自己;他没有这样选择自己,以致他在自己身上仍然处于选择之中,用自己来装扮自己;他按照自己的必然性而不是在自由中选择自己;他徒劳地从美学上来进行伦理学的选择。将要出现的真理越有意义,离开正路就越危险,在这里也出现了一条可怕的错误道路。可见,在齐克果看来,人在具体的生存处境中往往会忽略这样一个重要现象,人在不能达到"理想自我"这个原则的时候会带来"罪"感,这种"罪"感源于人自身的"罪性"。而对"罪"的讨论超出了伦理学讨论的范畴,即不能把人自身的罪性纳入伦理选择的问题上来,所以,人进入宗教选择就成了绝对必要。

二 苏格拉底式的与基督教真理教师式的"真理"问题

人在宗教选择中,其关键就是把握至善。至善问题是个真理问题,也是

---

① 谢文郁:《自由与生存:西方思想史上的自由观追踪》,张秀华、王天民译,上海人民出版社2007年版,第243页。

关系到我们生存的最重要问题，因为至善（真理）是我们生存的目标，指引着我们的生存选择。那么，我们如何把握至善（真理）呢？我们通过什么途径才能获得真理呢？在《哲学片断》和《结论性的非科学附言》中齐克果就重点讨论了这个问题。他给出了两种讨论真理的方式，即苏格拉底式的（the Socratic）和基督教真理教师式的。齐克果认为苏格拉底探寻真理的方式是相对悖论，而基督教信仰则是绝对悖论。在下面的篇幅中，我们就立足于"悖论"，尝试解读齐克果对这两种寻求真理方式的论述。

齐克果在《哲学片断》中要解决的一个问题就是我们在生存中如何追求并把握至善（真理）。比如，真理是可以学的吗（can the truth be learned）？齐克果就是从这个问题入手来讨论的。我们知道，"学"是一个主动追求、主动探寻的过程，我们之所以要"学"或探寻真理，是因为我们对真理并不知晓，或者说，我们并不掌握真理。用苏格拉底的话来说，我们是"无知"的，所以我们需要学习。众所周知，苏格拉底承认自己无知，但根据德尔斐神庙传下的神谕说，没有人比苏格拉底更有智慧。于是自知没有智慧的苏格拉底为了验证神谕，开始考查被人们称作有智慧人的智慧，最终他领悟到：别人没有智慧却自以为有智慧，而他却承认自己没有智慧，这正是他比别人更有智慧的原因所在。所以，承认自己无知，这正是苏格拉底的智慧所在。苏格拉底式的"无知"，不是矫揉造作或大智若愚的态度，而是一种发自内心的真诚的态度。承认自己无知，使得苏格拉底在与别人的对话中，只提出问题，却不回答这些问题，从而把学习变成了一个不断探索新知识的过程。齐克果发现，在苏格拉底自知无知而与他人对话的过程中，他实际上预设了一个前提，真理作为认识对象有待于我们主动地追求学习并把握。而这个主动学习的过程需要的就是"回忆"，这样，对于无知的人来说，我们只需要去提醒他让他回忆起他所知道的真理知识就行了。从这个意义上说，真理就不再是灌输给他的，而是他自身就拥有的（the truth is not introduced into him but was in him）。苏格拉底预设了真理的存在，并且认为真理是可以通过"回忆"（recollecting）来把握的。但齐克果对此发出疑问，"就真理是要去学习的而言，它应当是什么当然就无从去假定"[①]，

[①] Johannes Climacus, *Philosophical Fragment* by Soren Kierkegaard edited and translated with introduction and notes, by Howard V. Hong and Edna H. Hong, Princeton University Press, Princeton, New Jersey, 1985, p.10.

也就是说，既然苏格拉底自知自己无知，那么，他如何能够预设真理是存在的这个前提呢？或者说，如果我们对真理是无知的，那么我们就无法赋义真理，甚至连真理是否存在这个问题我们都没有发言权，那么我们如何能够保证我们对真理的追求就一定会指向真理呢？① 此外，苏格拉底是通过与人"对话"的方法来"回忆"真理，这种对话被他比作他母亲所掌握的"助产术"：他在与人对话时对问题并不作正面回答，正如助产士的任务是帮助产妇生育，她自己并不生育一样；对话者对自己既有成见的否定好比是产前的阵痛，这是每一个获得真理的人必经的途径；对话的结果是对话者在自己内心中发现真理正如产妇从自己体内产生新的生命一样。但齐克果却认为，苏格拉底的"助产术"，其意义并不在于他对问题"不作正面回答"，而是因为他领悟到了"一个人跟他人所可能有的最高关系"②（the highest relation a human being can have to another）。在这种关系中，一个人所要去做的就是去了解自己，并"始终不卑不亢地去了解他跟这个世界中每个个体的人（single individual）的关系"③，"助产术"的宗旨就是力求引导个人返回自身，"认识你自己"。在苏格拉底的观点中，每个人自身都是一个中心点（midpoint），整个世界都集中在他身上，因此，对自我的知识就是对上帝的知识（self-knowledge is God-knowledge）。而真理作为内在于个人或个人所固有的知识，需要的仅仅是一位与个人有关的他者，比如一位教师——无论这位教师是苏格拉底，还是普罗迪库抑或是一位女仆——只要这位教师可以成为一位启示者（或者称为机缘an occasion）可以把真理教给我，使我可以"回忆"起我自身所固有的真理，那么我就可以获得真理并把握住它了。苏格拉底认为自己的这个思路"即使到了地狱，也要坚持的"，其思想的关键点就是"被问问题的人是拥有真理且可以靠自己获得真理的"（the person asked must himself possess the truth and ac-

---

① 对本部分更详细地解读请参阅谢文郁《自由与生存：西方思想史上的自由观追踪》导言和第五章，张秀华、王天民译，上海人民出版社2007年版。
② Johannes Climacus, *Philosophical Fragment*, by Soren Kierkegaard, edited and translated with introduction and notes by Howard V. Hong and Edna H. Hong, Princeton University Press, Princeton, New Jersey, 1985, p.10.
③ Johannes Climacus, *Philosophical Fragment*, by Soren Kierkegaard, edited and translated with introduction and notes by Howard V. Hong and Edna H. Hong, Princeton University Press, Princeton, New Jersey, 1985, p.10.

quire it by himself)。① 但是齐克果指出，既然苏格拉底作为最有智慧的人都是无知的，那么其他个体的人必然也是无知的，就是说，既然人对真理无知，那么不但自我是无知的，与我有关系的其他人对真理也是无知的，在人群中，我们根本没法找到一个拥有真理的人能够将真理"教"给我。所以我们是生活在没有真理的世界中的，或者说就是生活在谬误之中。于是苏格拉底就陷入了一个生存悖论（Paradox）：生活在谬误中的人，却偏偏要追求真理。为了更详细说明这个悖论，齐克果使用了"瞬间"（moment 亦可译为时刻、瞬刻）这个概念。在这个"瞬间"中，我发现自己已经知道了来自永恒的真理，但是却对它毫无所知，而在同时，这个瞬间又隐藏在永恒之中（I have known the truth from eternity without knowing it, in the same instant that moment is hidden in the eternal）。② 这就是一个悖论。这个"瞬间"在人的生存中具有"决定性"的意义，因为原先并不存在的永恒正是在这个"瞬间"形成的。这个点就成为永恒中一个决定性的点，与它相比，时间中的起点就根本不能算是一回事了（the temporal point of departure is a nothing）。

那么，苏格拉底寻求真理的思路为什么会陷入困境呢？问题出在哪里呢？齐克果指出，问题的关键就在于苏格拉底的预设，即每个人原本就拥有真理。如果我们每个人原本内在地拥有真理，那么，在某个决定性的"瞬间"出现之前，真理的寻求者必定还不拥有真理，即他对真理全然无知，他甚至根本不配称为一个真理的寻求者（因为真理寻求者必须知道真理的存在或真理的指向）。那么，他最多只能被称作"处在真理之外"（being outside the truth）或者是处在谬误（untruth）中。处在真理之外或者处在没有真理的谬误之中的我们怎么能回忆起真理呢？我们跟真理根本没有任何关系，怎么能回忆起自己并不知道的真理呢？因此苏格拉底的预设错误，我们只能说从人的先在状态来看，我们不可能内在地拥有真理。

---

① Johannes Climacus, *Philosophical Fragment*, by Soren Kierkegaard, edited and translated with introduction and notes by Howard V. Hong and Edna H. Hong, Princeton University Press, Princeton, New Jersey, 1985, p. 10.

② Johannes Climacus, *Philosophical Fragment*, by Soren Kierkegaard, edited and translated with introduction and Notes by Howard V. Hong and Edna H. Hong, Princeton University Press, Princeton, New Jersey, 1985, p. 11.

既然我们没有真理，那么与我们有关系的人，比如教师也不可能帮助我们回忆起真理来。无论教师是谁，即使他是一位神，他都仅仅是一个机缘（occasion）或者外在的力量，而只有我自己才能发现我自身是没有真理的。那么我没有真理，教师就完全没有办法让我"回忆"起真理，唯一可行的办法就是教师把"真理"教给我、带给我。我作为真理的学习者或接受者而存在，对真理全然无知。而教师作为一个真理的拥有者，把他所知道的真理的知识带给我、传授给我。但这还不够，这位教师必须提供给我这个学生能理解真理的条件。如果按照苏格拉底的想法，倘若学生本人是理解真理的条件，那么我们只需让他回忆就行了。但学生本人并不是条件，或者说学生是缺乏理解真理的条件的。于是作为真理的教师，不仅要传授给学生真理，更要提供学生理解真理的条件，而这个条件又是相当重要的，最终来说，教师对学生"所有的指导都依赖这个条件的存在（All instruction depends upon the presence of the condition）"①。但是，现在这个学习真理的学生是缺乏条件的，那么，教师在施教之前，就必须改变（transform）学生，而不是仅仅使他改善（reform）。一个人如何能够使他人改变（transform）呢？除非这个人是上帝。因为只有上帝有能力造人，并赋予他理解真理的条件。根据齐克果"瞬间具有决定意义"的说法，学生必须是缺乏条件结果又被夺去了这个条件的，这不可能是因为上帝的夺取使他缺乏这个条件——上帝不可能赋予他条件又夺去他这个条件——这是个矛盾，所以失去这个条件的原因是出于人自身。而且这个条件也不是偶然失去或被夺取的，因为认识真理的条件必须是一种本质的条件，而不是偶然性。所以，学生失去了条件或者说正丧失了条件，是由于学生本人的过错。学生本人的过错丧失了认识真理的条件从而使自己处于谬误之中，这种状态被称为"罪"。而上帝本身是教师，起到了机缘的作用，上帝提醒学生他自身没有真理，且没有真理的原因是学生自身的错误。于是作为教师的上帝既赋予学生条件，又给予学生真理，从而使学生可以理解真理，认识真理并把握真理。这位作为教师的上帝就被称为拯救者。显然，在齐克果看来，要打破苏格拉底的生存悖论即人在谬误（罪的状态）中要追

---

① Johannes Climacus, *Philosophical Fragment* by Soren Kierkegaard, edited and translated with introduction and notes by Howard V. Hong and Edna H. Hong, Princeton University Press, Princeton, New Jersey, 1985, p. 14.

求真理，必须是真理自身（如果有真理的话）把真理启示给人。而这正是基督教对耶稣作为真理（"我就是道路、真理和生命"）的信仰称为"拯救"的原因。对齐克果这条思路，我们称为"恩典真理论"[①]。显然，恩典真理论强调的是人在罪中不可能主动追求真理，而必须在被动中接受真理的启示。这与苏格拉底的思路恰恰是相反的。这样，学生接受真理启示的那个瞬间虽然是短暂的、奄忽即逝的，但却是决定性的，是充满永恒的。对这个瞬间齐克果引用《圣经·加拉太书4：4》经文将其称为"时候满足"（the fullness of time）。人在这个瞬间接受了真理和条件，从此变成一个新人，在这个瞬间接受条件的结果就是他人生的巨大改变，这种改变就是"归信"（conversion）。一个人在"归信"这个瞬间之前处于没有真理的谬误状态，而在这个瞬间接受了条件同时接受了真理，其内心发生了一种从"无"（not to be）到"有"（to be）的变化，由此这个"瞬间"就成了决定性意义的瞬间，用齐克果自己的话来说，这是因为："在这个瞬间，一个人意识到他自己被生下来，因为在这个瞬间之前他不喜欢其实所处的'无'的状态；而在这一瞬间，他意识到自己已经重生，因为自己在这之前的状态其实就是'无'的状态。要是在这之前，他已经处在'有'的状态，那么瞬间无论在何种情形下都不可能对他产生决定性的意义。"[②] 简单来说，这个瞬间使得真理学习者由原本所处的谬误状态进入真理状态，因而在他的生存上是具有决定性意义的。齐克果认为，这个"瞬间"就是他所有激情所集中的所在，与苏格拉底这个古希腊人将其激情集中在"回忆"上形成了鲜明的对比。

我们来小结一下齐克果以上的论证：齐克果从这个具有决定性的"瞬间"出发来分析真理与谬误（truth and untruth）。这个"瞬间"是一个分水岭或者是一个标志。在这个"瞬间"发生之前，学生由于自己的过错（"罪"）处于没有真理的状态，或者说处在谬误之中，于是我们需要真理的引导，使我们可以摆脱谬误；但是由于我们自己的过错，我们一直生活在"罪"中，是

---

① 谢文郁：《恩典真理论——从〈约翰福音〉看希腊哲学和希伯来文化的真理问题》，《哲学门》2007年第1期。

② Johannes Climacus, *Philosophical Fragment*, by Soren Kierkegaard, edited and translated with introduction and notes by Howard V. Hong an Edna H. Hong, Princeton University Press, Princeton, New Jersey, 1985, p 21.

与真理无缘的。于是我们的生存就出现了一个悖论：在非真理中的我们不知道什么是真理，与真理绝缘，但却需要且必须得到真理。如何打破这一生存悖论呢？或者说处在谬误中的我们如何把握真理呢？我们需要一个"瞬间"，在这个"瞬间"，真理（不是我们内在固有的，而是外在于我们的）必须来到我们中间，将真理启示给我们。于是在这个"瞬间"发生之后，我们接受了真理，认识了真理，与真理产生了关系。

但是上帝作为真理教师走向真理学生，真理学生由谬误走向真理的这个"瞬间"，却是一个"绝对悖论"。所以，齐克果认为当个体的人用自己的理性激情来思考"思想无法思考的"且超越于他自身的东西时，悖论就产生了。而这个东西就是未知物，被称为"上帝"。[1] 人的理性与未知物（上帝）之间的关系，齐克果认为这是一个"绝对悖论"。一方面，人的理性没有必要去论证这种"未知物"的存在。"上帝"只是我们对"未知者"赋义的一个名称，假如"上帝"不存在，我们就不可能去论证它，而假如他存在，那么在论证开始的那个"瞬间"，我们就已经预设了他的存在不是确定的，如果一个预设的东西被假定为不确定的，这就与我们预先假定它是确定的形成了矛盾。简单来说，理性要论证关于上帝的命题，总得从一开始就预先假定"上帝存在"，并且以这个假定为前提去着手论证。另一方面，无论在经验界还是在思想界，我们都必须从存在出发去论证，而最终都论证不了存在。比如，我论证不了一块石头存在，而只能论证存在的某物是块石头。[2] 上帝不是一个名称，而是一个概念，他的本质就包含着存在，所以不可能被论证。

齐克果说，上帝的存在需要的是我们的激情在"瞬间的飞跃"，而不需要理性的论证。对于理性的论证来说，只要我们抓住论证不放，那么，存在就不会显现，而一旦我们"放开"（let go of it）论证，那么它就存在了。"放开"是个"瞬间"的动作，无论这个"瞬间"有多么短暂，它都是一种飞跃（leap），而这种飞跃意味着不再拘泥于人的理性论证，而是一种非理性的信心的飞跃，

---

[1] Johannes Climacus, *Philosophical Fragment* by Soren Kierkegaard, edited and translated with introduction and notes by Howard V. Hong an Edna H. Hong, Princeton University Press, Princeton, New Jersey, 1985, p38.

[2] Johannes Climacus, *Philosophical Fragment* by Soren Kierkegaard, edited and translated with introduction and notes by Howard V. Hong an Edna H. Hong, Princeton University Press, Princeton, New Jersey, 1985, p 40.

而这个"飞跃"在齐克果看来是一种"悖论的激情",或者用我们的话来说,这个"飞跃"是需要用情感来赋义和理解的。正如齐克果所说,在我们的理性中我们理解(或认识)的悖论的激情不断地跟"上帝"这个未知物相冲突,这个未知物一定存在,但是却不为我们所知道,以至于我们说它甚至是不存在的。我们说它是未知的,因为我们不知道,即使我们知道了,我们也不能用语言来表达它,而这一切都不能满足我们内心中的激情,即使我们把这个"未知物"理解为一种新的领域(frontier),这个新的领域仍然受激情的推动,且是激情的诱发因(incentive)。也就说,在齐克果看来,无论这个"未知物"是什么,我们需要的都是要靠"激情"对其赋义和理解,而不能靠我们理性的论证和语言的表达。这里我们又仿佛看到了施莱尔马赫关于"宗教的本质是情感"叙述的翻版。

三 "上帝":客观证明还是主观赋义?

我们在上节讨论了苏格拉底"主动求善"寻求真理的方式和基督教通过真理教师的到来接受真理的方式,很明显,前者强调人的主动追求,而后者强调上帝的拯救。在《结论性的非科学附言》中,齐克果将这两种方式称为宗教 A 和宗教 B,并且由此得出了"主体性是真理"和"主体性不是真理"两个结论。这两个结论明显的是反对黑格尔的客观思辨方法的,就是说真理的寻求不是靠理性客观的研究建立体系,而是要从人的生存出发靠主体性的激情去赋义和把握。这是齐克果和黑格尔的截然不同之处。这里,我们发现了施莱尔马赫和齐克果思想的共同性,即主张对上帝要"情感赋义"。正是承继施莱尔马赫的"情感主义"思想,齐克果才从生存角度提出,上帝问题是个生存问题,对此我们只能走"情感赋义"的道路。我们就此转向《结论性的非科学附言》中看他如何讨论这两点。

齐克果将人在生存中的宗教选择分为宗教 A 和宗教 B。宗教 A 有不同的称谓,如一般宗教、悲怆(the pathos-filled)的宗教或内在宗教;而宗教 B 则称为辩证宗教或悖论宗教。宗教 A 的特点在于其"内向性"(inwardness),即对真理要自我追求,它包括除基督教以外的所有宗教;而宗教 B 的特点在于真理本身将自己启示给人,人是在拯救中完成对"上帝"的赋义,宗教 B 专指基督教。这两种宗教生存的区别,在于人谈论上帝的出发点不同:如果从主体性的辩证的内在性出发来谈论生存的个体的人与上帝之间的关系，那么人就处于宗教 A 的生存选择中；如果从人与上帝之间悖论的关系出发，那么，人就处在宗教 B 的生存选择中。具体来说，齐克果认为，如果从这种宗教 A 的视域来看其所理解的上帝观念，那么这种上帝观念的前提乃在于：存在着一种能够为人所知的关于上帝的自然知识，这种知识是以人的意识中普遍共同的或"内在"的东西为前提。人对上帝的认识乃基于人类所积累的这种普遍知识的。这就是为什么齐克果总把这种宗教归为"内在宗教"的原因。而从宗教 B 的观点来理解上帝观念，则我们必须认识到，我们不可能拥有关于上帝的自然知识，我们对上帝的认识只能是接受上帝的拯救。

我们比较宗教 A 和宗教 B 的生存方式，发现它们有很多区别。比如，在苏格拉底式的内在宗教 A 中，永恒真理预设在人的主体之内，那么，即使我们自己对真理一无所知，但是我们已经拥有了真理。所以，从这个意义上说，苏格拉底提倡的"认识自己"其实就是认识真理（上帝）的过程。在这样的预设下，人和上帝就没有什么区别了，即使有区别也只是暂时的或偶然的，因为"人在上帝已经拥有了永恒（上帝）"[①]。人通过自己的努力追求（比如回忆），就可以一步步了解真理，走近上帝，从而一步步消除上帝和人的区别，当我们有一天回忆起了真理，我们就和上帝同在，进入永恒幸福之中。然而，这种思路具有一个矛盾。正如齐克果所指出的，因为我们人生活在时间中，只能在一定的时间中去理解真理的永恒性，而要了解永恒性，我们又必须超出时间的限制，跳到时间之外去了解。所以这是一个内在的矛盾，而这个矛盾深深扎根于宗教 A 中。

宗教 B 则要求人抛弃宗教 A 的真理预设，承认我们处于非真理的状态，但却盼望能从上帝那里得到真理和永恒幸福。但要做到这一点，就必须清楚认识到上帝和人之间具有绝对性的、质的区别。在宗教 B 中，人和上帝的关系是一种相互赋义的关系。人和上帝的区别是绝对的：当我们赋义"上帝"的时候，是把人所不能的或缺乏的都归为上帝的属性，比如我们说上帝是创造主、无限者、永恒真理的时候，实际上是承认我们是被造物、有限者和易

[①] 谢文郁：《自由与生存：西方思想史上的自由观追踪》，张秀华、王天民译，上海人民出版社 2007 年版，第 254 页。

逝的。而当上帝"道成肉身"进入个人的生存时,我们就无法理解这个"绝对的悖论",因为它远远超出了我们的理性。比如说,上帝是永恒的,他却进入了在时间中的"人"的生存中,永恒进入时间,这实在是个"绝对的悖论";再比如,我们说耶稣既是上帝的独生子(上帝本身),又是道成肉身实实在在的人,耶稣既是上帝又是人,这也是个"绝对的悖论"。简单而言,基督教信仰就是个"绝对的悖论"。但是齐克果指出,在宗教 B 中生存的人恰恰需要信仰这个"绝对的悖论",因为"一个人根本不可能'认识'基督。他是一个悖论,信仰的对象,只为信仰而存在"①,所以,宗教 B 的生存永远是一个悖论式的生存。而在这种悖论式宗教中生存的人,由于对上帝(真理)是无知的,因而对于上帝和人之间的这种绝对的区别也是无知的,人无法赋义"上帝",而只能接受作为真理教师的上帝的亲身教诲。所以,基督教信仰中的"绝对悖论"就在于"人与上帝之间无限的深渊一般质的差异",而且"对绝对悖论的唯一可能的理解就是它不能被理解"(the only possible understanding of the absolute paradox is that it cannot be understood)。②

如果我们不能靠理性去赋义这种"绝对悖论",那么我们靠什么呢?靠激情。作为信仰的主体——个体的人,该如何理解或赋义"真理"呢?以宗教 B 为例,既然我们在基督教信仰中,相信作为真理教师的上帝将真理带给了我们,那么,我们靠什么去赋义"真理"呢?是靠客观科学的论证,还是主观的情感呢?齐克果给出的答案是:主观性的激情。他明确指出,对于基督教这个"绝对的悖论",我们绝对不能够客观科学地来掌握,而要用我们的激情去赋义,也就说,基督教作为真理性的信仰所能带给我们的是主体性中内向性的激情的刺激,我们需要在这种激情的驱动中去赋义这个"绝对的悖论"。这也是我们"情感赋义"的核心所在。这里我们发现,施莱尔马赫、奥托和齐克果一致提出,对于宗教问题,尤其是上帝问题,我们不能走理性的道路,而只能走情感的道路。归根到底,是因为宗教是生存问题,涉及了人

---

① Johannes Climacus, *Philosophical Fragment by Soren Kierkegaard*, edited and translated with introduction and notes by Howard V. Hong an Edna H. Hong Princeton University Press, Princeton, New Jersey, 1985, p 26. 引文由作者自译。

② Kierkegarrd, S., *Concluding Unscientific Postscript to Philosophical Fragment*, edited and translated with introduction and notes by Howard V. Hong and Edna H. Hong, Princeton University Press 1992, p 218.

的情感，故需要从情感上去赋义。需要说明的是，我们使用"赋义"这个概念，也正是基于齐克果的"生存"概念，也就是说，只要属于个体的人生存层面的，就是实在的。而在宗教 B 的生存中，由于上帝的拯救，使得个体的人跟真理联系在了一起，并且成为真理的接受者，那么，他内心中的这种激情就是在这种悖论式的生存中被唤起的，是一种实实在在的情感。受这种情感的推动，我们完成了对"上帝"概念的赋义。

这两种真理观都强调了个体的人的"主体性"，都依靠内向性的"激情"。这跟黑格尔的思辨哲学思路形成了截然相反的对比。齐克果提出，把宗教信仰建立在客观证据或理性的基础之上是从根本上的误导，使人不在信仰上得以成长而转移一个人的精力，这是无用的甚至是有害的。他还提出了主体性（subjectivity）理论的思想，认为主体性才是信仰"真正的家园（authentic home）"，也就是说，有神论或者基督教信仰不能建立在直接证据的基础上，因为这些证据是客观的，而客观的直接证据的确定性是一种宗教的冒险，只会使宗教信仰成为枯燥的如数学公式一样的东西。真正的信仰是人类内心中最深的满足感（deepest human fulfilment），这也是一种"激情"，只有这种激情的推动才能使人类信仰达到情感的最高峰。我们的基督教信仰只有在激情中才能完成对"上帝"的理解和赋义，或者说"上帝"这个词不是凭借我们客观的"经验指称"，而是凭借我们主体性的"激情"才能对其意义有所把握，即完成赋义的过程。如何理解齐克果的"情感赋义"呢？

仔细研读《结论性的非科学附言》一书，我们会发现齐克果反复强调的并不是基督教的真理问题，而是个人与基督教的关系，因为他认为人与上帝的私人性关系是人（尤其是基督徒）的生存中的关键和根本，或者说这是关系到我作为个体的人的"永恒的幸福"或"至高的善"的问题。所以，在基督徒的生存关注中，如何才能与基督教建立起一种合适的关系是十分重要的。

但是，齐克果反对把这种关系建立在客观证据的基础之上。因为基督教从来不是以客观的方式来详细解释的，即基督教根本不是以客观方式产生的。关于基督教真理的客观问题，齐克果论述说，一般观点认为，从客观的观点来说，基督教是一个历史事实，其真理必须以绝对客观的方式来考虑，但这种建立在客观意义基础上的"真理"可能有两种，或者是"历史真理（historical truth）"或者是"哲学真理（philosophical truth）"。如果是历史真理，那么基督教真理必须通过对不同的历史资料的批判性检验来判定；而如果是哲学真理，那么在历史上多次改变与修订的基督教教义必须与永恒的真理相联系。如果从历史的观点来研究基督教，那么在历史文献中，找到令人信服的基督教教义就变得十分重要。但是，在历史事件中最大的确定性仍然只是接近关系（approximation）。就是说人们对历史事件的了解不能达到绝对的确定性，而只能是"接近"事实而已。如果一个人把永恒幸福建立在接近关系之上，那么，这种关系就太脆弱了。比如，关于基督教的历史真理的研究，一般要强调其中心文献——《圣经》的研究。但是，如果我们把《圣经》当作最终的裁决者，则我们必须通过批判性的历史研究来保证《圣经》的可靠性。所以我们要必须保证《圣经》中每一部书的正典性和真实性，同时我们还必须假定基督教有一个教义性的保证，即默示。但是对《圣经》历史文献的研究是无法科学而客观地确定圣经中的每个字都是圣灵默示的，比如，如果有一个词是有问题的，就会产生不确定性。所以通过对圣经文献批判性的学术研究来直接获得《圣经》"默示"的确定性，是一条错误的道路。因为基督徒对《圣经》"默示"的信仰是通过个人主体性的激情来进入人的生存。齐克果认为，信仰需要激情，而不需要客观科学的学术研究或者历史和哲学的证据。所以齐克果说："带走激情，信仰就会消失。"[1] 他认为，证据的确定性和主体性的激情是不可融合的。齐克果用一个类比阐明了这一点，他说，相信上帝存在且维护着这个世界的人会发现，在一个不完美的世界时刻保持着激情并保持着他的信仰（而不是幻想）要比在一个绝对完善的世界更容易些，因为在一个理想的世界中信仰是不可想象的。

信仰需要激情，而不需要证据，甚至把证据和证明看作敌人。而当信仰在下降或绊跌时，随着激情的逐渐减退，信仰就不再是信仰，而这时为了获得不信者的尊重，证据就成为必需的。也就是说，当信仰的主体被客观地看待时，对一个人来说，当他自己与激情的信仰决定相联系时，主体性就变得不可能，而且不用关注激情。齐克果高度重视激情的作用，认为激情是生存的个体在生存中的最高点。而这个生存中的最高点也就是主体内在性的最高

---

[1] Kierkegarrd, S., *Concluding Unscientific Postscript to Philosophical Fragment*, edited and translated with introduction and notes by Howard V. Hong and Edna H. Hong, Princeton University Press 1992, p. 220.

点。需要说明的是，齐克果特别重视在"生存"中去关注人的信仰，关注一切所谓的知识。他说，所有重要的知识都关注生存，或者只有与生存相连的知识才是重要的，这也就意味着，所有的知识都必须与知识者（knower）本身相连，而这个知识者在本质上也是生存的个体，所以所有的本质上的知识都是与生存、与存在的事物相连。

这里涉及了齐克果思想的核心，即探求真理是以客观方式还是以主观方式，所以我们还需费些笔墨来仔细分析这个问题。上面我们已经叙述过齐克果关于客观方式和主观方式的区别，我们发现，客观寻求真理的方式，其重点强调的是"什么（WHAT）"，也就是真理的内容，是指向作为客体的真理的对象、内容等；而主观寻求真理的方式则强调"怎样（HOW）"，也就是我们寻求真理的方式、过程或者态度、情感等。在我们对上帝（真理）的认识过程中，我们寻求上帝的方式或情感（HOW）要优先于对上帝即真理内容（WHAT）的理解。在齐克果主体性即真理的思想中，决定性的因素是"怎样"，即对上帝（真理）的激情，而不是它的内容。所以他思想的核心点就是"怎样"在其最大程度上对上帝（真理）的激情，而激情是主体性的，故真理是主体性的激情。这一点尤其体现在基督教信仰中。齐克果说："基督教是精神；精神是内在性；内在性是主观性；主观性本质上是激情，在其最大程度上是对永恒幸福的一种无限的和个体关切的激情。"[1] 总之，齐克果认为，基督教真理不是客观思辨的，而是主观生存的。他认为我们可以对超越真理作出宣称，但它们却是不可证明的。相反，我们必须用激情和委身来冒险作出这些宣称，但是我们也必须认识到它们可能是错误的。对此，我们不禁要问，齐克果所说的，仅凭主观的激情是否就可以获得真理呢？我们该如何理解齐克果的"激情"呢？在齐克果看来，激情是主观性的最高表现，是生存之极点，它不是通常意义上的一种纯粹激烈的情绪，而是作为生存的个人生存的源泉，赋予个体的人生存的动力。总之，齐克果主张的"激情"正在我们的"情感赋义"的思路之上，也就是我们对上帝的认识和言说只能从我们主体内心中的激情方面去理解和赋义，而不能从客观的证据之上去指称上帝。

---

[1] Kierkegarrd, S., *Concluding Unscientific Postscript to Philosophical Fragment*, edited and translated with introduction and notes by Howard V. Hong and Edna H. Hong Princeton University Press 1992, p. 130.

主体性的内在性是真理，那么我们也可以从相反的原则来进一步论证：即主体性是非真理，是谬误。如果从苏格拉底的原则来看，如果个体拒绝承认主体性是真理而想要客观地来理解真理，那么，主观性就成了非真理。但无论我们认为主体性是真理还是非真理，我们都必须向后退、向内转，即转回到我们主体的内在中去。因为苏格拉底认为我们的内心深处存在着对真理的记忆，我们回归真理的过程是通过"回忆"来完成的。而基督教则从一个与苏格拉底完全相反的角度来理解非真理。基督教把个体的非真理状态称为"罪"。齐克果认为罪是基督教的本质范畴。如果我们从主体性是非真理来出发，则一个人必须通过进入生存而成为一个罪人，即他并不是出生即罪人，也不是出生前就已经是罪人；而是他在罪中出生，是个罪人，这种状态就是"原罪"。由于罪的作用，使得我们在生存中其实是与真理"绝缘"的，即我们不能把握真理，或者说我们处于非真理的状态。所以，苏格拉底想通过"回忆"来超越生存从而获得真理，但是由于他自身的"罪"，真理的大门实际上已经对他关闭了，从而使他无法把握真理。另一方面，我们也可以通过"悖论"来理解。当永恒的真理与生存的个人之间产生联系时，悖论就形成了。我们可以这样理解这个"悖论"：我们追求的真理是永恒的真理，既为"永恒"，也就是超越时间的，或者是不在时间范畴之内的；而我们作为生存的个人则必须在时间中生存，而我们的生存相对于"永恒"来说，是短暂的；作为在短暂时间内生存的个人要追求超越时间的永恒的真理，这是一种"悖论"。正如齐克果所说，当我们在真理本身将永恒与暂时性的生存相联系时，真理就变成了悖论。人在时间中生存，而永恒真理是他要追求的目标，这就产生了信仰。但是当我们的主体被罪阻挡，通过回忆向内观看要返回到永恒中去时，他现在和过去的生存，并不能使他得到永恒的真理，所以个体主体性并不能给予我们真理，主体性是非真理。

既然主体性是非真理，也就是说，真理并不在我们自身内部，即我们处在非真理中。那么我们要获得真理——还有一条道路，就是永恒的真理进入我们短暂的生存中。这在历史上通过耶稣的降生已经成为基督教的信仰。所以，齐克果认为基督教信仰是"绝对"的悖论，但我们却恰恰需要把握这个"绝对的悖论"，尽管它看起来极其荒谬。因为基督教宣称的正是永恒真理（耶稣）进入短暂的人的生存（道成肉身），这个悖论需要的是信仰的内在性，需要用激情去把握和赋义。对此，齐克果叙述道："主体性在激情中积累，基督教是悖论；悖论和激情是最佳搭档，而悖论特别适合于那些处在生存极端（the extremity of existence）的人……生存的个人通过悖论达到生存的极端。"[①] 激情和悖论就像一对恋人，它们之间的小摩擦就像是恋人之间的争吵。对恋人来说，除了彼此之间长期相濡以沫，小摩擦与小争吵从而使得彼此的关系成为更加内在的激情。激情和悖论之间的关系不必通过"思辨"的理解，而是要通过"激情"去赋义和把握。

我们在本节较为详细地解读了齐克果的"悖论"思想，这主要体现在他所论述的人的三种（或四种）生存选择中：在美感选择生存中的"悖论"是人"自由地选择了不自由"；在伦理选择生存中的人，以"理想自我"为生存目标，但却不断迷失了"现实自我"；在宗教 A 生存的人处在"生活在谬误中的，却要追求真理"的悖论中，而在宗教 B 生存中的人则处在"永恒的真理进入短暂的人的生存中"这个绝对的悖论中。对于"悖论"，我们不能靠客观科学的理论或证据，只能靠主体内在性的激情。尤其对于基督教信仰而言，我们对真理和上帝的概念只能在主体内在性的激情中去完成对其的赋义。这就是齐克果的"情感赋义"，也就是他的"悖论的激情"。从这个意义上来说，齐克果对悖论的强调不仅具有丰富的理论内涵，而且也有深刻的现实生存意义。

---

① Kierkegarrd, S., *Concluding Unscientific Postscript to Philosophical Fragment*, edited and translated with introduction and notes, by Howard V. Hong and Edna H. Hong, Princeton University Press 1992, p. 225.

第四章 "上帝"概念的"语言学转向"

20世纪的哲学有个重要的关键词——"语言学转向"。语言问题在这个世纪反复出现，而由于宗教与哲学之间"唇齿相依"的关系，这种对语言的哲学兴趣也深刻影响了人们对宗教语言的理解。

什么是语言学转向？它是怎样产生的？所谓语言学转向，其实用最简单的话来说，就是哲学"另觅新欢"——开始以语言学的对象为自己的研究对象，但哲学对语言的研究在方法、目的和结果等诸多方面都有别于语言学，它仅仅是通过语言分析这条路进入传统哲学的各个领域，如世界、客体、思想、真理、规律、经验、善恶等。[1] 在语言学转向过程中，人们开始集中关注语言与世界的关系、语言的意义等问题，语言俨然不再是传统哲学讨论中所涉及的一个工具性问题，而是成为哲学反思自身传统的一个起点和基础，用我们的术语来说，是人们理解这个世界，对世界赋义的出发点或起点。语言问题成为传统哲学的症结所在，是哲学进一步发展所必须面对的根本问题，用维特根斯坦的经典话语来表达，就是"哲学是一场用我们的语言为手段阻止我们的理智入魔的斗争"[2]。那么，为什么会产生"语言学转向"呢？陈嘉映先生在他的《语言哲学》一书中给出了人们"经常提到"的具体缘由，主要有四点。第一，是新逻辑的发现。第二，是对古典哲学特别是德国古典哲学的厌倦。陈嘉映认为，这前两点结合在一起，令"新逻辑的拥护者发现，借用新的逻辑手段进行语言分析，可以揭示出古典哲学中的很多混乱，批驳过去的很多论证，他们相信，借用这些逻辑手段将能够建立新型的哲学论证和新的哲学"[3]。第三，

---

[1] 赵敦华：《现代西方哲学新编》，北京大学出版社2001年版，第63页。

[2] ［英］维特根斯坦：《哲学研究.2：英汉对照》，蔡远译，九州出版社2007年版，第121页，109节。

[3] 陈嘉映：《语言哲学》，北京大学出版社2006年版，第14页。

反对哲学中的心理主义。如弗雷格和胡塞尔等都反对心理主义。第四，语言科学的建立和进步，这与洪堡、索绪尔、乔姆斯基等人在语言学上的贡献密不可分。陈嘉映最后强调说："概念思辨本来就主要是在语言分析层面上进行的，当概念思辨明确成为哲学的主要工作，语言转向也就自然而然发生了。"[①]陈先生对"语言学转向"[②]产生原因的解释比较全面，但这种解释是从历史的角度或者外围的角度，而非从哲学发展的内在动力方面进行的。我们认为，语言学转向之所以发生，是由于人们更加认识到了语言性质对人们理解事物的重要性。比如，我们知道，根据"经验指称"的思路，对于同一个对象，人们可以给出至少两种或以上的描述，这就是人们的感觉的语言表达。比如，有人可以说"这棵树真高"；而另外一个人可以说"这棵树不高"。对于同一对象，人们的描述可以是不同的甚至是截然相反的。如果根据贝克莱的说法——存在就是被感知，那么也就是说，"这棵树真高"和"这棵树不高"这两句话所描述的实在性是均等的。但这两句话显然是对立的、是矛盾的，所以我们可以得出结论说，实在是矛盾的。但矛盾是怎么产生的？该怎么消除？为此，人们就将关注点转移到了语言上。因为人们对于"树"的感觉是个别的，我们对这棵树进行观察时，每一个瞬间都拥有一个感觉，那么在一个有限的时间里，我们就拥有了无数的个别性感觉。如果我们不对这些感觉进行语言表达，那么所有这些感觉随即都会消失；我们也不会追问这些感觉的实在性问题。因此，引起我们注意的是我们用语言表达出来的感觉，这就是描述。所以，语言分析就是要对这些描述句进行分析，将这些描述句每一成分做具体分析，找出其与世界相对应的意义，由此来分析它们所表达的具体意义，并比较不同描述句之间的语言特征。所以，语言学转向标志着分析哲学的诞生。分析哲学家们非常自信地认为，有意义的哲学活动只是对语言本身进行分析。他们的基本思路就是："把语言中的复合句还原为基本的描述句，并对描述句做语境分析，从而给出描述句的意义（同时排除无意义的描述句）。然后，从这些有意义的描述句出发，依据简单性原则，把这些描述句

[①] 陈嘉映：《语言哲学》，北京大学出版社 2006 年版，第 15 页。
[②] 陈嘉映先生认为 linguistic turn 这个术语比较妥当的翻译应是"语言转向"，而不是"语言学转向"，他是根据阿佩尔的本体论—认识论—语言哲学这三个阶段来判断的。

组成一个整体，从而给出对世界的理解。"① 于是，有一批人沿着这样的思路，认为既然每一描述句都有它的语境（context），那么，如果我们能够明确这个"语境"，则这句话就可以在这种特定语境中被成功赋义，我们就可以通过这句话来理解世界。于是他们致力于创造一套与科学概念体系相适应的理想语言体系。这就产生了著名的逻辑实证主义。所以，如何界定语境是逻辑实证主义首先要考虑的事情。他们的做法是要创造一种理想的语言，作为日常语言的原型，理想语言的特征就是要使语言的意义具有明确性，这跟日常语言中的意义模糊性是相对的。其实，理想语言的做法正是针对日常语言意义的模糊性而产生的。这种建立理想语言的做法在早期维特根斯坦的《逻辑哲学论》中得到了完美的表达。他认为："凡是可以说的东西都可以说得清楚，对于不能谈论的东西必须保持沉默。"② 为此，他致力于建立语言跟世界之间的逻辑结构，这就是他的"逻辑图像论"学说，其实质就是建立一套"理想语言"。但是后期的维特根斯坦放弃了这一想法，继而提出了"语言游戏说"，认为我们追求理想语言的做法不仅是不必要的，而且只是一种"幻觉"，是达不到的。追求理想语言的做法其实就好像是"站在光滑的冰面上，那里没有摩擦，因此在某种意义上说条件是理想的，但是，也正因为如此，我们也就不能行走。我们想要行走，因此我们需要摩擦"③。所以，基于这种考虑，维特根斯坦说："让我们还是回到粗糙的地面上吧！"④

此外，我们还需要特别注意的是，语言学转向带来的一个后果就是人们异常注重命题的真值（truth value）问题。真值这个概念是由弗雷格提出来的。一个命题可能是真的，也可能是假的。一命题为真时，具有真作为真值，为假时，具有假作为真值。比如"苏格拉底是哲学家"这个命题的真值为真，"苏格拉底是个女哲学家"这句话的真值为假。真值理论是弗雷格命题逻辑基本理论的一个部分，是命题逻辑的基础，是主要用来处理命

---

① 谢文郁：《存在论的基本问题》，《世界哲学》2006年第6期。
② ［英］维特根斯坦：《哲学研究.2：英汉对照》，蔡远译，九州出版社2007年版，第107节，第46页。
③ ［英］维特根斯坦：《哲学研究.2：英汉对照》，蔡远译，九州出版社2007年版，第107节，第46页。
④ ［英］维特根斯坦：《哲学研究.2：英汉对照》，蔡远译，九州出版社2007年版，第107节，第46页。

题演算的工具。相对来说，弗雷格的真值理论比较复杂，简言之，其基本思想就是：如果一个命题的真值完全是由其中一个词项决定的，那么，该词项就是该命题的真值函项。比如"金山是存在的"，这个命题中真值函项就是"金山"。复合命题的真值由各个子命题的真值决定，因此，这些子命题可以视作复合命题的真值函项。比如"金山是存在的，银山是不存在的"，"金山存在"和"银山不存在"两个子命题都是复合命题的真值函项，如果其中有一个子命题为假，那么，整个复合命题都是假的。弗雷格的真值理论影响了维特根斯坦早期的真值演算规则。比如，维特根斯坦把弗雷格的真值函项理论运用于哲学还原，认为"命题是基本命题的真值函项"①，所有命题都是基本命题的集合，其真值是由基本命题的真值通过逻辑演算确定的，只有基本命题才与原子事实直接相应，它的真值直接取决于事实的存在或不存在。

哲学界的"语言学转向"进而也引发了宗教领域的"语言学转向"。20世纪初对语言的许多传统用法的怀疑引起了哲学家对语言和宗教的关注，因为语言和宗教的关系一直是深刻而相互渗透的。尽管从近代以来哲学和神学已经学科分离，但二者之间却始终保持着"访问权。"所以鉴于哲学和宗教学、神学反思之间错综复杂的联系，语言学转向在宗教学和神学领域也有很大影响，人们开始关注宗教语言的意义问题，并由此将宗教语言问题推向了争论的"风口浪尖"。宗教语言是否有意义，能否被人们所理解？要回答这个问题，我们需要从语言的意义开始讨论。我们知道，语言的意义研究的是语言与经验世界的关系。语言哲学家们（比如弗雷格）认为语言之所以有意义，是因为其在经验世界所指称的事物确切存在，这种意义观强调句子的真假值。弗雷格说，"一个句子的意谓就是它的真值"②；"我们关心句子部分的意谓（meaning），这说明我们一般也承认并要求句子本身有一个意谓。只要我们认识到句子的某一部分没有意谓，思想对于我们就失去了价值"③。

---

① ［奥］维特根斯坦：《逻辑哲学论》，贺绍甲译，高务印书馆2009年版，第57页。
② ［德］弗雷格：《论涵义与意谓》，载《弗雷格哲学论著选集》，王路译，商务印书馆2006年版，第103页。Bedutung是德语词，英文一般译为meaning，汉语一般译为指称或意谓。本书一般将其译为"赋义"。
③ ［德］弗雷格：《论涵义与意谓》，载《弗雷格哲学论著选集》，王路译，商务印书馆2006年版，第102页。

当一个句子中各部分词均有指称对象时，这个句子就是"真"的；当某个词没有指称对象时，这个句子就是"假"的。换句话说，当一个词没有相对应的对象时，其所在的句子本身也就失去了意义。这种观点对宗教语言的冲击力是不言而喻的。因为宗教语言所谈论的"上帝""天使"在经验世界中没有一个实在或者"是者"（being）与之相对应，所以自然都会被认为是无意义的。正如神学家考夫曼所说："如果我们经验中绝对没有什么东西，能够直接等同于'上帝'一词的真正所指，那么这个词具有什么意义呢？"[①] 真正对宗教语言造成致命打击的是逻辑实证主义者所提出的"可证实原则"（或称"实证原则"principle of verifiability），他们企图在封闭的语言体系中，寻得真确的意义理解：一个命题有无意义，取决于能否用经验事实来确认其真假；也就是说，如果可被经验事实检验，该命题就是有意义的，否则便是无意义的、应被清除。维特根斯坦在其前后期哲学思想中始终坚持认为语言既是产生问题的根源，又是解决哲学问题的手段。但是他前后期思想对宗教语言的态度是截然不同的，在《逻辑哲学论》一书中，他用"逻辑图像论"对语言进行"划界"，把宗教语言划归到不可言说的"神秘之域"，认为对其必须"保持沉默"；但在后期的《哲学研究》中，他提出了"语言游戏说"，认为语言是植根于生活形式的，是生活形式的一部分，只有在具体使用中才能被赋义，所以我们对语言的理解和把握应镶嵌于人们日常生活形式中，而宗教语言是人们宗教生活形式中的"语言游戏"，是人们表达宗教情感的方式，对其只能"情感赋义"。在本章之中，鉴于逻辑实证主义和分析哲学的思想对宗教语言的意义冲击力最大，我们就来详细分析他们的宗教语言观。又鉴于逻辑实证主义者众多，我们选定他们之中影响力最大的人物艾耶尔（Ayer）作为代表人物，分析哲学学者我们选定维特根斯坦为代表。故在第一节，我们会全面介绍艾耶尔的观点；在第二节，我们会介绍维特根斯坦前后期对宗教语言的不同态度。我们发现，在艾耶尔的论述中，他反复强调的是形而上学命题（包括神学语言和伦理学命题）无"字面意义"。但没有"字面意义"，我们该如何回答在现实生活中许多宗教语言的确大量存在这个生存事实

[①] ［美］阿尔文·普兰丁格：《基督教信念的知识地位》，邢滔滔等译，北京大学出版社2005年版，第34页。

呢？或者说我们该如何对"上帝"等宗教语言进行"赋义"呢？在维特根斯坦的思想中，"逻辑图像论"和"语言游戏说"又对宗教语言产生怎样的影响呢？

第一节 艾耶尔的"拒斥形而上学"与"情感赋义"

宗教语言究竟有没有意义？或者，宗教语言能否被我们赋义？这是宗教哲学家们在 20 世纪初期面临逻辑实证主义者的挑战时必须回答的问题。这个问题之所以重要，在于它背后隐含的"潜台词"攻击到了宗教语言的"软肋"：人类的语言是否能够有意义地谈论上帝？以艾耶尔为首的逻辑实证主义者对宗教语言的意义问题提出疑问，其撒手锏就是"可证实原则"，即语言的意义要由"经验事实"来验证，宗教语言不符合经验事实，因而没有"字面意义"。艾耶尔理解上帝的思路显然是从我们的感觉经验出发，想象一种超然的全善存在，极尽人类语言将最好的属性归之于他，并用"上帝"来指称——我们在文中称为"经验指称"。经验指称的思路在艾耶尔看来很显然是走不通的，他在最终分析时明确指出，宗教语言是说话者情感的表达，因而具有"情感意义"，这实际上是回归到了"情感赋义"的思路。

一 "拒斥形而上学"

艾耶尔是逻辑实证主义代表人物，《语言、真理与逻辑》一书是他的早期成名之作，其中比较系统地阐述了逻辑实证主义的一些基本理论。在该书中，他对宗教（神学）语言的批判融合在他对形而上学命题的批判中，所以要了解他如何批判宗教语言，我们必须了解他如何批判形而上学命题。

在该书第一章艾耶尔就旗帜鲜明地表明自己在该书中的观点是"拒斥形而上学"。他认为攻击一个形而上学家最好的方法是去探讨他们说出那些形而上学命题的前提是什么。他认为，形而上学家不可能从经验的前提推论出超经验的实在，因为这样"不能正当地推演出任何超验的事物的属性，或者甚至推演出任何超验事物的存在"[①]。而一般意义上形而上学命题的前提恰恰是

[①] ［英］A·J·艾耶尔：《语言、真理与逻辑》，尹大贻译，上海译文出版社 2006 年版，第 2 页。

形而上学家的"感觉证据",或者是形而上学家自己所宣称的是一种"理智直觉的能力",而这种理智直觉的能力可以使他知道那些"用感觉经验所不能知道的事实"①。所以艾耶尔认为形而上学命题的前提是不可靠的。其次,他的论证线索是对构成超验形而上学整个体系的实际陈述的性质——也就是形而上学命题的表现形式进行批判。他说:"我将坚持,没有一个涉及超越一切可能的感觉经验界限的'实在'的陈述能够具有任何字面上的意义"②,由此,他推论出,那些努力描述这样实在的人即形而上学家或宗教学家"都是在制造一些没有意义的话"③。为什么形而上学命题是无意义的话呢?怎样判别呢?艾耶尔认为,我们只需要提出能使我们检验出一个句子是否表达了一个真正事实命题的标准就可以了。这个标准就是他所坚持倡导的"可证实性原则"。艾耶尔对可证实原则做了详细的考察。他认为,首先必须区分实践的可证实性和原则的可证实性。因为有些命题虽然在原则上可证实,但在实践中却由于缺少实际的方法而不可能去完成有关的观察。比如,在月亮的另一面有一些山脉。这个句子在原则上是可证实的,但是在实践中由于人的科技还没发明一种火箭使人可以很轻易地到达并看见月亮的另一面,所以无法通过实际的观察而去判定。但是有一些命题,尤其是形而上学的确定妄命题,比如"'绝对'参加在演化和进展中,但是它本身不可能演化和进展"这个命题甚至在原则上也是不能证实的。因为,我们不能设想有一个观察使我们能明确定"绝对"是否参加在演化和进展中。此外,艾耶尔认为,可证实性这个词项还有"强"意义和"弱"意义之分。如果一个命题的真实性在经验上被确实证实的话,它就是强意义上可证实的;但是如果经验使它成为或然的,它就是在弱意义上被证实的。对"强"意义的证实性,艾耶尔表示反对,因为有些关于规律的普遍命题,如"砒霜是有毒的""一切人都是会死的"这些命题由于其真实性"不可能由任何有限系列的观察来确定地证实"④,而且会引导出"完全不可能作出一个有意义的有关事实的陈述"这个极端的结论,所以不能接受。对于"弱意义"上的可证实性,艾耶尔表示赞同。在他看来,

---

① [英] A·J·艾耶尔:《语言、真理与逻辑》,尹大贻译,上海译文出版社 2006 年版,第 2 页。
② [英] A·J·艾耶尔:《语言、真理与逻辑》,尹大贻译,上海译文出版社 2006 年版,第 2 页。
③ [英] A·J·艾耶尔:《语言、真理与逻辑》,尹大贻译,上海译文出版社 2006 年版,第 2 页。
④ [英] A·J·艾耶尔:《语言、真理与逻辑》,尹大贻译,上海译文出版社 2006 年版,第 8 页。

可证实性的弱意义实际上是一个"会有任何观察与它的真或假的决定相关的吗"问题。"确定的证实"和"相关"其证实性很显然存在着很大的强弱程度之分,这里艾耶尔显然也感受到了人们会对"可证实性原则"本身提出疑问,所以没有把话说死,留了回旋的余地。也正是在这一点上,单纯先生认为应该将艾耶尔的"可证实性原则"称为"柔性原则",即具有"柔性"特征的命题判断。①

"柔性"与"强弱"之说实际上带有很大的随意性和模糊性,为了进一步将观点阐述清楚,艾耶尔又采用了另一种方式进行说明。他把记录一个现实的或可能的观察的命题称为经验命题。这样,"我们可以说,一个真正的事实命题的特征不是它应当等值于一个经验命题,或者等值于任何有限数目的经验命题,而只是一些经验命题可能从这个事实命题与某些其他前提之合取中被演绎出来,而不会单独从那些其他的前提中演绎出来"②。根据这样一个标准,首先要排除的就是认为"感觉经验的世界完全是不真实的"这样一种论断。虽然我们的感官有时候会欺骗我们,但这是因为我们的感觉经验所引起的期望并不总是与我们以后的经验相符合。所以,虽然我们的知觉判断有时被发现是错误的,但是这个事实丝毫也不能说明感觉经验的世界是不实在的。这样根据可证实性的原则,一切具有事实内容的命题都是经验假设;一个经验假设的功能是供给一个经验预见的规则。这就意味着每一个经验假设必须是关于某种现实的或可能的经验的,所以凡是无关于任何经验的陈述都不是经验假设,因为,它就没有事实内容。这一切都是可证实性原则所断定的。根据可证实性原则,在艾耶尔看来,形而上学命题之所以没有意义有两方面原因。一是因为它们没有事实内容,所以不是经验假设;二是它们不是先天命题,不是先天命题则意味着"其确实性要归功于它们是重言式命题"这个事实。③ 因此,我们可以把一个形而上学句子规定为想去表达一个真正命

---

① 单纯:《宗教哲学》,中国社会科学出版社 2003 年版,第 263 页。
② [英] A·J·艾耶尔:《语言、真理与逻辑》,尹大贻译,上海译文出版社 2006 年版,第 8 页。
③ 艾耶尔在本书第四章详细讨论了"先天命题",限于篇幅我们不可能详细介绍他的论证过程。他简单的思路是人们所承认的一些形式逻辑和数学方面的命题之所以被认为是"先天的",仅仅是由于我们在面对这些命题所受到反驳的时候,采取了"使原则不受攻击的方法",即我们预先假设这些原则是真实的,比如,2×5=10,在任何情况下人们都不会认为"十并不总是二乘五的积"。所以在艾耶尔看来先天命题都是重言式命题。

题的句子，但是，事实上，它既不表达一个重言式命题，又不表达一个经验假设。故而"一切的形而上学断定都是无意义的"①。

艾耶尔曾经把命题分为两类：形式（分析）的和经验的。形式命题的有效性是依赖某种符号系统的规则；而经验命题是一些基于事实的或可能的观察陈述，或者是从逻辑中导出的一些假设陈述。② 一个陈述要有意义，就必须是形式陈述（分析陈述）或者是经验陈述；由于形而上学的陈述既不是分析的，也不能为观察所证实，所以应予以"拒斥"。事实上，这个论证过程是有问题的，因而遭到了许多人的反对。比如与他同期的新托马斯主义哲学家科普尔斯顿（Copleston）就认为艾耶尔这种哲学观点的问题就出在它的"预设立场"上，因为艾耶尔认为任何事实论述为了具有某种意义就必须是可以证实的，而且这个"证实"意味着被感觉经验所证实——他的错误就根源于此；即他"预先假定了'所有的实在性都是在感觉经验中被给予的'③ 这个前提，从这个方面讲，他也就预设了"不可能存在形而上学的实在"这样一个命题，这实际上就等于把所有形而上学命题从有意义的命题范围中排除出去了。④ 而艾耶尔坚持认为如果一个人不具备某种感觉经验，那么他就不会理解与这些经验有关的命题，就是说，"一个人的陈述的实际内容是由他的经验决定的，而这种经验内容是真与假的检验者"⑤。科普尔斯顿指出，艾耶尔所谓的"理解"实际上是"先验地"预设了"形而上学命题是无意义的"。他说，把证实标准运用于具体的形而上学命题既不构成形而上学命题无意义的论据，也不构成证实原则真理性的论据。由于形而上学命题不符合某种被假定的、特殊的意义标准，就将其"拒斥"，这显然是无道理的。事实上，在人们的日常语言中，确实存在着大量的不能在原则上证明的命题，但它们仍然是有意义的，尽管它们既可以是真也可以是假。比如下面这句话"核战争将会发生，

---

① [英] A·J·艾耶尔：《语言、真理与逻辑》，尹大贻译，上海译文出版社 2006 年版，第 11 页。
② 胡景钟、张庆熊主编：《关于宗教语言的讨论》，载《西方宗教哲学文选》，尹大贻等译，上海人民出版社 2002 年版，第 544 页。
③ 胡景钟、张庆熊主编：《关于宗教语言的讨论》，载《西方宗教哲学文选》，尹大贻等译，上海人民出版社 2002 年版，第 544 页。
④ 胡景钟、张庆熊主编：《关于宗教语言的讨论》，载《西方宗教哲学文选》，尹大贻等译，上海人民出版社 2002 年版，第 544 页。
⑤ 胡景钟、张庆熊主编：《关于宗教语言的讨论》，载《西方宗教哲学文选》，尹大贻等译，上海人民出版社 2002 年版，第 545 页。

而且它将毁灭整个人类",这个陈述显然是有意义的,但它在经验中却是无法证实的,因为任何人都不可能在"所有人"毁灭后还能幸存。同样,形而上学命题也是如此。科普尔斯顿认为,形而上学必须建立在某种经验的基础之上,但它还必须包含对经验的理智反思。任何直接的感性经验之和都不能揭示出形而上学实在的存在。而且,另一方面,我们不可能对形而上学的实在具有感性经验并不意味着对其不具有"另外一种类型"的经验,比如宗教经验等。

二 形而上学命题需"情感赋义"

我们还是重新回到艾耶尔的思路上来。虽然形而上学命题被批判倒了,但艾耶尔面临的问题是:既然形而上学命题没有意义,那么为什么人们还必须使用它们呢?而且在日常语言中实实在在地存在着许多像"上帝真伟大""上帝是全知的"这样的命题,人们使用起来并没有觉得难以理解啊?面临这种问题,艾耶尔必须给予合理的解释。细读《语言、真理与逻辑》,我们发现艾耶尔反复强调的是形而上学没有"字面意义"。何为"字面意义"?这是说一个事实陈述的真或假在于它是否符合事实,这是我们前面已经叙述过的。但仔细阅读下去,我们从字里行间中发现艾耶尔似乎试图从另一个途径来解释形而上学陈述。这个途径是什么呢?在《语言、逻辑和真理》一书的第一章《拒斥形而上学》中,艾耶尔说过这样一段话:

> 我们用以检验明显的事实陈述的真伪标准就是可证实性的标准。我们认为一个句子对于任何既定的人都是事实上的有意义的,当且仅当他知道如何去证实那个句子所想要表达的那个命题……另一方面,如果那个设想命题具有这样的一个特征,即那个命题的真或假的假定,是与任何涉及他的将来经验的性质的任何假定没有矛盾的,那么,就他来说,那个命题如果不是重言式命题,那就是一个妄命题(pseudo-proposition)。表达那个命题的句子从情感上来说对他可能是有意义的;但是那个句子在字面上是没有意义的。①

---

① [英]A·J·艾耶尔:《语言、真理与逻辑》,尹大贻译,上海译文出版社2006年版,第4页。

从这段话中，我们似乎可以看出，艾耶尔虽然"拒斥形而上学"，但那仅仅是因为形而上学命题在字面上是没有意义的——他却没有否定可以从情感上对形而上学命题进行赋义。虽然艾耶尔并没有详细论证这一点，但是我们从他的话语中总能发现他的这一意图。比如他曾戏谑地把形而上学家比喻为"放错了地方的诗人"。因为形而上学命题虽然根据可证实性原则没有"字面意义"，但是"它们仍然可能用以表达情感，或用以激发情感，并因而服从于伦理学或美学的标准"[①]。所以我们看到在艾耶尔的哲学观点中，他一方面用从经验出发的可证实性原则否定了形而上学命题的"字面意义"，但是另一方面却认为这些命题具有"情感意义"，需要从情感方面去对形而上学命题进行赋义。故此我们可以得出结论说，艾耶尔提出的可证实性原则仅仅适用于表达事实陈述的命题，对"形而上学命题"并不适用。"拒斥形而上学"仅仅是因为它们不具有任何"字面上的意义"，但它们可以从情感角度去理解。

我们还可以从上面提到的艾耶尔和科普尔斯顿的争论中进一步得到艾耶尔的"情感"证据。比如对于形而上学命题，他曾说过，"我也不愿意把经验局限于感觉经验。我完全不会拒绝考虑那种可以称为内省经验或情感的东西——如果你（科普尔斯顿——笔者注）愿意的话，那种可以称为神秘体验的东西"[②]。为此，他曾经做过另一种关于陈述的划分：认知的陈述和情感的陈述。认知的陈述包括分析陈述和经验陈述；情感陈述又称非认知陈述，主要包括形而上学陈述和道德陈述等。根据这种划分，认知陈述当然就是指符合意义标准即可证实性原则的陈述，而形而上学陈述自然就是情感陈述（非认知陈述）。

而且进一步阅读，我们发现艾耶尔不仅对形而上学命题坚持用情感学说进行表达，对于伦理学和神学等命题他同样认为必须用"情感"去理解。他把知识分为两类——关于经验事实问题的知识和关于价值问题的知识。对关于经验事实问题的知识来说，其标准当然必须是坚持经验主义的可证实原则；但是对于伦理学和神学等价值陈述来说，如果仍然把价值陈述说成是用以预示我们感觉过程的假设，则是不恰当的。为解决这一难题，艾耶尔说，"我们

---

① 胡景钟、张庆熊主编：《关于宗教语言的讨论》，载《西方宗教哲学文选》，尹大贻等译，上海人民出版社2002年版，第14页。

② 胡景钟、张庆熊主编：《关于宗教语言的讨论》，载《西方宗教哲学文选》，尹大贻等译，上海人民出版社2002年版，第545页。

的任务就是对'价值判断'作出说明"①。该怎样说明呢？他进一步说到，如果价值陈述是有意义的陈述，那么价值陈述就是一些通常的"科学的"陈述；就它们不是科学的陈述来说，则价值陈述就不是在实际上有意义的陈述，而只是既不真又不假的情感表达。根据他前面的观点我们可以知道，一个价值陈述是否"有意义"，标准在于其是否符合可证实性原则，即"一个句子当且仅当它所表达的命题或者是分析的，或者是经验上可证实的，这个句子才是字面上有意义的"②。对于价值陈述来说，如果它是"科学的"陈述，即可以被经验证实的，那么它就是有意义的；如果不是，那么它在字面上无意义，但是在情感上却可以去理解赋义。对于从情感上去理解价值陈述，在《语言、真理与逻辑》这本书的第六章《伦理学和神学的批判》中，艾耶尔做了进一步的分析。他认为，伦理学和神学使用的语词不仅可以用作表达情感，也可以用来唤起情感，并由于唤起情感而刺激行动。但是我们需要注意的是，情感的表达和对情感的断定是不一样的。比如他举了一个伦理学的句子"偷钱是错误的"，这个句子是一个没有事实意义的句子，就是说，这个句子既不是表达真的命题也不是表达假的命题。它和另一个句子"偷钱!!"一样都是表达出说话者的情感，在道德上对这个行为特别不赞成。对这两个句子我们是不能对其进行断定的。有些主观主义者却对艾耶尔的观点提出了疑问，他们认为伦理陈述实际上就是断定某些情感的存在，但是艾耶尔主张伦理陈述仅仅是情感的表达，"并不必然涉及任何断定"③。艾耶尔承认，情感的表达和对情感作出判断会由于下列事实变得复杂：即断定某人有某种情感，往往伴随着那种情感的表达，并因此而事实上成为那种情感表达的一个因素。④ 即使关于某人具有某种情感的断定，总是涉及那种情感的表达，但一种情感的表达无疑并不总牵涉关于某人具有这种情感的断定。比如，我说"我无聊"这句话的时候可以表现出无聊，但有时候我可以不说我无聊，但却表现出无聊。所以我的话语只是我的情感表达，而别人不能对它进行断定。对宗教陈述来说，情况也一样。宗教语言也是说话者情感的表达，别人也不能对它进行断

---

① [英] A·J·艾耶尔：《语言、真理与逻辑》，尹大贻译，上海译文出版社 2006 年版，第 82 页。
② [英] A·J·艾耶尔：《语言、真理与逻辑》，尹大贻译，上海译文出版社 2006 年版，第 2 页。
③ [英] A·J·艾耶尔：《语言、真理与逻辑》，尹大贻译，上海译文出版社 2006 年版，第 125 页。
④ [英] A·J·艾耶尔：《语言、真理与逻辑》，尹大贻译，上海译文出版社 2006 年版，第 90 页。

定。比如,"上帝真伟大"这句话是形而上学的说法,它只是宗教信仰者情感的一种表达,外人无法对它进行断定——不能判断其是真还是假。所以,根据可证实原则,艾耶尔说:"没有一个想要描写超验上帝的性质的句子能够具有任何字面意义。"[1] 那么,什么情况下,宗教陈述才具有"字面上"的意义呢?或者说,我们什么情况下才能断定一个宗教陈述命题呢?艾耶尔说,"只有当有神论者自称他断定一个超验的上帝存在,就是表达了一个真正命题时,我们才有权利不同意他的断定"[2],或者说,只有当上帝被等同于自然界的客体时,关于上帝的断定才可以被承认是有意义的。举个例子来说,如果打雷就足以确定"上帝发怒了"这一命题是真实的——这既是必要的根据又是充足的根据,那么,"上帝发怒了"与"天打雷了"这两个句子就是等值的。但这里我们还是犯了一个"语法"错误,因为我们认为"上帝"这个词出现于一些句子之中,可以用经验的方法来证实,但实际上,从这个词的用法来说,"上帝"一词是企图说到一个超验的对象。仅仅由于这个名词的存在,就足够助长这样的错觉,即有一个符合这个名词的实在的或无论如何可能的东西。"只有当我们探究上帝的属性是什么时,我们才发现在这种用法上'上帝'不是一个真正的名字。"[3] 所以,艾耶尔对宗教陈述的态度是:宗教陈述没有说出任何东西,它们纯粹是情感的表达,并且因此不能归入真与假的范畴。对于这一点,艾耶尔是相当自信的,甚至直到十年后(1946年)他为自己年轻时的著作《语言、真理与逻辑》重新作序时,仍然坚持说"情感分析从它本身(指伦理学和神学等的价值陈述)来说是有效的"[4]。

在这里,我们很显然看到了休谟思想对艾耶尔的影响。在前文我们已经较为详细地论述过休谟的思想。休谟认为,从经验角度来指称上帝的存在或描述上帝的属性,这条路是走不通的,因为我们只是根据"神人相似论"和"相同的原因产生相同的结果"这两条原则进行经验论基础上的推理,但在这个过程中,我们不能忽视情感的作用。事实上,"理性是情感的奴隶",在论

---

[1] [英] A·J·艾耶尔:《语言、真理与逻辑》,尹大贻译,上海译文出版社2006年版,第97页。
[2] [英] A·J·艾耶尔:《语言、真理与逻辑》,尹大贻译,上海译文出版社2006年版,第98页。
[3] [英] A·J·艾耶尔:《语言、真理与逻辑》,尹大贻译,上海译文出版社2006年版,第98页。
[4] [英] A·J·艾耶尔:《语言、真理与逻辑》,尹大贻译,上海译文出版社2006年版,"序言"第18页。

述宗教问题上，情感往往是我们的出发点，所以，在描述上帝及其本质方面，我们只能走"情感赋义"的路线。而艾耶尔也明显感受到了休谟思想的魅力。他一方面坚持可证实原则，认为所有的命题都必须经过经验的检验，尤其是"可证实原则"的考验；而对形而上学命题和宗教语言而言，这条经验的道路很显然是走不通的。所以，艾耶尔不得不回归到生存的现实，将所有在人的生存中存在的宗教语言和形而上学命题归纳为"情感赋义"——我们只能从情感出发去赋义和理解。艾耶尔的思想直接来自休谟的经验论和情感论，但所不同的是，休谟偏重于对宗教论证的批判，而艾耶尔偏重于对宗教语言"意义"的探索，这就是为什么他反复说宗教语言没有"字面意义"，而只有"情感意义"的原因。

第二节 维特根斯坦：逻辑图像、语言游戏与情感赋义

"哲学是一场用我们的语言为手段阻止我们的理智入魔的斗争。"[①] 维特根斯坦在其前后期哲学思想中始终坚持认为语言既是产生问题的根源，又是解决哲学问题的手段。他的宗教语言观也随着他语言哲学观点的转变分为两个阶段：第一个阶段是他在《逻辑哲学论》中坚持用"逻辑图像"为语言"划界"，把宗教语言划归到"神秘之域"中，认为它们是"不可言说的东西"，必须对其"保持沉默"；第二个阶段是他在后期著作《哲学研究》中提出"语言游戏说"，把宗教语言重新拉回到"粗糙的地面"，看作基于宗教生活形式的一种"语言游戏"，认为对宗教语言要从宗教情感上去赋义。本节我们尝试对维特根斯坦前后期哲学及宗教思想有关著作进行梳理和解读，并较为详细地论述他的宗教语言观的转变过程，指出他的这一转变与他的哲学观点和宗教思想密切相关，其重点在于谈论宗教语言的出发点不同：从"逻辑图像"到"语言游戏"，他放弃了从语言的逻辑结构分析出发转而立足于从

---

① ［英］维特根斯坦：《哲学研究.2：英汉对照》，蔡远译，九州出版社 2007 年版，第 121 页，109 节。本书的写作还参照了陈嘉映的译本（世纪出版集团、上海人民出版社 2005 年版）。笔者认为，这两个版本的中译各有优劣，蔡本是中英文对照本，而陈本的翻译学术性、专业性更强一点。故本书的写作同时参考使用了《哲学研究》的英文版、蔡本翻译和陈本翻译三个版本。

现实性的生存出发来分析和谈论宗教语言。维特根斯坦因而从形而上学的玄思中解脱出来，回归到现实的生活形式，宗教语言也由"保持沉默"变成了"情感赋义"。

一 前期维特根斯坦的"逻辑图像"与"神秘之域"

我们首先分析维特根斯坦早期《逻辑哲学论》中的"逻辑图像"与"神秘之域"这两个概念。维特根斯坦曾经说过一句广为人知的话："凡是可以说的东西都可以说得清楚，对于不能谈论的东西必须保持沉默。"① 他认为这是他写作《逻辑哲学论》的全部意义所在。他指出自己写作此书的目的是"划界"，这一界限既是在世界中也是在语言中划分的：在界限之内，是可以说得清且有意义的命题，谈论的是世界"如何"；而界限那一边则是不可言说的，且"纯粹是无意义的东西"②，谈论的是世界"为何"。他在《逻辑哲学论》最后以一句"对于不可说的东西我们必须保持沉默"③ 作为结尾，其含义也表明了自己的这一观点。根据他自己的看法，不可说的东西是的确存在的，但存在于神秘领域，"确实有不可说的东西，他们显示自己，他们是神秘的东西"④（6.522）。但是对于他说的什么东西属于"不可说的"的范畴，学术界的争执也持续不断。大多数人倾向于"不可说的东西"是指属于形而上学的东西，比如伦理、美学或宗教等。证据就是维特根斯坦自己所说的："……一旦有人想说某种形而上学的东西时，立刻就向他指明，他没有给他的命题中的某些记号以指谓。"⑤（6.53）也就是说，对于形而上学命题，我们是不能赋义的，因为它们没有"指谓"或者说没有相对应的"逻辑图像"。事实上，在《逻辑哲学论》中，他之所以对"神秘的东西"或形而上学命题坚持"保持沉默"的态度，是与他极力主张的"逻辑图像论"分不开的。可以说"逻辑图像论"是"神秘之域"产生的重要原因，而维特根斯坦想以"不可言说"的态度为其建立一个"避难所"，但这却无意之中造成了"可以说得清楚"的"世

---

① ［奥］维特根斯坦：《逻辑哲学论》，贺绍甲译，商务印书馆2009年版，第23页。
② ［奥］维特根斯坦：《逻辑哲学论》，贺绍甲译，商务印书馆2009年版，第23页。
③ ［奥］维特根斯坦：《逻辑哲学论》，贺绍甲译，商务印书馆2009年版，第105页。
④ ［奥］维特根斯坦：《逻辑哲学论》，贺绍甲译，商务印书馆2009年版，第104页。
⑤ ［奥］维特根斯坦：《逻辑哲学论》，贺绍甲译，商务印书馆2009年版，第104—105页。

界"与"不可言说"的"神秘之域"之间不可逾越的鸿沟。要了解这一点，在下面的篇幅中我们首先必须对"逻辑图像论"进行解读，看它到底说了什么，为什么它能对这个世界"说得清楚"，而对"神秘之域"却"不可言说"。

通常认为，"逻辑图像论"是维特根斯坦《逻辑哲学论》一书的核心概念之一。维特根斯坦认为，图像可以描述逻辑空间中的情况，是一种实在的模型。(2.12)并且，图像的要素与对象相对应，且能代表对象，所以这保证了"图像的要素以一定的方式相互关联而构成为图像"。(2.14)这里所说的"图像要素之间的关联"指的也就是图像的结构，而这种结构的可能性被称为图像的图示形式。(2.15)而图示关系是这样一种可能性，即事物之间的联系方式和图像要素之间的联系方式是相同的。(2.151)维特根斯坦认为，世界和语言能够建立图像关系，关键在于图像能够直接触及实在，是通过图像要素和事物之间的相关像的"触角"而接触实在。(2.1515)维特根斯坦在阐述"逻辑图像论"的时候使用了四对概念：对象与名称、事态与基本命题、事实与命题、世界与语言。这四对概念存在着一一对应的关系，而且可以形成"图像"。为清楚表达这一点，我们可以用一图表来表示：

世界的结构：对象 → 事态 → 事实 → 世界　神秘之域

　　　　　↕代表　↕图像　↕图像　↕图像　↕

语言的结构：名称 → 基本命题 → 命题 → 语言　不可说

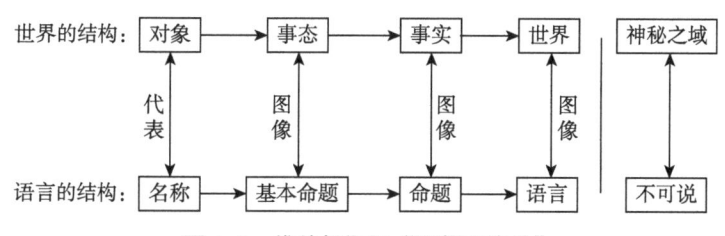

图 4-1　维特根斯坦"逻辑图像论"

首先，我们需要明确维特根斯坦的基本观点。他认为世界和语言是同型同构的，就是说，世界和语言具有相同的逻辑结构，进而具有相同的逻辑形式；二者的构成要素之间存在着"投射规则"或者叫图示关系，即世界的构成要素与语言的构成要素是一一对应的。具体来说就是，名称代表对象，基本命题是事态的图像，命题是事实的图像，语言是世界的图像。这里，我们有必要简要说明维特根斯坦使用的术语"事态""事实"和"世界"，以免混淆："事态"（德语 Sachlage，英语 state of affairs）指的是事物的状态；"事实"（德语 Tatsache，英语 fact）指的是实际存在的事态，它包括可以发生和不发生的事态或情况情形；世界（德语 Welt，英语 world）指的是所有事实的总和，即一切发生的情况。

我们来看这四对概念及其关系。

我们先来看对象和名称的对应。简单地说，名称代表对象，对象是名称的所指。维特根斯坦没有给"对象"下一个明确的定义，但他认为对象必须具有内在性质和外在性质，但比较而言，内在性质似乎更重要一些："如果我要知道一个对象，虽然我不一定要知道它的外在性质，但是我必须知道它的一切内在性质。"（2.01231）对象的内在性质是对象必须具有的性质，它包括两个方面：首先，稳定（不变）性和实存性。在维特根斯坦看来，对象是不变的和实存的"实体"，正是由于这一点，使它可以"独立于事情而存在"（2.024）。也就是说，稳定性和实存性保证了对象作为"实体"存在的可能性，这也为世界的不变形式打下了基础，因为"如果世界要有一个不变的形式，就必须要有对象"（2.026）。其次，简单性。"对象是最简单的。"（2.02）就是说对象不可被再进一步分析，是一个分析世界的起点或者说是人们谈论世界的出发点。因为如果它们是复合的，则它们是可以被进一步分析成更小的分的，那么相对应地，关于复合物的陈述就可以再进一步分解："每一个关于复合物的陈述可以分解为关于其各组成部分的陈述，分解为完全地描述该复合物的一些命题，这样就使人们在分析世界和逻辑空间时失去了立足点和起点。对象的简单性保证了它的基本作用即构成世界成为可能："对象是构成世界的实体。因此它们不能是复合的。"（2.021）

对象的外在性质，主要是指对象具有的形式。形式是结构的可能性"（2.033）对象的形式就是"对象出现在诸事态中的可能性"（2.0141）。而且，"对象包含着一切状况的可能性"（2.014）。维特根斯坦说，对象的形式包括空间、时间和颜色（有色性）（2.0251），因此我们可以区分空间对象、时间对象和颜色对象等。关于空间，维特根斯坦说："空间对象必须处在无限的空间之中。"（2.0131）但关于颜色，维特根斯坦有句似是而非的话，"对象是无色的"（2.0232）：一方面说对象要有颜色（有色性2.0251），一方面又说对象是无色的。表面看来这是一个很大的矛盾。这该如何解释呢？我们认为这里的说法并不矛盾：因为2.0251只是指一种具有某种颜色的"逻辑可能性"[①]，

[①] 韩林合：《〈逻辑哲学论〉研究》，商务印书馆2007年版，第60页。

而不是指任何具体的对象；2.0232 所说的"无色性"恰恰是指对象作为我们分析世界的起点和出发点时所具有的性质，只要在这个出发点上前进一步，指称任何一个具体的对象，它们就具有了颜色。

在语言的结构中，名称与世界结构中的对象是对应的。维特根斯坦认为，名称是"命题中使用的简单记号"（3.202），这不是一个定义，只是对"名称"的阐释。因为在维特根斯坦看来，"名称"是不能用定义来分解的："……名称不能用定义来分解。"（3.261）就是说，名称不能再往下分成"记号"了，它是不可分析的。维特根斯坦说，名称是简单的，不能作进一步的分析："名称不可用定义作任何进一步的分析：名称是一种初始符号。"（3.26）名称是语言结构中最小的不能再分的单位，是人们语言分析的起点和出发点，也是逻辑分析的最终成分。我们可以说名称代表对象，或者说对象是名称的指谓，但是我们不能说名称是对象的图像。在上面的分析中，我们知道对象是世界的结构中最简单的要素，而名字是语言结构中最简单的要素——这保证了二者之间的对应关系，这样我们就可以使用名称来代表对象。但是，它们之间没有"图像关系"，对此，维特根斯坦在《逻辑哲学论》一书中有明确的表述，他说："一个名称绝非其所命名的东西的图像！"[1] 因为对象是我们分析世界的一个基本点，不是事态，不能描绘；而名称则必须是简单符号，名称的"简单"是指它不能表达意义，或者说，不能描述事实和事态——名称只能代表或指称对象。他说，"名称意指对象。对象是名称的指谓"（3.203），"简单记号在命题记号中的配置，对应于对象在情况中的配置"（3.21），"名称在命题中代表对象"（3.22）。显然，维特根斯坦在这里强调名称可以代表对象（事物），但不能表达意义。因为"只有命题才有意义；只有在命题的联系关系中名称才有指谓"（3.3）。可见，孤立的名称只能指称或代表个别对象，它本身没有意义。名称只有在命题的前后关系中即与命题中其他语词处于一定的配置情况中才具有意义，因为在命题的前后关系中，名称是对某一事实的"描述"，而不单单是代表或指称。但不管怎么说，维特根斯坦认为名称和对象是可以画等号的，名称即对象。或者说，对象只具有名称，"对象只能被命名"（3.221）。

---

[1] 韩林合：《〈逻辑哲学论〉研究》，商务印书馆 2007 年版，第 300 页。

其次，我们来看事态和基本命题。在世界的结构中，维特根斯坦认为，对象组成事态，或者说事态由对象构成。关于这二者的关系，维特根斯坦有比较详细的叙述。首先，对象是简单的，而事态是构成的。"对象的配置构成事态"（2.0272），或者说，事态是由对象结合而成的："事态是对象（事物）的结合。"（2.01）对象虽然具有稳定性（不变性）和实存性，但它们结合或配置成的事态则是可变的和不定的。换句话说，可变的、不定的事态可以最终分解成不变的、实存的对象。其次，对象相互联系构成事态的结构。在事态中，对象之间并不完全独立，而是"以一定的方式"（2.031），"像链条的环节"一样，相互之间彼此依存彼此联系彼此作用，这样，它们就构成了事态的结构："对象在事态中发生联系的一定方式，即事态的结构。"（2.032）再次，对象的本质在于结合成事态。"事物的本质在于能够成为事态的组成部分。"（2.011）或者说，事物之所以存在就在于它必须组成事态，它对事态具有一种依赖性。（2.0122）这里我们会看到，在维特根斯坦的术语中，"事物"（德语 Dinge，英语 thing）和"对象"是等价的，二者可以互相换用。另外，事物（对象）中包含了事态的可能性，或者说，对象的本性中包含了可能性，所以它能够组成事态："如果事物能够出现在事态之中，那么这一可能性必定就开始存在于事物之中。"（2.0121）事实上，我们知道对象，其实就是要知道它在事态中的所有可能性。并且进一步说，"如果给出了所有的对象，那么同时也就给出了所有可能的事态"（2.124）。最后，对象并不直接出现在世界中，它必须先配置成事态继而出现在世界中；而事态是世界的构成要素，是直接出现在世界中的，"存在的事态的总体就是世界"（2.04）。但诸事态必须先结合成事实（德语 Tatsache，英语 fact）才能做到这一点。

在语言的结构中，与"事态"相对应的是"基本命题"，也称原子命题。维特根斯坦认为，名称与其他名称结合或关联，形成基本命题："基本命题由名称组成。它是名称的一种关联，一种联结。"（4.22）而且名称只有通过基本命题才能"有资格"在命题中出现："名称只有同基本命题发生关联才能在命题中出现。"（4.23）关于基本命题，维特根斯坦说，它有以下几个特征。第一，它是"最简单的命题"（4.21）。我们需要注意的是这里的"最简单"的含义。基本命题是最简单的命题，意思有两层：首先它必须是命题，其次在结构上它是最简单的。韩林合先生对此的解释非常到位，他说，"基本命题是最简单的命题结构，在其内不再含有其他的命题形式。如果继续对它们进行分析，得到的将不再是命题，而只能是名称。"① 换句话来解释，基本命题是我们分析的最终成分，没有比基本命题更加简单的命题了，就是说我们在分析一个命题时，必须分析到基本命题才算分析到底，再往下就超过了"命题"的界限，而只是名称了。第二，基本命题是相互独立的，不存在任何推论关系："一个基本命题不能另一个基本命题推演出来。"（5.134）而且基本命题互相之间不矛盾："不可能有基本命题同它相矛盾，这是一个基本命题的标志。"（4.211）

语言中的基本命题与世界中的事态相对应。基本命题是事态的图像。虽然维特根斯坦没有明说这一点，但是从他关于基本命题和事态的表述中，我们可以感受到他的意图的。他说："最简单的命题即基本命题，断言一个事态的存在。"（4.21）在这里，维特根斯坦的意思显然是说，事态的存在是可以用基本命题来表达的。另外，"一个名称代表一个事物，另一个名称代表另一个事物，而且它们是彼此结合起来的；这样它们整个地就像一幅活的画一样表现一个事态。"（4.0311）这段话的意思是说，基本命题由名称结合而成，是复合性的，而且是实际存在的，它的结构与事态的结构（对象与对象组合）是相同的。换句话说，给定一个基本事态，我们就可以从所有基本命题中找出那些与之具有相同结构的基本命题。因为"在一个命题和它所表述的情况中，应该恰好具有同样多的可以区分开来的部分。两者必定具有同样的逻辑（数学）的多样性。"（4.04）而且基本命题是由名称合乎逻辑地组合而成的，这也符合了"只有当一个命题是合乎逻辑地组合起来的才是一个情况的图像"（4.032），所以我们可以断言，维特根斯坦表达的意思就是基本命题是事态的图像。此外，基本命题的真假值也反映了事态的存在与不存在："若一个基本命题为真，事态就存在；若一个基本命题为假，事态就不存在。（4.25）

我们再看事实与命题的对应。

维特根斯坦论述了事态与事实的关系。强调事态与事态之间是彼此独立的，也就是从一个事态的存在或不存在不能推出另一个事态的存在或不存在。而事实由许多事态组成，是"诸事态的存在"（2），事态的复合组成事实。另

---

① 韩林合：《〈逻辑哲学论〉研究》，商务印书馆2007年版，第98页。

外，事实的结构由诸事态的结构组成。(2.034) 事实又分为肯定的事实和否定的事实。肯定的事实是事态的存在，否定的事实是事态的不存在。(2.06)

同样，在语言的结构中，基本命题与基本命题通过真值运算构成命题。维特根斯坦在谈论命题时，认为"命题是基本命题的真值函项"(5)。反过来说，"基本命题是命题的真值主目"(5.01)。换句话说，"所有的命题都是基本命题的真值运算的结果。真值运算是从基本命题产生出真值函项的方法"(5.3)。所谓真值运算就是用真值运算符号连结基本命题形成的真命题。有了这些运算符号再给定基本命题，就可以得到想要的命题。维特根斯坦认为，有了基本命题，运用真值运算符号，我们就可以得到全部命题，"假如向我给出了所有的基本命题：那么问题就只在于我能用它们构造出一些什么命题。这样我就有了全部命题，而且这就确定了这全部命题的界限"(4.51)，"命题包括从所有基本命题的总体（自然，也从其确实是所有基本命题的总体）中所能得出的一切"(4.52)。

维特根斯坦认为，命题是事实的图像："命题是实在的图像。命题是我们所想象的实在的模型。"(4.01) 命题要成为实在的图像，必须具备两个条件。第一，命题中的名称必须与所描绘的实在中包含的对象相对应。这个条件在我们叙述"名称代表对象"时已经得到了满足。第二，命题中包含的名称必须处于某种特定的关系中，构成一定的逻辑结构，这种结构与实在中包含的对象之间的逻辑结构相对应。这就是说，命题中的名称不能随意组合，相互之间必须按一定的方式互相有关联。这种特定的关联方式被维特根斯坦称为"逻辑形式"，逻辑形式不能被命题表述出来，但是它却反映在命题之中，"命题能够表述全部实在，但是不能表述它们为了能够表述实在而必须和实在共有的东西——逻辑形式"(4.12)，"命题不能表述逻辑形式；后者反映于命题之中"(4.121)。

维特根斯坦认为，一个命题是某个事实的图像，这个命题才有意义。换句话说，一个命题如果不能成为事实的图像，则无意义。一个命题要成为有意义的，也必须具备两个条件。① 第一是这个命题要符合语言的逻辑。命题要

---

① 本部分对维特根斯坦的解读参照了涂纪亮《分析哲学及其在美国的发展》，武汉大学出版社2007年版，第128页。

符合语言的逻辑，只有合乎语言逻辑的命题，才能表达合乎逻辑的逻辑形式。因为"在语言中不能表现任何'违反逻辑'的东西，就像在几何学中不能用坐标来表现违反空间规律的图像，或者给出一个并不存在的点的坐标一样。"（3.032）第二是这个命题要与它所描述的事态的存在与不存在相符合。这个条件是命题意义的根据。如果命题描述的是事态的存在（肯定的事实），则此命题是正命题；如果命题描述的是事态的不存在（否定的事实），则此命题是负命题。正命题表现了事态本身，而负命题只表现事态的非存在。无论是正命题还是负命题，它们都对应同一个实在："命题 P 和 ~P 具有相反的意义，但是和它们相对应的是同一个实在。"（4.0621）此外，命题是有真假值的，判断的标准是与实在相比较，"实在是与命题相比较的"（4.05），"命题只因为是实在的图像，才能为真或者为假"（4.06），"命题对实在的确定必须达到二者取一：是或者否。为此命题必须完全地描述实在"（4.023）。关于命题的"真"与"假"，维特根斯坦设了一个形象的比喻："设想白纸上有一个黑斑点：通过指明这纸上的每一点是黑的还是白的，就可描述这个斑块的形状。一个点是黑的事实，相应于一个肯定的事实，一个点是白（非黑）的事实，则相应于一个否定的事实……但是为了能够说出一个点是黑的或者白的，我必须首先知道一个点在什么情况下称为黑的和在什么情况下称为白的：为了能够说 P 为真（或者假），我必须规定在何种情况下我称 P 为真，并由此而规定这命题的意义。"（4.063）假定我们用一个符号表示了这张白纸上的一个特定的点，则相当于我们提出了一个假设，以供进一步思考或假定：正如这个点可以被认定是黑色的或白色的一样，我们也可以认定该假设是真的或假的。

最后，我们来看世界与语言的对应。

维特根斯坦认为，事实与事实的组合构成世界，换句话说，世界可以分为诸多事实。关于这一点，维特根斯坦多次明确地提到，"世界是事实的总体"（1.1），"世界为诸事实所规定，为它们即全部事实所规定"（1.11），"世界分解为诸事实"（1.2）。维特根斯坦在这里强调的是事实的总体，而不是局部的事实。这是因为世界是事实的总和，既包括肯定的事实，也包括否定的事实。这里的问题是维特根斯坦为什么如此强调事实的"总体"呢？我们发现细读下去，维特根斯坦也强调了事态与世界的关系。如"存在的事态的总体即世界"（2.04），"存在的事态的总体也规定了不存在的事态"

(2.05)。也就是说,世界既包括了存在的事态(肯定的事实),也包括了不存在的事态(否定的事实)。还有,事态的存在(肯定的事实)和事态的不存在(否定的事实)都是实在,"事态的存在和不存在即实在"(2.06),"全部的实在即世界"(2.063)。我们不能只把存在的事态即肯定的事实看作世界,否则就只是看到了世界的局部而已。显然,维特根斯坦的用意是要我们对否定的事实即不存在的事态加以注意,不能把它们置于遗忘的角落。

在语言的结构中,维特根斯坦说:"命题的总体即语言。"(4.001)但维特根斯坦所谈论的语言是一种理想语言,是一种逻辑清晰的记号语言。这种语言是相对于日常语言而言的。因为维特根斯坦认为:"人不可能直接从日常语言中懂得语言逻辑。"(4.002)而理想语言是一种逻辑清晰的记号语言,这首先体现在它是由逻辑运算得出来的:基本命题通过真值运算符号得出命题,由单个命题的逻辑形式又可以得出语言的逻辑形式。"只要我们的记号语言中一切都得到正确处理,我们也就有了一个正确的逻辑观点。"(4.1213)"可能情况之间的某种内部关系的存在,通过表述这些情况的命题之间的某种内部关系在语言中自己表达出来。"(4.125)命题之间这种内在关系就构成了语言自身的逻辑句法,这样一种记号语言"本身能防止各种逻辑错误"(5.4731)。其次,记号语言可以按照定义规则翻译为其他任何一种语言。(3.343)在后期著作《哲学研究》中,维特根斯坦认为自己寻找理想语言的做法就像是寻找一种"最纯粹的晶体",是建立一种"超级概念之间的超级秩序"[①]。不管怎么说,这种理想语言是人想象的产物,是逻辑运算得出的结果,在形式上完全符合逻辑。

语言是世界的图像。维特根斯坦说语言是命题的总和。(4.001)世界是事实的总和(1.1),语言和世界的逻辑结构是相同的,且"彼此之间都处在图示的内在关系之中"(4.014),所以语言是世界的一幅总图像。维特根斯坦在《逻辑哲学论》中显然把语言和世界分别当成了所有命题和所有事实相互结合起来的整体。而这是通过"逻辑空间"概念联系起来的。"逻辑空间"是各种逻辑可能性的总和。世界处在逻辑空间中,就是说世界是合乎逻辑地构造出来的。"逻辑充满世界:世界的界限也就是逻辑的界限。"(5.61)而

---

① [英]维特根斯坦:《哲学研究》,陈嘉映译,上海人民出版社2005年版,第52页。

由于语言是世界的图像，所以世界的界限也就是语言的界限："我的语言的界限意味着我的世界的界限。"（5.6）语言的逻辑界限既是一切可以言说的事物的界限，也是一切可以思考的事物的界限，因而它是一切确实存在着的事物的界限。所以维特根斯坦的"界限"既是世界的界限，也是语言的界限，还是逻辑的界限，这三个界限是重合的，是一条界限。

但是维特根斯坦也承认在这个界限之外也存在着"神秘之域"，它们是实实在在的，"确实有不可说的东西。它们显示自己，它们是神秘的东西"（6.522），"世界是怎样的这一点并不神秘，而世界存在着，这一点是神秘的"（6.44）。这里，我们注意到，维特根斯坦用了"显示"一词，其含义是说，这些神秘的东西自己呈现自己，而不需要通过语言或者其他的中介。它们之所以被称作"神秘的"就是因为它们超出了我们思维和语言的范围，是不能思考的："我们不能思考我们所不能思考的东西；因此我们也不能说我们所不能思考的东西。"（5.61）它们也是不可言说的："命题不能表达更高的东西。"（6.42）但是这些神秘的东西作用却非常重大，因为它们规定着"世界的意义"："世界的意义必定在世界之外"（6.41）；并且能够解释世界存在的原因，"常言道，上帝能够创造一切，只是不能创造违反逻辑规律的东西"（3.031），"世界上的事物是怎样的，对于更高者完全无关紧要。上帝不在世上现身"（6.4321）。从这两句来看，维特根斯坦把上帝和伦理、美学（6.421）等都归并到了"神秘之域"，他在这里表达对"神秘之物"的态度时，也表达出了他自己的宗教语言观：上帝存在于神秘世界，他不可言说的，因为我们的语言是有限的，无法触及神秘世界的"上帝"。换句话说，由于"上帝"存在于我们的世界之外，超出了用语言能"言说"的范围，不能在语言中形成"图像"，因而我们无法对"上帝"进行赋义，所以关于"上帝"的命题和美学、伦理学的命题一样都是无意义的，"所以也不可能有伦理命题，命题不能表达更高的东西"（6.42），"任何理解我的人，当他用这些命题为梯级而超越了它们时，就会终于认识到它们是无意义的……他必须超越这些命题，然后就会正确看待世界"（6.54）。所以，对于"神秘之域"的东西我们必须谨慎对待："对于不可言说的东西我们必须保持沉默。"（7）这是《逻辑哲学论》中唯一的一个单独命题，也是全书最后的结论。

我们来对以上的内容做个小结。在以上分析中，我们看到了维特根斯坦是如何阐述"逻辑图像论"的：他首先分析了世界的结构，然后分析了语言的结构，发现它们具有相同的逻辑结构，由此得出结论说语言是世界的图像。从世界的结构来看，对象是简单的不变的实存的，对象与对象的结合构成了事态；事态与事态之间是彼此独立的，事态与事态构成了事实；事实分为肯定的事实和否定的事实，诸事实的总和构成世界。在语言的结构中，名称是简单的，名称与名称结合构成基本命题；基本命题与基本命题通过真值运算构成命题；命题分为正命题和负命题，诸命题的总和构成语言。语言与世界是同型同构的，名称代表对象，基本命题是事态的图像，命题是事实的图像，语言是世界的图像。这样维特根斯坦通过"逻辑图像论"，把界限之内的"世界"说清楚了，而且他自信地说，这种研究方法是"唯一严格正确的方法"（6.53）。对于"界限之外"的"神秘之域"，维特根斯坦在《逻辑哲学论》中并没有太多的着墨，他认为对这些神秘的东西（包括宗教、伦理和美学）等进行讨论、描述，甚至思考都是没有意义的，因为它们超出了我们思考和语言的界限，不是我们的语言力所能及的，不能在语言中形成"图像"，故对于它们我们只能"保持沉默"。

维特根斯坦在写完《逻辑哲学论》后，非常自信地认为自己已经完全解决了所谓的哲学问题，故他怀着满腔的热忱前往奥地利南部山区的一个小学教书。但到了1936年，当他开始写作《哲学研究》时，他的哲学思想发生了巨大的转变。我们这里不必追究他发生思想转变的具体原因是什么，只关注这种转变的结果，我们发现，他在后期思想中已经完全抛弃了"逻辑图像论"的观点，转而立足于现实的生活形式来考察语言的活动，并相应地提出了著名的"语言游戏说"。他的宗教语言观也随之由"保持沉默"转变成了"情感赋义"。在下面的篇幅中，我们分析的重点就放在他后期阐述的宗教语言观，看他对关于"上帝"的命题如何赋义。

二 后期维特根斯坦："语言游戏"与"生活形式"

我们再来看后期维特根斯坦在《哲学研究》中的"语言游戏"与"生活形式"观点。

"哲学绝不可以干涉语言的实际使用；它最终只能描述它。因为它也不能给语言的使用提供任何基础。它让一切保持原状。"① 这段话可以认为是维特根斯坦后期哲学思想的一个"纲领"式表达。他在《哲学研究》中致力于对语言的重新认识考察，寄望于解决哲学难题。为此，他抛弃了《逻辑哲学论》中的"逻辑图像论"，提出了著名的"语言游戏说"。"语言游戏说"的基本思想是把语言看作人们的一种日常活动，这包含两方面的含义：一方面是说语言游戏本身就意味着语言的活动，包括语言发生时的行为、动作、语境等；另一方面是说语言游戏是人的全部活动的一部分。这样，语言就不再是空空洞洞的命题与命题之间（或符号与符号）的关系，而是表现在人们的现实活动之中，是"生活形式的一部分"了。维特根斯坦正是通过引入"语言游戏"和"生活形式"这两个概念，将宗教语言还原到宗教生活形式中，从而打破了"沉默"，消解了《逻辑哲学论》中"神秘之域"的不可言说性。在下面的篇幅中，我们将着重分析"语言游戏"观和"生活形式"两个概念的提出和作用等，并结合维特根斯坦关于宗教思想的论述，阐明他后期对宗教语言的态度实际上符合"情感赋义"的思路。

"语言游戏"这一概念的提出源于维特根斯坦对奥古斯丁所阐述的语言意义的形成过程，即词与所指对象是一一对应关系的批判。在他的后期著作《哲学研究》一书的开头，维特根斯坦转述了奥古斯丁《忏悔录》中的一段关于小孩子在最初习得语言时是如何通过被"实指教学"而建立起名称和对象的对应关系的。那段话大概意思是说，当人们要指出某个对象时，人们往往是嘴里发出某些声音符号，同时通过肢体语言（如面部表情、眼神、动作等）转向那个对象。当人们反复听到一个词在各种不同语句中的特定位置上的用法以后，就逐渐了解了这个词所指代的对象。这是对象被名称"赋义"最原初的过程，维特根斯坦形象地将其比喻为"贴标签"："命名就像给一样东西贴标签。"② 一个事物的名称正是以"贴标签"这种方式标识或表示一个东西，从而指称它或对它赋义。但"指称论"的这种语言观显然是有问题的。它没有考虑到各类词的区别，一般来说，它只适用于名词、动词和除此之外"自己能够照顾自己"的词类。比如，"五个红苹果"这种语言的应用，人们

---

① ［英］维特根斯坦：《哲学研究》，陈嘉映译，上海人民出版社2005年版，第127页，第124节。
② ［英］维特根斯坦：《哲学研究》，陈嘉映译，上海人民出版社2005年版，第10页，第15节。

很容易给"苹果"和"红"贴上标签,但是"五"这个词怎么贴标签呢?它的意义是什么呢?我们只能从语言的应用去发掘"五"的意义:我们只能念出一系列基数数字,一直数到"五"如此而已。而这样实际上"五"这个词汇是在人们对它的使用中被赋义的。维特根斯坦举出了一个更具体的例子,比如发生在建筑工人 A 和他的助手 B 之间的一种语言:A 喊出"石块""石柱""石板""石梁"等词,B 则按照他所学会的听到师傅 A 的叫声就递上相应的石料。在这个例子中,很显然,A 喊出"石块""石柱"等词时并不仅仅是给这些事物命名,而更重要的是要求 B 采取行动——把他所喊出的东西递给他这个动作。"石块""石柱"等的意义是在 B 按照 A 的要求去行动这个层面上得到实现的。维特根斯坦通过这个例子开始逐步提出自己的"语言游戏"观。他认识到生活中的语言游戏包括很多种类,比如上面提到的奥古斯丁指称命名的游戏,教师在教儿童认字时候的"实指教词",以及儿童在转圈圈游戏中对词的许多用法,等等。事实上,语言和这些活动相互交织在一起的整体都可以称为"语言游戏",这是维特根斯坦所要阐述的基本观点。"语言游戏"一词的德文原文是 Sprachspiel,英译为 language-game,汉语"语言游戏"与英译完全一致,这一概念的提出是维特根斯坦把语言和游戏相比较的结果,其基础在于"语言"和"游戏"都是一种活动。正如我们可以把踢足球的活动叫作足球游戏,也就是用足球进行的游戏,与此类似,语言作为一种活动,我们也可以把它叫作语言游戏,当然这种游戏使用的不是足球、棋子,而是言辞(词语)。

通过"语言游戏",维特根斯坦认为奥古斯丁的那种语言观使人们认识到,"语词含义的通常概念形成了多浓的一团雾气,使我们无法看清楚语言是怎么起作用的"[1],而如果在语言的使用中去对语言进行赋义,则"可以清楚地综观语词的目的以及语词是怎么起作用的;因此,从这些原始方式来研究语言现象有助于驱散迷雾"[2]。维特根斯坦的语言观不同于奥古斯丁的语言观的关键点在于他不单纯把语言看作关于对象的指称,而是把语言看作按照一定规则进行的使用活动。换言之,"语言游戏"是把一个词语的意义放在语言的使用之中——语言在使用中才能被赋义,语言的意义就在于它的用法(意义即用法)。

---

[1] [英] 维特根斯坦:《哲学研究》,陈嘉映译,上海人民出版社 2005 年版,第 5 页,第 5 节。
[2] [英] 维特根斯坦:《哲学研究》,陈嘉映译,上海人民出版社 2005 年版,第 5 页,第 5 节。

奥古斯丁的指称论语言观认为，我们给事物命名，然后我们才能谈论它们，才能在谈论中提到它们。① 但维特根斯坦的"语言游戏说"则认为，事实上我们可以用句子做各种各样的事情，如呼喊声——"水！""走开！""哎哟！""救命！等这些其实就不是给对象命名。我们可以用实指的方式来定义一个专名，或一种颜色的名称，一种材料的名称，数目的名称以及罗盘方位的名称，但是我们却无法很清楚地对数字（比如"2"）进行实指定义。即使我们以实指的方式说"这个数称为'2'"，即用"数"这个词再次表明在语言和语法中我们把"2"这个词放在什么位置上，但是，这只能意味着在"2"的实指定义能够被理解之前"数"这个词必须得到解释。

此外，根据语言指称论的观点，在名称与被命名事物之间还有这样一种关系：当人们听到某事物的名称时，便会在自己心中唤起被命名事物的图像；把名称写在被命名的事物上，或者在指向该物时说出它的名称。因而，词的意义就是词所指称的对象（即名称）。从反面说，当一个词没有相对应的对象时，它也就失去了意义。但事实是这样吗？维特根斯坦认为这种观点是"混淆了名称的意义与名称的承担者"。比如我们说历史上的某个人物或事物死了或消失了，那么我们只能说这个名称的承担者死了，而不是说这个名称的意义死了。他举了一个例子，比如"诺统有锋利的刀刃"这句话，即使诺统剑破成了碎片，这个对象的承担者不再存在了，但是这句话仍然有意义。这是因为，"在这种语言游戏中，即使其承担者不在场，名称仍然被使用着"②。再比如，我们说"红色"一词，"某种红色的东西可能被毁灭，但红色是不可能被毁灭的，那就是为什么'红色'一词的意义独立于红色东西而存在的道理"③。除此之外，还有一个指示代词具有非常特殊的用法，就是"这"。维特根斯坦说，人们经常把"这"这个词称为唯一真正的名称。我们把许多非常不同的事物都称为"名称"，用"名称"一词来刻画一个词的许多不同种类的使用，他们以许多不同的方式相互关联——但是词"这"所具有的那类使用却不包括在内。这是因为"指示性的'这个'永远不能没有承担者"④，

---

① ［英］维特根斯坦：《哲学研究》，陈嘉映译，上海人民出版社2005年版，第16页，第27节。
② ［英］维特根斯坦：《哲学研究》，陈嘉映译，上海人民出版社2005年版，第26页，第44节。
③ ［英］维特根斯坦：《哲学研究》，陈嘉映译，上海人民出版社2005年版，第33页，第57节。
④ ［英］维特根斯坦：《哲学研究》，陈嘉映译，上海人民出版社2005年版，第26页，第45节。

它不能成为一个名称，它只是一个指示的手势，而名称不是借助指示手势来使用的，而是借助它来说明的而已。

维特根斯坦的语言游戏观强调在语言的实际使用中去考察语言的意义，这是与人们的"生活形式"密切相关的。"语言游戏"是人们在具体的语言环境中使用语言的一种活动，对语言的理解和把握应在日常生活形式中实现。可以说，他的语言游戏观就是建立在生活形式观念之上的。生活形式是多姿多样的，所以维特根斯坦认为，语言游戏也是多种多样的，日常生活中我们所见到的基本语言现象如下达命令、描述、报告、推测、图释、讲故事、演戏、唱歌、猜谜、讲笑话、提问、感谢、诅咒、问候、祈祷、翻译等都可以被称为语言游戏。语言游戏的多样性反映了生活形式的多样性。这就好比工具箱里的工具如锤子、钳子、锯子、起子、尺子、胶锅、胶、钉子和螺丝钉等，这些工具的功能自然各不相同，与此类似，语言中词语的功能也是多种多样的。语言的意义也只有在日常生活形式的使用过程中才能完全的彰显。而且，"这种多样性也不是某种固定的，一成不变的东西，而是有许多我们可以称为新种类的语言，新的语言游戏会出现，而那些其他种类的语言和语言游戏则会变得过时而被人遗忘"[①]。

维特根斯坦明确表达了语言游戏与生活形式的关系，他说，"想象一种语言就叫作想象一种生活形式"[②]，"'语言游戏'这个用语在这里是要强调，用语言来说话时某种行为举止的一部分，或某种生活形式的一部分"[③]，"人们所说的内容有对有错，就所用的语言来说，人们是一致的。这不是意见的一致，而是生活形式的一致"[④]。语言是人们用来在相互之间传递信息的手段，它是一种能动活动，而且是人的全部活动中的一个重要组成部分。维特根斯坦在《哲学研究》中考察的是处于动态之中的语言，即日常生活中的语言。他始终把语言看作一种活动，语言指的就是语言活动，语言由于作为一种活动而成为一种生活形式。而生活形式则是语言活动赖以进行的基础。这是维特根斯坦对语言游戏跟生活形式二者之间关系进行的表述。

---

① ［英］维特根斯坦：《哲学研究》，陈嘉映译，上海人民出版社2005年版，第127页，第338节。
② ［英］维特根斯坦：《哲学研究》，陈嘉映译，上海人民出版社2005年版，第11页，第19节。
③ ［英］维特根斯坦：《哲学研究》，陈嘉映译，上海人民出版社2005年版，第15页，第23节。
④ ［英］维特根斯坦：《哲学研究》，陈嘉映译，上海人民出版社2005年版，第102页，第241节。

三 作为"游戏"的宗教语言与"情感赋义"

根据这种思想,维特根斯坦认为:宗教信仰也是一种"生活形式",宗教语言也是一种"语言游戏"。为什么呢?

在《哲学研究》一书中,维特根斯坦看认为,语言是生活形式的组成部分,因而他一改《逻辑哲学论》中的立场,不再从语言的逻辑结构分析出发,而是从现实性的生活出发来分析语言,这样语言就从形而上学的玄思中解脱出来,回归了现实的生活形式,实际上也就是回归到了我们的现实生存状态。这一点也体现在他对宗教语言观点的转变上。我们在上文已经论述过,在他早期著作中,他对宗教语言的态度是"保持沉默",然而到了后期,在他提出"语言游戏说"时,他对宗教语言的态度也由"沉默"变成了"言说"。他认为宗教信仰就是一种生活形式,在人们的宗教生活中,宗教语言是人们表达宗教情感的一种"语言游戏",这种语言游戏只能在信徒群体内部才能被赋义和传递。我们通过对他的另两篇随笔式的文章《杂评》和《关于宗教信仰的演讲》进行梳理和解读,集中分析后期维特根斯坦的宗教语言观,发现这与他的"语言游戏"和"生活形式"观点不可分割。需要说明的是,这两篇文章虽然是维特根斯坦读书时的心得和随笔,且是在维特根斯坦死后才发表的,但其中表达的观点却与他后期的思想一致。

维特根斯坦将宗教信仰看作一种生活方式,他说:"在我看来,宗教信仰仿佛只不过类似于对一个参考系统的热情信奉。因此,尽管它是一种信仰,但其实这是一种生活方式或者是一种对生活作出评价的方式。信仰就是怀着热情抓住这种看法。"[①] 人们在宗教生活中的各种活动比如赞美、祈祷等都可以看作宗教生活方式中的"语言游戏",比如,人们在宗教生活中的"忏悔",是向上帝承认自己的罪孽,祈求上帝的宽恕,在维特根斯坦看来,这也是宗教生活的一种方式:"忏悔必须成为新生活的一部分。"[②] 为此,只有回归到现实的宗教生活中去,只有在宗教的虔诚信仰中,作为"语言游戏"的宗教语言才能被理

[①] [奥]维特根斯坦:《杂评》,涂纪亮译,载涂纪亮主编《维特根斯坦全集》第11卷,河北教育出版社2003年版,第88页。

[②] [奥]维特根斯坦:《杂评》,涂纪亮译,载涂纪亮主编《维特根斯坦全集》第11卷,河北教育出版社2003年版,第26页。

解，才能够被赋义："除了圣灵以外，没有人可以把耶稣称为'上帝'……只有当我过一种完全不同的生活时，这个词对我才有意义。"① 维特根斯坦强调，信仰者与不信仰者对宗教语言中的"上帝""耶稣"等词汇的赋义是不同的：对于不信仰者而言，这些词汇毫无意义，因为它们并不指代客观世界中的任何事物，不能形成"图像"，最好的方式就是对之保持"沉默"；而对于信仰者而言，这些词汇不但是有意义的，而且更重要的是能够激发人们的宗教情感。比如"上帝"这个词，在人们最初习得这个词时，虽然"我们不能对这个词作出一种充分的语法描述"，可是通过"图像或教理问答"②的方式我们是可以学会这个词的。但需要注意的是，这个词只有在它的使用中可以被人们所赋义，"使用这个词就像是代表了一个人的词，如上帝看见，上帝报偿等等"③。然而，维特根斯坦说，我们在使用这个词的过程中，并没有在心中想着这个词的"承担者"是谁、有没有"指称"："你使用'上帝'一词的方式并不表明你意指的是谁，——而是表明你意指什么东西。"④ 信仰者在使用"上帝"这个词时到底在"意指什么东西"呢？维特根斯坦并没有给我们明确的答案，我们只能在他零散的记叙中寻找线索。我们发现，维特根斯坦在论述宗教信仰时，带着相当浓重的"情感"色彩。比如他认为宗教信仰是一种生活方式，但更是一种充满情感的生活方式，需要人们"怀着热情抓住这种看法"。他认为宗教生活中不需要"智慧"，而需要"激情"，或者说宗教信仰不依赖理智，而更多依赖"激情"。在这一点上，他很赞同齐克果把信仰看作激情的看法，他说，"智慧是没有激情的，但与此相反，齐克果却把信仰称为一种激情"⑤，"我的理想是某种冷静，教堂为激情提供了一个环境，而没有干扰激情"⑥。他还认

---

① 本句转引自肖朗《作为一种生活方式的宗教》，载《基督教思想评论》总第十辑，上海人民出版社 2009 版，第 173 页。原文载 Ludwig Wittergenstein, *Culture and Value*, trans. by Peter Vinch, Oxford: Bascil Blackwell, 1980, P32.

② [奥] 维特根斯坦：《杂评》，涂纪亮译，载涂纪亮主编《维特根斯坦全集》第 11 卷，河北教育出版社 2003 年版，第 112 页。

③ 涂纪亮主编：《维特根斯坦全集》第 12 卷，河北教育出版社 2003 版，第 387 页。

④ [奥] 维特根斯坦：《杂评》，涂纪亮译，载涂纪亮主编《维特根斯坦全集》第 11 卷，河北教育出版社 2003 年版，第 69 页。

⑤ [奥] 维特根斯坦：《杂评》，涂纪亮译，载涂纪亮主编《维特根斯坦全集》第 11 卷，河北教育出版社 2003 年版，73 页。

⑥ [奥] 维特根斯坦：《杂评》，涂纪亮译，载涂纪亮主编《维特根斯坦全集》第 11 卷，河北教育出版社 2003 年版，第 5 页。

为宗教作为一种情感性的信念，是不需要理性论证的，如果论证了，就会引起人们的反感，人们需要做的就是"相信"，而不需要寻找证明或依据去论证宗教。他说："宗教说，做这件事！——那样地想！但是宗教不能对此作出论证。而且，一旦它试图作这种论证，它就会引起反感；因为对于它提出的每个理由，都存在着一个无可反驳的对立理由。"下述说法更加令人信服："'这样地想！不管它如何使你感到奇怪。'或者：'难道你不能做这件事吗？——无论你对它多么反感。'"① 事实上，维特根斯坦在宗教问题上一直坚持的观点就是不需论证，而只需去"相信"。他提出的口号就是："继续信仰吧！这没有害处！"② 在《关于宗教信仰的讲演》一文中，他区分了两种信念：宗教信念和日常信念。宗教信念是如上帝存在、最后审判、基督的救赎、对罪孽的认识等，这种信念是一种"不可动摇的信念"，是一种不需要理性分析和逻辑论证就可以影响人一生的一种信念，"这将会得到现实，不是通过推理或诉诸于通常的信念基础，而是通过控制他的一生"③。日常信念是如"头上有一架飞机"等依赖我们日常事实和常识的一种信念，可以通过观察、考证、推理分析等证实和确认。维特根斯坦认为宗教信念和日常信念是无法比较的，甚至我们连"比较它们是指什么"都弄不明白。假如，我们说比较这两种信念是"比较心理状态"，但是我们如何比较心理状态呢？这显然不适合所有的场合。我们不能用什么东西来测量信念的牢固，"信念的力度不能与疼痛的紧张度作比较"④。此外，维特根斯坦说，我们误以为宗教信念与日常信念一样，都是需要"证据"支撑的，但实际上宗教信念是与证据无关的，"如果存在有证据，那么事实上就会毁掉整个事情"⑤，即使某人可以预测未来、可以描述某个审判日，这种信念也完全不是一种宗教信念。人们在宗教信念中使用

---

① ［奥］维特根斯坦：《杂评》，涂纪亮译，载涂纪亮主编《维特根斯坦全集》第11卷，河北教育出版社2003年版，第41页。
② ［奥］维特根斯坦：《杂评》，涂纪亮译，载涂纪亮主编《维特根斯坦全集》第11卷，河北教育出版社2003年版，第63页。
③ ［奥］维特根斯坦：《关于宗教信仰的讲演》，江怡译，载涂纪亮主编《维特根斯坦全集》第12卷，河北教育出版社2003版，第381页。
④ ［奥］维特根斯坦：《关于宗教信仰的讲演》，江怡译，载涂纪亮主编《维特根斯坦全集》第12卷，河北教育出版社2003版，第382页。
⑤ ［奥］维特根斯坦：《关于宗教信仰的讲演》，江怡译，载涂纪亮主编《维特根斯坦全集》第12卷，河北教育出版社2003版，第383页。

"相信"和在科学中使用"相信"的方式是不同的，宗教信念的"相信"不需要证据或者说不需要"经验的证据"，而日常信念则必须建立在"经验的证据"基础上。比如人们"相信"上帝的存在和"相信"某个人或某个对象的存在，这两种"相信"是完全不同的：后者是需要检验而且可以检验的，只要我们拿出证据来就可以了；而前者不需要检验，而且即使我们可以拿出所谓的"证据"，这也是"不能令人满意或不充分的"。维特根斯坦对此有明确的表述："有人说他们有证据相信，这个事实并不足以使我能够说我是否可以谈论'上帝存在'这个句子，因而你的证据是不能令人满意或不充分的。"① 他认为，人们不能通过理性的分析论证达到信仰，"不过，我认为这种证明的信奉者想要做的事情，就是用他们的理智去分析和论证他们的'信仰'，尽管他们自己绝不会通过这种证明而达到这种信仰"②。再比如，人们一直误认为，基督教信仰是建立在某种历史事实基础上的，但维特根斯坦说，即使这些历史被证明是"确定无疑"的，也不能形成基督教的宗教信仰，因为信仰并不是基于历史的基础的。他说，"我们这里有一种不同于通常历史事实信念的历史事实信念。即使如此也不能把它们看作历史的、经验的命题"，"有信仰的人并没有使用通常用于任何历史命题的怀疑，特别是对久远历史命题的怀疑"③。在维特根斯坦看来，历史证据并不能形成宗教信念，它的作用最多只是提供一种历史性的叙述，是"辅助"信念的，人们能够做的就是去"相信"。他说："基督教不是立足于历史的真实之上，可是它向我们提供了一种（历史的）叙述，它说：'现在去相信吧'。"④ 在另一处，他也表达了类似的观点："我的意思是，基督教不是一种关于人的灵魂中已经发生的事情或者将要发生的事情的学说或者理论，而是对人的生活中实际发生的事情的描述。由于'对罪孽的认识'是一个真实的过程，因而绝望和借助了信仰而获得拯

---

① [奥] 维特根斯坦：《关于宗教信仰的讲演》，江怡译，载涂纪亮主编《维特根斯坦全集》第 12 卷，河北教育出版社 2003 版，第 388 页。
② [奥] 维特根斯坦：《杂评》，涂纪亮译，载涂纪亮主编《维特根斯坦全集》第 11 卷，河北教育出版社 2003 年版，第 117 页。
③ [奥] 维特根斯坦：《杂评》，涂纪亮译，载涂纪亮主编《维特根斯坦全集》第 11 卷，河北教育出版社 2003 年版，第 385 页。
④ [奥] 维特根斯坦：《杂评》，涂纪亮译，载涂纪亮主编《维特根斯坦全集》第 11 卷，河北教育出版社 2003 年版，第 45 页。

救这一点也同样是一个真实的过程。"① 在上面这句引文中,"对罪孽的认识""绝望和借助了信仰而获得拯救"这些词语的使用都是具有情感性的,这也完全符合他说过的信仰是人灵魂的需要(情感的),而不是出于思辨的才能(非论论证的)。由上可见维特根斯坦反对宗教信仰进行理性化和思辨化的论证,而强调"热情""激情"的作用。在他看来,只有"激情"才能改变人的生活方式,树立起宗教信仰,"我相信基督教所说的下面这句话:一切好的学说都毫无用处。你必须改变你的生活(或者你的生活方向)。"② 通过以上的分析,我们可以得出结论:维特根斯坦是主张对宗教语言要进行"情感赋义"的。宗教语言不能客观理性地分析,而需要我们的"激情"去相信,换句话说,宗教语言就是在这种情感中被赋义的。这里,我们仿佛又找到了齐克果的身影。对维特根斯坦来说,宗教语言是一种宗教生活形式,在这种语言游戏中,激情(相信)——而非经验和理性是我们对其赋义的出发点,这跟齐克果的观点如出一辙。

我们知道,维特根斯坦认为语言只有在使用中才能被赋义,所以宗教语言也只有在宗教生活形式中才能被赋义。但是宗教语言的特别之处在于它只有在信徒与信徒之间,即宗教信仰群体内部才能得以顺利交流和传递,原因是只有同为信徒的人讲宗教语言才能引起情感上的共鸣。对此,他解释道:"我想要说的是:问题的关键不在于你所说出的这些词,也不在于当时你所思考的事物,而在于这些词在你的生活中各种不同的位置上作出的那种区别。我是怎样知道当两个人说他们都信仰上帝时他们所说的话是同一个意思呢?对于三位一体的信仰,同样也可以这么说。"③ "我"如何理解两个信仰者使用"上帝""三位一体"等宗教语言呢?只有当"我"也是一个信仰者,并且处于同样的宗教情感时,才能彼此交流彼此理解。这一观点与维特根斯坦后期所主张的"生活形式"一脉相承。我们知道,人们相互之间要了解、要

---

① [奥]维特根斯坦:《杂评》,涂纪亮译,载涂纪亮主编《维特根斯坦全集》第11卷,河北教育出版社2003年版,第39页。
② [奥]维特根斯坦:《杂评》,涂纪亮译,载涂纪亮主编《维特根斯坦全集》第11卷,河北教育出版社2003年版,第73页。
③ [奥]维特根斯坦:《杂评》,涂纪亮译,载涂纪亮主编《维特根斯坦全集》第11卷,河北教育出版社2003年版,第117页。

交流思想、要人际交往都必须以共有的生活为基础。并且语言本身也以共有的生活为基础。这就是说，由于人们享有共同的生活形式，把语言比作游戏才有可能。生活形式是我们理解语言最根本的依据，我们对于一切都应当在生活形式的基础上去理解。宗教语言是根植于人们的宗教生活中的，宗教生活形式是理解宗教语言的根本依据，而在宗教生活中，人们对于敬拜对象所表达的更多的是"情感"，比如激情、爱、忏悔，等等。所以当信徒在提到自己的敬拜对象如"上帝"时，心中所想到的（或者是被激起）更多是这些实实在在的情感，从这个意义上讲，"上帝"其实就是一个情感性的实在（being）。在这样的思路下，维特根斯坦的"你使用'上帝'一词的方式并不表明你意指的是谁，——而是表明你意指什么东西"就非常好理解了：我们在使用"上帝"一词时，我们并不是意指一位"存在于超验世界中的无限的超越的无始无终的外在的是者"，而是集中了信徒的敬畏、盼望、喜爱、恨恶、渴望、喜乐、伤痛、感激、怜悯、热心等各种情感的"情感指称"。维特根斯坦也认识到这一点，比如他强调"爱"的巨大作用，认为宗教信仰就应该建立在对上帝的"爱"之上，正是有了这种爱，人才向上帝打开自己的心扉，向上帝忏悔自己所犯的罪，能接受上帝的拯救。他说，"任何一个在忏悔中怀着悔恨的心情向上帝打开自己内心世界的人也会对他人打开自己的内心世界"①，"一个人只有出于一种特殊的爱，才会袒露自己。这种爱仿佛承认我们都是坏孩子"②。只有在这种"情感"的基础上，人们才会彼此交流，宗教语言才能被赋义，从而在信徒中引起"情感共鸣"。

我们这里对以上分析做个小结。在维特根斯坦的后期哲学中，"语言游戏"是由语言和行动组成的整体，它主张必须根据语言的具体使用来理解语言，语言是在具体使用被赋义的，"意义即使用"强调的是把一个词语的意义放在语言的使用之中（而不是在符号与对象的指称中）去把握。语言游戏观建立在生活形式观念之上。各种语言游戏形成我们的生活形式，构成人类生活的一部分，有什么样的生活形式就会有与之对应的语言游戏。宗教语言是

---

① ［奥］维特根斯坦：《杂评》，涂纪亮译，载涂纪亮主编《维特根斯坦全集》第11卷，河北教育出版社2003年版，第63页。

② ［奥］维特根斯坦：《杂评》，涂纪亮译，载涂纪亮主编《维特根斯坦全集》第11卷，河北教育出版社2003年版，第63页。

人们宗教生活形式中的"语言游戏",是人们宗教情感的具体反映,只能在具有相同宗教情感状态的信徒群体内部被传递和交流,故而我们只能对其进行"情感赋义",这样宗教语言中的"上帝"就成了一种"情感指称"。

  本节通过对维特根斯坦在前后期哲学著作和宗教思想的梳理和解读,指出他的宗教语言观随着他哲学观点的转变而转变。在他前期的代表作《逻辑哲学论》一书中,他用"逻辑图像论"对语言进行"划界",把宗教语言划归到不可言说的"神秘之域",认为对其必须"保持沉默";但在后期的《哲学研究》中,他提出了"语言游戏说",认为语言植根于生活形式,是生活形式的一部分,只有在具体使用中才能被赋义,所以我们对语言的理解和把握应镶嵌于人们日常生活形式中。宗教语言是人们宗教生活形式中的"语言游戏",是人们表达宗教情感的方式,对其只能"情感赋义",但是这种赋义的过程只能在具有相同情感的信徒群体内部进行。维特根斯坦前后期观点的转变在于他谈论宗教语言的出发点不同:前期是从语言的逻辑结构出发的,而后期则立足于现实的宗教生活形式。这是我们理解他宗教语言观的关键所在。

第五章 "信"与"情感赋义"

我们在上文反复提到"情感赋义",而在基督教信仰中最核心的一个词就是"信"。信是一种情感。为什么要这么强调"信"呢?近年来一批基督教哲学家从哲学角度对"信"的赋义功能做了深入探讨,在这其中,以普兰丁格的贡献最大。普兰丁格是当代英美哲学界"改革派认识论"代表人物。普兰丁格在他的"保证三部曲"中着重分析了情感的赋义功能。他认为,我们谈论上帝不能靠证据,而只能靠"信"这种情感去赋义和把握。在他看来,基督教信念无须证据,而只需我们的信任情感。事实上,基督教信念是一种基础信念,是基督徒生存的出发点,也就是信仰上帝并不需要靠其他命题所提供的证据或论证,而只需信仰者直接相信上帝的存在,相信其合理性毋庸置疑。

普兰丁格的早期著作《上帝与他人的心灵》着重探讨了犹太—基督教传统中关于信仰上帝的理性证明。他对自然神学中关于上帝存在的经典论证如宇宙论、存在论和目的论进行了严肃而详细的研究,但是他认为,自然神学总体来说并不成功,因为从自然神学出发来论证上帝存在是一条不可能的路,因为我们同样可以从自然神学所使用的例子推论自然非神学(natural atheology)的结果。为此,他提出"他人的心灵"问题。他认为,我们从人的理性出发是无法论证上帝存在的,但是我们可以使用"类比"法,即相信上帝就像相信他人的心灵一样。如果我们相信他人的心灵是合理的,那么类比而言,信仰上帝也是合理的。所以,他的结论就是相信他人的心灵就像相信上帝处于同样的认知地位中,如果其中有一个是理性的,那么,另一个也是理性的。很明显,相信他人的心灵是理性的,所以,相信上帝也是理性的。[1]

为什么我们可以相信他人的心灵呢?普兰丁格这样表达这个问题。我们每

---

[1] Alvin Plantinga *God and Other Minds*, New York, Cornell University Press, 1967, Preface.

个人都相信我们在宇宙中并不是孤立存在的，存在其他的人跟我们一样可以思考和推理、持有信仰、有感觉和情感。而且一个人可以观察到另一个人所处的环境和行为，但是他并不能感知另一个人的心理状态。① 也就是说，他人的思想和激情是不可见、不可摸、不可闻、不可听的，我们对他人心灵的了解是不能靠经验观察得来的，所以我们可以知道一个人有红头发，但是我们却不能以同样的方式知道他很疼——他的疼痛是不能被我们所感知的。反过来说，在实际生存中，我们难道就无法看到（see）一个人处在疼痛、思考、忧郁或迷狂兴奋中吗？"如果所有一切都是'通过观察来决定（determining by observation）'另一个人处在疼痛中，那么我们说看到或了解（seeing）一个人疼痛就是其中一种。"② 我们必须承认在"see that"（看到或了解）这个词的最普通的用法上一个人可以宣称别人确实在疼痛。也就是说，我们通过经验观察的一些事物，产生了"信"的情感倾向，而这种"信"的情感成为我们赋义的出发点。比如，我看到一个人捂着肚子弯下腰作"疼痛"状，于是我就倾向于"相信"他在疼痛，这种"疼痛"感正是在"信"的情感中被我们所赋义的。同样的道理，如果我们通过读报纸来倾向于"相信"报纸上的新闻，那么我们同样可以通过阅读圣经来"信"上帝："对有神论者来说，当被宇宙的和谐与壮美或者圣经的深奥所感动的时候，他们也可以同样有根据地宣称看到（或了解 to see that）了上帝的存在。"③ 在这个意义上讲，"信"是一种原始的情感倾向，是基督徒生存的出发点。对于上帝的"信"是基督徒的基础信念，是不依赖任何其他证据的。普兰丁格非常反对使用"证明"（justification）这个词，他认为"证明"这个词表面上给人一种依靠科学客观的证据来支持某一命题的感觉，但却使人忽略了通过客观证据来"证明"也需要以主观的"信"为基础，在这个意义上说："证明是从信（faith）而来。"④ 换句话说，我们说某个命题对某人来说是"证明"或者"已经证明"的，其实就是说他对这一命题的相信或认

---

① Alvin Plantinga *God and Other Minds*, New York, Cornell University Press, 1967, p.188.
② Alvin Plantinga *God and Other Minds*, New York, Cornell University Press, 1967, p.188. 这里需要注意的是普兰丁格使用的英文 see 是个双关语，一方面表示经验观察意义上的"看或看到"这个动作，另一方面表示信任情感中的"了解或知道"。
③ Alvin Plantinga *God and Other Minds*, New York, Cornell University Press, 1967, p.189.
④ ［美］阿尔文·普兰丁格：《证明与有神论》，胡自信译，载［美］迈尔威利·斯图沃德编《当代西方宗教哲学》，周伟驰等译，北京大学出版社 2001 年版。

可，对他来说具有"实证认识的资格"。普兰丁格认为，根据犹太教—基督教信仰的解释，上帝按照自己的形象开始创造人类时，他是以这样一种方式进行创造的：他使人类能够反映他的某些能力，能够理解概念，获得信念。所以，上帝创造我们的时候，就已经赋予了我们认识能力，其目的是让我们就各种命题获得正确信念。这些能力发挥作用的方式是，在适当的条件下，我们能够形成适当的信念。更准确地说，适当的信念"是在我们内部形成的"。一般来说，我们不是先"作出决定"，然后再去坚持或形成某种信念；相反，我们直截了当地发现，我们已经具有这种信念了。① 这种由上帝赋予的认识能力，是一种官能或认知机制，我们可以借助其产生对上帝的信念，借用加尔文的术语就是"神圣感应"（senseus divinitatis）。这是我们对上帝赋义的出发点。

普兰丁格的哲学术语中最重要的一个就是warrant（保证），这可以看作他的标志性用语。他接连写过三本书都冠之以"保证（warrant）"之名，被称为他的"保证三部曲"，这三本书分别是《保证：目前的争论》（warrant：Current debate）、《保证与恰当功能》（Warrant and Proper Function）和《有保证的基督教信念》（warranted Christian belief）。为什么普兰丁格这么重视使用warrant呢？这个词有什么特殊含义呢？从这"三部曲"中，我们可以看出，普兰丁格的基本主张是使用"保证（warrant）"来代替"证明（justification）"，因为他认为近代哲学知识论的困境就在于强调了"证明"作为知识的要素，而warrant则不是在证明（justification），也不是逻辑实证主义者惯常使用的"证实"（verification），而是"强调的是在一定的认识条件和环境中，获得的可靠的保证。这种保证既有恰当的用途，又有正当的理由，还有真理的感受"②，简单来说，普兰丁格使用warrant一词旨在为基督教信仰提供知识论的保证。

在《保证与恰当功能》一书中，普兰丁格界定了"保证"的四个条件，即恰当功能（proper function）、设计蓝图（design plan）、认知环境（cognitive environment）和朝向真理（aim at truth）。鉴于普兰丁格的论证极为复杂，我

---

① [美] 阿尔文·普兰丁格：《证明与有神论》，胡自信译，载 [美] 迈尔威利·斯图沃德编《当代西方宗教哲学》，周伟驰等译，北京大学出版社2001年版，第90页。
② 参见赵敦华《关于warrant一词的意义和翻译的说明》，载《基督教信念的知识地位》，北京大学出版社2004版。

们这里简要叙述之①。第一,"恰当功能"是指作为认识主体的"人",只有当我们的认知官能（epistemic faculties）恰当地实施其功能（function properly）时,我们才有可能产生正常的信念。反之,如果我们的认知官能由于病理、损害等不能正常运行（malfunction）时,我们就会产生"认知障碍"（cognitive malfunction）。比如,如果一个人的眼睛出现了病症（白内障或视网膜脱落等）,那么他眼睛的功能就不能正常发挥,他由眼睛获得信息的渠道受损,他就不能靠眼睛的"观察"来产生关于"信"（belief）的保证。所以,恰当功能是信念成为知识的第一步或者必要条件:"对我来说,一种信念成为保证的必要条件是我的认知装备,我的信念形成和保持的器官和能力（belief-forming and belief-maintaining apparatus or powers）不会出现任何功能的障碍。"② 第二,设计蓝图（design plan）与"恰当功能"紧密相连,指的是人类的器官、官能或系统等能够按照它原本具有的功能正常地运行,发挥其特有的作用,比如人的眼睛是为了"看"、人的鼻子是为了"闻"、心脏的特定功能是促进人的血液循环。这些都是这些器官原本就应该具有的功能,是在"设计"之初就被设定了的。但是我们需要宽泛地理解"设计"一词,并不需要将其理解为"上帝"等超自然存在"有意图的目的",我们也可以将其理解为进化或者"自然选择",或者自然形成。换句话说,"设计蓝图"这个术语本身并不追究人类的器官、官能或系统产生的原因,而是强调它们在产生之后应该按照其特有的功能正常运行,"各司其职,各谋其政",就如我们不必追究我们的眼睛或鼻子到底是"上帝"创造的还是"自然选择"的进化结果,我们只强调我们的眼睛能够"看"事物,鼻子能够"闻"气味就够了。这是"设计蓝图"这个术语的根本含义。第三,认知环境（cognitive environment）也是"保证"的一个重要条件。我们的器官或系统根据"设计蓝图"要"功能恰当"地运行,还需要与所运行的"特定类型的环境"相适应,普兰丁格称为"认知环境"。简单来说,认知环境决定着根据设计蓝图产生的器官、官能或系统能否具有"恰当功能",如果没有恰当的认知环境,我们的认知官能同样

---

① 对普兰丁格"保证"思想的详细解读可以参照梁俊《知识论的范式转换——普兰丁格"担保"思想初探》,《基督教思想评论》2006年第3辑。

② Alvin Plantinga, *Warrant and Proper Function*, New York Oxford: Oxford University Press 1993, p. 4.

会出现"障碍"。比如，眼睛必须在有光线的地方才能"看"物体，在"伸手不见五指"的黑暗环境中就不能看到；鼻子在空气正常流通的情况下可以"闻到"气味，但是水中或真空中就不能正常运作了。所以，认知环境与"保证"紧密相关，也是其"恰当功能"的一个重要条件。第四，朝向真理（aim at truth）的目标性导向。普兰丁格认为，我们的认知器官根据"设计蓝图"和"功能恰当"（function properly）运行，且与"认知环境"相适应，但是还需要另一个条件才能形成"保证"，这个条件就是我们要产生"真"的信念。普兰丁格说，我们的认知官能并不一定都是指向真信念的，比如有的是为了幸存（survival），有的是为了脱离苦难，有的是为了做到尽可能的忠诚或者是倾向于拥有更多的孩子等。但是，一个信念要具有"保证"，则要求它必须是"真信念"，或者说，"保证"要求设计蓝图必须针对产生"真"的信念（insofar as that segment of the design plan is aimed at producing true beliefs）①。一个人如果持有某一信念，而该信念只是认知设计的某一方面的结果，其目的不在于求得"真"而是指向其他的方面，那么，对这个人来说，该信念就不具有"保证"。即使结果证明该信念恰好为真，我们仍不能说他恰好知道该命题。简单来说，我们的认知官能必须以"真"为目的和导向，才是有"保证"的。比如，我们的眼睛去看一棵树，就是希望我对这棵树形成一个"真"的信念，那么，这个信念就是"有保证"的。所以，朝向真理（或真）是"保证"的第四个条件，因为只有较为成功地朝向真理，它才会以高的概率产生"真"的信念。

所以，简单来说，"保证"的含义就是"一个信念对一个人 S 是有保证，只有当那个信念在 S 这里是由恰当地运转的认知官能，在一个相对于 S 类型的认知官能来说是合适的环境中，按照一个朝向真理的设计蓝图而产生出来的"②。这四个条件有机结合与相互协调，共同构成了"保证"，从而也使得"信念"成为"知识"。而基督教信念由于符合这四个条件，也是"有保证"的。

---

① Alvin Plantinga, *Warrant and Proper Function*, New York Oxford: Oxford University Press 1993, p. 16.

② [美]阿尔文·普兰丁格:《基督教信念的知识地位》，邢滔滔等译，北京大学出版社 2004 年版，第 180 页。

那么，基督教信念为何是有保证的呢？"信"在"情感赋义"中的赋义功能又是怎样的？它会给我们的理解力带来怎样的更新呢？这是我们在本章中要致力于解决的问题。所以，本章的两节中，我们首先处理普兰丁格如何论述基督教信念是"有保证"的，在第二节我们再来看"信"的赋义功能与我们的判断和理解力更新问题。

第一节 普兰丁格：基督教信念是"有保证的"

一 "有保证的"A/C模型

基于以上四个"保证"的条件，普兰丁格认为，基督教信念是完全符合"保证"的，所以他"保证三部曲"的最后一部就专门论述了"基督教信念"的"保证"地位，即《有保证的基督教信念》（Warranted Christian Beliefs）。① 我们知道在基督教信念中包含两部分。第一部分是继承犹太教信仰中的"有神论"部分，这包括：相信上帝是一个位格，是一个有理智和意志的存在者，且上帝是全知的和全能的，也是全善的和全爱的。第二部分是基督教的"独特的部分"：我们人类由于某种原因陷入反叛和罪孽，需要拯救，于是上帝通过耶稣基督献祭性的受难、钉死在十字架上、第三天从死人中复活为我们这些罪人安排了解脱和拯救之道，基督既是人也是上帝，是三位一体中的第二位（圣子）。这两部分构成了基督教信念。那么，这个信念是"有保证"的吗？

普兰丁格给出了肯定的答案：基督教信仰是有"保证"的，因为它符合"保证"的四个条件。他分两步论述了这个问题：第一步，通过建立阿奎那/加尔文（A/C）模型来说明基督教的"有神论"部分是有"保证"的；第二步，他通过扩展的A/C模型来论述基督教"独特的部分"即耶稣基督的救赎是可以辩护的、具有合理性和有保证的。在以下篇幅中，我们分别追踪普兰丁格的这两部分的论证思路。

为了论证基督教信仰中"有神论"部分是有保证的，普兰丁格建立了一

---

① 由于warrant在中文语境中找不到合适的对应词，勉强可以译为"保证"，所以本书的中文译名为意译《基督教信念的知识地位》，见邢滔滔等译，北京大学出版社2004年版。

个在托马斯·阿奎那和约翰·加尔文的主张之上的阿奎那/加尔文模型（A/C模型）。所谓的"模型"是指为一命题或一事态 S 提出一个模型，但提出 S 如何可能是真或真实的模型本身就是一个命题（或事态），它要清楚说明：第一，这命题有可能真的；第二，若这命题为真，则目标命题亦会是真的。具体到基督教信仰和 A/C 模型来说，如果 A/C 模型是真的，那么，基督教信仰就是有保证的。①

基督教信念是有保证的，首先基督教信念是"朝向真理"的，即它朝向的是关于上帝的知识，而要指向上帝，则需要这个信念具有根据上帝的"设计蓝图"（design plan）产生"恰当功能"——神圣感应（sensus divinitatis）的恰当运作。"神圣感应"是普兰丁格借用加尔文的一个术语，指的是"人类有一个自然倾向，本能，习性目的，能在不同的条件和环境下，产生有关上帝的信念"②。它表示的是人对上帝的认知官能或认知机制，人"在母腹中"就具有的和获得的对上帝知识的能力，这是人类的一个倾向或一组倾向。需要特别注意的是，"神圣感应"只是我们在母腹中所内在具有的能够获取关于上帝的能力而已，并不代表"上帝的知识"，而仅是一种认知机能或能力。就如我们内在具有获得算术知识的能力，但却不代表我们在母腹中已经懂得算术一样。我们具有神圣感应是我们对"上帝"可以赋义的第一个必要条件。"神圣感应"正常运作时需要一些环境的引发，这些属于其运作的"认知环境"，包括比如我们在看到大自然的伟大时（正如加尔文所说"宇宙中没有一点是不能让你看出上帝荣美的"③）或我们在认罪和忏悔时会感到蒙上帝悦纳；人落在险境时，会自然向上帝呼求，指望得到援救，而在这些环境下，他就会自然而然拥有了对上帝的"信念"：即上帝会听他的呼求、上帝会酌情救助他。所以，按照 A/C 模型来说，在很多不同的环境及不同类别的环境，中人都会触发起对上帝的信念，这与其他可产生信念的官能或机制无异。如果我们将神圣感应视为输入—输出的工具；那么只要我们输入了上述的环境，

---

① ［美］阿尔文·普兰丁格：《基督教信念的知识地位》，邢滔滔等译，北京大学出版社 2004 年版，第 194 页。
② ［美］阿尔文·普兰丁格：《基督教信念的知识地位》，邢滔滔等译，北京大学出版社 2004 年版，第 191 页。
③ ［美］阿尔文·普兰丁格：《基督教信念的知识地位》，邢滔滔等译，北京大学出版社 2004 年版，第 200 页。

它就能输出有神论信念——有关上帝的信念。① 从以上叙述中，我们可以发现"神圣感应"具有以下几个特点。第一，情感性。"神圣感应"是在人的心中的一个"官能"，一个认知的机制，不必推论、不必论证就可以获得，所以是情感性的。第二，内在性。"神圣感应"在不同情况下，使我们心里产生上帝的信念，这些信念就像感知信念和记忆信念一样，是内在于我们心中的，与生俱来的。第三，直接性。"神圣感应"不需要我们"主动"去选择，在适当的环境中，比如看到大自然的伟大、做错事情或落在险境时，会"自然而然""引发"出来赞美，忏悔或求救等情感，所以，"神圣感应与其他的可产生信念的官能或机制无异"②。在普兰丁格看来，"神圣感应"在有神论的产生过程中扮演了关键的角色，因为它可以产生出有神论信念，这个信念是基础信念，而且是有保证的，可以成为知识。普兰丁格的这种在"情感性的内在的直接性的"基础上建立起来的"大厦"是不是牢靠呢？我们顺着这个思路往下读会发现，普兰丁格很显然也考虑到了读者的这个疑问，他接着论述道，以"神圣感应"为基础建立起来的 A/C 模型有六个方面值得我们注意，为行文简洁，我们将其观点简略总结如下。③ 第一，基础性。"神圣感应"的衍生方式是被环境"引发"的，不是借那些环境推论出来的。因此，它是作为一个基础信念出现的，就是说我们不用其他信念作为证据也可以接纳它。第二，与辩护相关的恰当基础性：A/C 模型以神圣感应为基础信念，并且是恰当基础的信念。"恰当"在这里是说这个信念是基础的，并且人们接受这个基础信念是经过辩护的——没有超出他的知识权利，没有不负责任，没有违反知识或其他的义务。第三，与保证相关的恰当基础性。也就是说，由"神圣感应"产生的有神论信念，从保证的角度而言，是可以成为基础信念的。这保证可以令该信念成为知识。"神圣感应"是一个产生信念的官能（或能力、机制），在适合的条件下会产生一个信念，是不用其他信念作为证据的。"神圣感应"的

---

① ［美］阿尔文·普兰丁格：《基督教信念的知识地位》，邢滔滔等译，北京大学出版社 2004 年版，第 201 页。
② ［美］阿尔文·普兰丁格：《基督教信念的知识地位》，邢滔滔等译，北京大学出版社 2004 年版，第 201 页。
③ 普兰丁格的写作具有严格的哲学分析和论证方法，所以对此部分的论述着墨很多，为简洁缘故，我们略去了他详细的论证过程和分析。有兴趣的读者可以参照本书原文第 201 页到第 213 页。

衍生是可靠的信念产生机制,因此,这信念很可能是真的。第四,有关上帝的自然知识。获取有关上帝知识的能力是我们与生俱来的认知配备之一,是在我们被上帝创造时已被赋予的基本功能。普兰丁格说,这个认知配备其实就是圣灵的工作。但圣灵和"神圣感应"不同:圣灵是在人类自甘堕落后的一个特别处理方法,是上帝对罪恶的处理;而神圣感应则是我们原本已有的认知配备,无论人类犯罪与否都具有的。第五,感知或经验知识。普兰丁格指出,有神论信念的保证不一定是一种感知的保证,但神圣感应的运作总会涉及对某事物临在的经验,即使那不一定是感官图像,而可能是"信念经验",也就是一个人面对他所相信的命题时的经验,是具有情感性的。比如敬畏感,就是一种对神圣的意识,一种叫人感到承受不了的威严和伟大的感觉。普兰丁格没有用"宗教经验"这个词,认为这个词会使问题更加说不清楚。[1] 第六,罪和上帝的自然知识。按照 A/C 模型,有关上帝的自然知识已被罪恶所影响、削弱、减少、压抑、遮盖或阻隔。虽然在重生之前,神圣感应带来的上帝的知识是片面或部分地被压抑的,但这种知识也是有保证的。所以,普兰丁格把保证看作基督教信念的特性或性质,如果有神论信念是真的,那么,我们能产生有神论信念的认知过程,就是被上帝设计为获取真信念的。而这一信念的形成,是认知官能("神圣感应")在合适的认知环境里恰当地起作用的结果,其设计蓝图又是有效地朝向真理的,所以,该信念就获得了保证。

所以普兰丁格认为 A/C 模型建立在神圣感应的基础之上,可以产生出有神论信念,而且这一信念是基础信念、是有确实保证的,并且足可以成为知识。A/C 模型的核心就是上帝在创造人类之初,将"神圣感应"(设计蓝图和恰当功能)作为产生信念的源头或认知机制放在人类心中,从而在不同的环境条件下("认知环境")产生有关上帝的信念("朝向真理"),并且这一信念是有"保证"的。

二 扩展的 A/C 模型

论述完了基督教信仰的"有神论"部分的保证性,那么基督教信仰中的

---

[1] [美]阿尔文·普兰丁格:《基督教信念的知识地位》,邢滔滔等译,北京大学出版社 2004 年版,第 207 页。

"独特部分",如关于耶稣基督的位格、神圣的三位一体以及圣灵在人生命中的临在等问题也是"保证"吗?我们知道,单纯的"有神论"与基督教的"独特部分"具有一个重要的区别,那就是基督教信仰的核心涉及了"罪"的问题以及上帝处理罪的方法,由此引发出了道成肉身、赎罪、救赎、圣灵的内在工作等一系列问题。那么这些基督教信念中的核心部分是不是也具有"保证"呢?普兰丁格认为,要回答这些问题,我们要扩展阿奎那/加尔文模型,或可称之为扩展的 A/C 模型(extended A/C model)。按照这个模型,基督教信念的确是有保证的。这个模型的"扩展"主要体现在增加了以下内容:人类堕落了,深陷罪中,罪将我们与上帝分离。更为重要的是,罪给我们的情感和认知都带来了灾难性的后果。在情感方面,我们的喜好被歪曲了,只爱自己、不爱上帝;在认知方面,我们本来可以认识上帝,知道上帝的奇妙和壮美、荣耀和可爱,但是罪使得我们的神圣感应蒙受损害和扭曲,因着堕落,我们不再能自然无阻隔地认识上帝,如同我们认识其他人和身边的世界,更为甚者,罪在我们心里引发了一个阻力,影响着神圣感应的衍生,并把它窒息了,叫我们不想注意这衍生。我们身陷罪中,不能自拔,然而,上帝因着他的大爱,补救我们的罪和破坏性后果,让我们借着他的救恩得以离开罪,与他复合,跟他契合。这补救就是借他圣子耶稣基督的生命、代赎受难和死里复活所成就的,这过程由现世一直扩展至来世才得以完满,让我们的上帝形象得以恢复和修补。普兰丁格说:"上帝需要一个途径让不同时代不同地方的我们知道这些事,让他按恩典赐下的救恩计划可以达到我们。无疑,上帝可以用很多其他方法成就这些事,然而,事实上他选择了一个三重认知过程。"[1] 这三重过程就是《圣经》、圣灵和信仰。而这三个因素则是扩展的 A/C 模型的三个中心因素。普兰丁格正是通过对这三个因素在扩展的 A/C 模型中的作用来讨论如何用这一模型来论证基督教信念可得到保证,这模型会指出所有具体和独特的基督教信念都是有辩护的、合乎理性和得到保证的。

扩展的 A/C 模型的中心思想是《圣经》、圣灵的内在诱导和信仰。首先,

---

[1] [美]阿尔文·普兰丁格:《基督教信念的知识地位》,邢滔滔等译,北京大学出版社 2004 年版,第 272 页。

《圣经》是由不同的人写成的，但每一本书又都是上帝特别的默示，所以上帝才是《圣经》真正的唯一作者。而《圣经》的一个中心主题和焦点就是福音，是上帝赐给我们的恩典，使我们可以得知上帝的救赎计划和方式。与《圣经》相关的，使《圣经》能扮演其角色的必要条件是圣灵的临在和活动。借着圣灵在那些被赋予信仰的人心里的工作，罪对认知的破坏得以修复和修补，而圣灵的工作更令基督徒可以掌握、相信、接受、认同福音里的伟大真理，并且为此欢喜快乐。圣灵最主要的工作是在基督徒的心里产生第三个因素——信仰。信仰是上帝的恩赐，赐给凡愿意接受的人。信仰包含了一个明显的认知元素，加尔文说，这就是知识——知道救赎的恩典已经借着耶稣基督和他的工作显明，人只需要接受这恩典，这就是向我们心里启示出来的知识。因此，拥有信仰即知道并且因此相信某些事情。普兰丁格认为这里的信仰是一个认知活动，但又不纯粹是认识的活动——亦涉及情感和执行两方面，而这是印记在我们心上的知识，也是向我们心里启示的知识。不过，信仰不仅是认知，它更是相信某些事。基督徒不单单认同基督教的故事，更是相信这些故事，并且视这故事为严肃的真理。

我们知道，人所相信的是命题。因此，要有信仰，就要相信某些命题。所以关于基督教信念的命题应当在"信"中被赋义。人在"信"这种情感中就可以赋义"有关上帝对我们的慈爱的一个坚定和确实的知识。上帝所安排的救恩的整个宏伟计划并知道上帝如何使之成为可能，让人类可以逃脱罪的影响"①，所以，关于基督教福音的主题和福音的核心教导，都必须在"信"中被赋义。

普兰丁格认为，扩展的 A/C 模型可以很好地说明基督教信念具有的可辩护性、外在和内在合理性以及保证。关于辩护性，普兰丁格说，在这个模型里，一个有信仰的人是拥有辩护的，即基督教信念是拥有辩护的。如果我们的信念真的是圣灵在人心里诱导的结果，那么，很明显地，即使别人会提出不同的反对意见，我们仍有可能认为这是真的。也就是说，如果我们的"信"是坚定的，无论我们遇到什么挑战，我们的"信"都使我们认为我们的信念

---

① [美] 阿尔文·普兰丁格：《基督教信念的知识地位》，邢滔滔等译，北京大学出版社 2004 版，第 277 页。

是拥有辩护的。

扩展的 A/C 模型是"有保证"的，因为这个模型可以完全满足"保证"的四个条件：恰当功能、设计蓝图、认知环境和朝向真理。对此，普兰丁格给予较为详细的解释。第一，当我们因着圣灵的内在诱导，凭信仰接受这些信念，这些信念是由恰当地起作用的认知过程所产生的，它们不是认知失常的结果。而产生信念的整个过程——信仰，是上帝自己特别地设计出来，令它产生这样的效果，就如视觉是上帝设计出来产生某种感知信念的。当这过程的确产生这些效果时，它就是恰当地起作用了，因此这些信念都享有合理性。第二，按照这一模型，我们身处的宏观认知环境，包括罪所引致的认知障碍，正是这过程被设计来起作用的环境——一般的微观环境也是适切的。第三，这过程的设计是要产生真信念的。第四，它所产生的信念即福音里的伟大真理的确是真的，信仰是一个可靠的信念产生过程，这过程有效地导向获取真信念。可见，由于扩展的 A/C 模型满足了"保证"的四个条件，所以是有保证的。

普兰丁格通过建立 A/C 模型和扩展的 A/C 模型，确定基督教信念是有保证的，即基督教信念坚信有一位无限的超越的和终极的是者（being），那么我们的语言就可以适用于他，所以指称、谈论、思考上帝都不成问题，而且我们可以述说他的性质：我们有某种认知途径可通向他，有某种认知方式能把握他。也就是说，在"信"的情感中我们对"上帝"的赋义，使得我们的语言完全可以适用于"上帝"。从"经验指称"出发的哲学家和神学家们认为，宗教语言存在意义上的"问题"，即我们的语言不适用于指称上帝。这条思路以逻辑实证主义为代表，并影响了考夫曼和约翰·希克等。而普兰丁格则认为"经验指称"这条思路是有问题的，走不通的，从"信"这种情感来赋义宗教语言，则宗教语言的意义也就不存在任何问题。普兰丁格通过批判考夫曼和希克的观点来进行阐述的自己的宗教语言观。

三　"信任情感"与"经验指称"

考夫曼代表了从"经验指称"来谈论上帝的一批哲学家。他在《上帝问题》一书中的观点认为如果"上帝"这个名词依据其定义是指称一种超越于经验的"实在"或者是者（being），那么在人们的经验中没有什么东西能够直接等同于他的"真正所指"①。所以他的疑问是"上帝"这个词具有或能有什么意义呢？很显然，这里具有逻辑实证主义者"意义的可证实原则"的痕迹和"指称论"的观点，认为"上帝"这个名词必须有一个承担者，如果承担者不存在，则这个名词就没有什么意义。当然考夫曼的观点仍然包含了基督教的一个基本观点，用普兰丁格的话来说就是"朴素的真理"：上帝是无限的，因而不等同于任何有限的实在。考夫曼的这个观点被普兰丁格归之为两项主张：第一，如果上帝不是有限的实在，那么我们经验中就绝对没有什么东西能够直接等同于"上帝"一词的真正所指。第二，如果我们经验中没有什么东西能够直接等同于"上帝"一词的真正所指，那么"上帝"这个词就不指称任何东西，或者至少它有指称这个说法就成了问题。

这两项主张好像是振振有词，很有道理。但是普兰丁格说："初看之下，二者就有显然的疑点。"因为对于第一项主张来说，我们首先要搞清楚的是"我们经验中没有什么东西能够直接等同于'上帝'一词的真正所指到底是什么意思"。②考夫曼所认为的很显然是我们的语言能够指称的东西必须是既在我们的经验中又能够直接等同于某个词的真正所指：既然上帝是无限的，所以"上帝"这个词并不真正适用于我们经验中的东西。换句话说："那想法一定是，如果上帝不是有限的实在，那么我们就不能经验他；我们不能感知他或以任何别的方式经验他。一个无限的是者——比如说，全知的和全能的——不能被感知或被经验，用任何方法都不行。"③但是这种说法显然是有问题的。因为如果上帝不能被感知或被经验，那么《圣经》中人物对上帝的生存经历以及基督徒所有的宗教经验（包括宗教情感）就都不是"经验"了，考夫曼的潜台词可能会强辩说是不管这些人想的是什么，他们都并未经验上帝——从而将所有人的宗教经验都"一棍子打死"。但是为什么呢？如果上帝是全知的，他当然可以对亚伯拉罕说话；如果上帝是全能的，当然他也完全有能力让我们去经验他。事实上，《圣经》和现实中许多基督徒都在生存

---

① ［美］阿尔文·普兰丁格：《基督教信念的知识地位》，邢滔滔等译，北京大学出版社 2004 年版，第 34 页。
② ［美］阿尔文·普兰丁格：《基督教信念的知识地位》，邢滔滔等译，北京大学出版社 2004 年版，第 35 页。
③ ［美］阿尔文·普兰丁格：《基督教信念的知识地位》，邢滔滔等译，北京大学出版社 2004 年版，第 35 页。

中经历了"上帝",而且都在上帝的同在中生存。所以考夫曼这个说法很显然是站不住脚的。他最多只能在逻辑上（而且是宽泛意义上的逻辑上）说明全知全能的上帝不能让人听到他。

对于第二项主张,普兰丁格认为它的前提是有问题的。如果我们经验中没有什么东西能够直接等同于"上帝"一词的所指,"上帝"这个词就不指称任何东西。那么,普兰丁格举例说,宇宙大爆炸也不是我们经验的,所以在我们的经验中没有什么可以直接等同于"宇宙大爆炸"一词正确指称的事件,难道我们的语言就不能指称那个事件吗？如果答案是可以指称,那么我们指称"上帝"当然也就不存在任何问题。考夫曼这种思维还是受艾耶尔的影响很大,仍然是"经验指称"式的思维,即必须有个名称与所指对象"相符",这个名称才有意义。但是普兰丁格对考夫曼的批判并没有到此结束。他又接着批判了考夫曼的"可用所指"观点。考夫曼认为"上帝"一词的真正所指是我们不能认识不能经历的,是"遥不可及"的;但是基督徒口头所谈论、使用的"上帝"一词,只是"可用所指",这是基督徒的"一种特别的想象构作",是我们自己创造出来的东西。普兰丁格说"这种观点不能自圆其说"[1]。因为"可用所指"这个词根据考夫曼的说法是人心创造出来的,既然是人心的构作,那么它就不可能创造天与地。所以把上帝的性质归属于一种单纯的人心所构造的一个符号或想象,这是没有道理的不可理解的。而对于"真正所指"的说法,就更加经不起辩论了:即使有"上帝"这个词的真正所指,我们的概念也不适用于它;换句话说,如果我们的概念不适用于"上帝"一词,那么我们所归属上帝的性质如全知全能全善、慈爱的、创造者等就都不适用于他——他一样也不具有。再进一步说,他连"上帝"一词或其他词项的真正所指这个性质都不会有,结果就是他根本就不会有任何性质。其实,考夫曼这一点错误的原因在于他仅仅从人类的经验出发,由于人的语言是表达人对周围事物的直接经验的手段,人只能在人类语言的框架之内去谈论超验世界中的"上帝",这样的"上帝"是被语言束缚并被限定了范围的"上帝"。他忽略了人信仰的上帝,忽略了上帝的全知全能必然包含了主动

---

[1] [美]阿尔文·普兰丁格:《基督教信念的知识地位》,邢滔滔等译,北京大学出版社2004年版,第39页。

让人去经验他这一点，而这又恰恰是从基督教的信念来谈论上帝了。因为根据基督教信念，上帝是启示者，他愿意主动将自己启示给世人，而且他愿意用人所能理解的方式来启示自己，当然这也包括了让人用有限的语言来谈论他和指称他：如果上帝是无限的和全能的话，即使我们是有限的，他仍然可以让我们经验他，或谈论他。

所以，普兰丁格说，考夫曼关于"上帝"的"真正所指"和"可用所指"的说法，在立场上都是"自相矛盾"的。

不仅考夫曼，宗教哲学家多元主义论的代表人物约翰·希克也是从经验出发来谈论宗教语言的代表人物，普兰丁格也对他的某些观点提出了疑问和批判。希克也认为：我们的概念不适用于上帝或"实在者"。他说，只有在现象的或可经验的领域之内，语言才能得到发展，并且真正说来它只适用于这个领域。但是语言不能通达设定的本体实在，因为它的形成，没有丝毫人类概念的参与，它居于我们的认知能力之外。但是对于本体实在者（如上帝）是否能为我们所经验，希克说，"本体实在论被真实地经验为一种既是有神论也是非有神论的现象域"[1]，所以他在这个问题上的立场是模棱两可的。虽然希克承认本体实在者对我们的经验有某种关键的因果作用，但是说我们实际经验它也好，或者只说它对我们的经验起作用也好，大概都没关系。除此之外，普兰丁格指出，希克前后的观点具有矛盾之处。首先，希克肯定我们的概念不适用于本体，我们的词语都不能找字面意思应用于它；然后，他又说，如果我们所有的概念都不适用于实在者，这的确没有什么意义，后来他又承认说只有形式概念和否定概念适用于实在者。但暂且不管他的观点的矛盾之处，普兰丁格认为，即使是他的"只有形式的和否定的概念和词语才适用于实在者"[2]观点也是值得我们商榷的。比如对于形式概念来说，希克说一切东西都必然具有的性质，必然被一切所具有。既然希克说本体实在者也具有这些性质，那么正说明我们能够指称他、思考他、说他存在。再比如，希克认为，我们可以用否定性质来述说这个是者，这句话其实包含的意思是这个是

---

[1] [美] 阿尔文·普兰丁格：《基督教信念的知识地位》，邢滔滔等译，北京大学出版社 2004 年版，第 48 页。

[2] [美] 阿尔文·普兰丁格：《基督教信念的知识地位》，邢滔滔等译，北京大学出版社 2004 年版，第 49 页。

者"具有否定的性质"。这样一来，普兰丁格说："在我们的肯定概念里面，只有纯粹形式的概念适用于这个是者；至于我们其他的概念，则只有否定的适用于它。"① 希克的说法是有很大疑问的。普兰丁格对希克的表达就集中在了两个问题上：第一，能否有一个是者，只具有形式的和否定的性质；第二，即使存在这样一个是者，但它就一定是宗教上说的诸神或者是绝对实在者吗？

对于希克认为的只有形式和否定性质的这样一个是者，普兰丁格持有怀疑的态度，但他承认"我们的知识不足以使我们判断是否可能有这样的是者"②。但是他反问到，即使有这样一个是者，我们如何能指称它，并把它作为谓述的主词呢？用摹状词不行，因为摹状词包含着肯定的非形式性质（比如"全能的全知的世界创造者"或"不具有我们把握了的肯定的非形式性质"）。事实上，根据希克的说法，我们无法做到这一点。我们不能够说我们指称了上帝，而实际上是指称了一个不具有任何肯定的非形式性质的上帝。即使把这个问题再推后一步，我们来问：当宗教实践者（比如基督徒）使用实在者（比如上帝）这个名称时候，他们是怎样实际上指称了这个不具有他们所把握的肯定性质的是者呢？普兰丁格认为，大概只有他们在跟这个是者有某种经验关联时候才会有。但是如果这样的话，这个是者就必然具有"被我们经验"这个性质了。如此推论下去，那么，必然会达到这样一点：为了"经验实在者"，我们必须跟它有因果关系，必须同它处于因果关系之中。所以这就必须赋予实在者另一个肯定的非形式性质，即与我们人类有因果联系这个性质。如果这样的话，那么又会引出越来越多的性质。所以，这一切都跟希克原来的观点是自相矛盾的。接着，普兰丁格说，即使是希克使用的肯定和否定性质说法也是值得考虑的。因为我们没有确凿的理由认为肯定和否定的区别适用于性质，而且我们找不到一个东西可以将性质划分为肯定和否定。希克及其同情者无法回答这个问题，只是以模糊性的语词一笔带过，说这个区别是终极的，不能用其他的东西解释。总之，希克的想法还认为这个是者是无限定的，即它在最大程度上具有我们未领会的性质。普兰丁格则认为这个说法

---

① [美] 阿尔文·普兰丁格：《基督教信念的知识地位》，邢滔滔等译，北京大学出版社2004年版，第53页。
② [美] 阿尔文·普兰丁格：《基督教信念的知识地位》，邢滔滔等译，北京大学出版社2004年版，第53页。

也是有问题的。比如，基督教传统中认为上帝是无限的，那么就是说他具有能力，这是个肯定性质；说上帝是无限定的就是说没有什么其他是者可以限定他，这也蕴含着肯定性质。所以希克的说法是不能够融贯一致的。

接着普兰丁格又退守为攻。即使承认希克的观点是融贯一致的，的确存在着这样一位是者，但是这如何跟宗教扯上联系？真如希克自己所说的那样，他"设定的这个实在者就是诸宗教传统所遭遇的诸神和所经验并见证的绝对这的本体根据"吗？为什么我们不能把这个实在者跟战争、暴力偏见等联系起来，而偏偏和宗教联系起来呢？这显然是没有充分理由的。希克说："虽然我们不能在字面上谈论实在者本身，但我们不可避免地生活在与它的关系之中。"① 普兰丁格批评说，"生活在与……的关系"之中，这句话或者是一个纯粹形式的性质，或者不是。如果它是，则它就不会与宗教有关系。如果不是，则麻烦更大，因为一方面我们得到了关于实在者的另一个肯定形式，另一方面更严重的是我们为什么要认为生活在与它的关系之中呢？

普兰丁格批评希克的最后一点是，希克有什么理由设定这样一个是者呢？希克说，设定这样一个是者是因为"这个神圣本体是人类多元宗教生活的必要设定。因为在每个传统的内部，我们都把我们敬拜或冥思的对象当作实在的。"② 希克的"多元"立场的论证方式表明了他的观点中含有两点：第一，所有伟大的宗教都是真实的；第二，没有哪个比另一个更真实。然而这种论证是自相冲突的。因为根据第一点，"每一种宗教的实践者通过本宗教敬拜的对象以某种方式接触到实在者"，所以他肯定将自己所敬拜的对象当作真正实在。但是根据第二点，则我们不能认为自己所敬拜的比其他的更有价值更毫无道理，应该一视同仁，所以这是自相矛盾的。

现在我们可以稍微总结并评述一下普兰丁格和考夫曼以及约翰·希克的批判。我们发现，考夫曼与希克跟普兰丁格观点的不同之处在于他们谈论上帝的出发点不同，考夫曼从经验出发来谈论上帝，用经验指称的方式来指代"上帝"一词的"真正所指"，而把基督徒日常宗教生活中使用的"上帝"一词归结为

---

① [美] 阿尔文·普兰丁格：《基督教信念的知识地位》，邢滔滔等译，北京大学出版社2004年版，第47页。

② [美] 阿尔文·普兰丁格：《基督教信念的知识地位》，邢滔滔等译，北京大学出版社2004年版，第48页。

第五章 "信"与"情感赋义" | 183

"可用所指",这种讨论带来的结果就是陷入了"自相矛盾"之中。希克也是从经验出发来谈论上帝,但他所认为的只存在一个具有形式的和否定的性质的上帝(是者)并坚持宗教多元主义的立场,这表面上看来是一种宗教的宽容,避免了自高自大,但是这样的后果反而是会适得其反。他所坚持的在宗教里我们必定同等正确、同等错误,其实应该被修正为在认识宗教方面我们必定正确、同等错误。因为在宗教信念上作为信仰者必须坚守自己信仰正确性①,这同时也表明了"宗教生活就是一种冒险:愚蠢而荒唐的失误是永恒的可能"②。普兰丁格对两人的批判是从基督教的信念这种信仰感情出发,而这种信念中包含着最大的信仰是上帝会主动让人们去了解他、谈论他,也会让人们在自己经验世界中去经历他。这两种观点之争实际上是由在对"上帝"的赋义过程中究竟以什么为起点而引起的。普兰丁格很清楚这一点,他指出为什么考夫曼坚持认为"上帝"这个词语并不能指谓全能的创造者呢?原因就在于考夫曼不相信上帝这个是者的真实存在,对于"我们的语言能否指称上帝"这个命题正确的态度只能是无神论者的不相信或者是不可知论者的不表态。如果没有那种是者,我们的词语自然都不会赋义那样的一种是者。所以考夫曼和希克认为"上帝"这个词只能被构造为一个符号,以便"促进人类兴盛"。普兰丁格认为,这实际上是一种"笑里藏刀"的做法,表面上好像是为了维护基督教信念,但实际上却是完全拒斥他们的信念,这种"伪君子"的做法及不如无神论者如罗素、艾耶尔等正大光明地宣称"上帝并不存在"显得更加诚实。③ 通过以上论证,普兰丁格最终得出结论:"根本没有理由认为我们不可能思考上帝,根本没有理由认为我们不能用智慧,知识,慈爱以及所有词类的非形式肯定性质来述说上帝。"④ 可见,普兰丁格坚持从基督教信念出发谈论上帝,认为基督教信念是可辩护的、合理的和有保证的,他在持守自己信仰的基础

---

① 关于这一点我们可以参照普兰丁格的另一篇论文《多元主义:为宗教排他主义辩护》,《维真学刊》1999 年第 2 期。
② [美] 阿尔文·普兰丁格:《基督教信念的知识地位》,邢滔滔等译,北京大学出版社 2004 年版,第 68 页。
③ [美] 阿尔文·普兰丁格:《基督教信念的知识地位》,邢滔滔等译,北京大学出版社 2004 年版,第 46 页。
④ [美] 阿尔文·普兰丁格:《基督教信念的知识地位》,邢滔滔等译,北京大学出版社 2004 年版,第 68 页。

上构建自己的学说和体系，运用严格的逻辑、分析的方法维护自己的宗教信仰，这也是普兰丁格本人信仰情感的表达方式。

普兰丁格叙述的"保证"的四个条件（设计蓝图、恰当功能、认知环境和朝向真理），如果用一句话来概括就是：只有当认知官能在适当的认知环境中正常地发挥功能或作用，并且按照其设计蓝图成功地朝向真理，在此条件下产生或持有的信念才具有保证。基督教信念由于完全符合这四个条件，所以是有保证的。由此，我们对"上帝"概念的赋义就必须建立在"信"的情感之上，从这种情感出发来谈论上帝。"信任"情感指向的是一位实实在在的"上帝"，只要这种情感存在，"上帝"对信任者本人来说就是真实的、实实在在的存在。而在信任情感下，我们的理解力也会不断得到更新，这是我们在下一节要讨论的话题。

第二节　信任情感与人的生存

我们在上节论述了普兰丁格的"情感赋义"。他指出，基督教信念是有"保证"的，关键是我们要从"信"这种情感来对"上帝"进行赋义，而"信"是基督徒的生存出发点。那么，从"信"出发，我们该如何赋义"上帝"概念？这对我们的生存会产生怎样的影响呢？这是我们在本节要处理的问题。我们反复论述到，"经验指称"和"情感赋义"都是我们赋义的方式，且区别在于起点不同：一个始于"经验"，一个基于"情感"。然而这两种赋义导致了我们对"上帝"概念的不同理解，以至于影响到我们的生存。具体来说，由于赋义起点的不同，我们的理解、判断和选择都会有所不同。所以，我们就从生存的四个环节（赋义——理解——判断——选择）来做具体分析。在这四个环节中，赋义是起点，理解是关键，判断是重点，选择是生存。赋义是我们的生存起点，它有两种方式，就是我们所强调的"经验指称"和"情感赋义"。需要说明的是，由于"情感赋义"涉及多种情感，而"信"这种情感又是基督教信仰所强调的，是基督徒生存的出发点，所以在下面的篇幅中，我们就集中分析"信"的情感赋义功能以及它在我们的理解、判断和生存选择中的更新作用。简单来说，这种作用主要体现在以下三个方面，即理解力的更新、判断权的放弃和悖论式的宗教生存。

一 信任情感与理解力更新

首先来看信任情感与我们的理解力更新问题。我们接着从上文普兰丁格的"保证"谈起。普兰丁格认为,基督教信仰是"有保证的",也就是说基督教信念所坚持的是"真理"的信仰,那么,我们该如何对待"多元主义"的挑战呢?我们要注意,我们生存的一个现实就是,这个世界并不是基督教信仰"独霸天下"的,还有印度教、佛教、伊斯兰教等其他宗教信仰存在。这些宗教信仰都宣称自己的信仰才是"真理",这就是宗教信仰中的"多元主义"问题,即认为世界上各宗教之间是有区别的,认同其中一个而反对其他宗教,是武断的、不理性的、没有根据的。所以,我们要问的问题是(这也是普兰丁格自己的问题):我们应该如何理解世上所具有的多样化宗教呢?我们能够明智地信守其中一种宗教而拒斥其他宗教吗?在《多元主义:为宗教排他主义辩护》[1] 一文中,普兰丁格对这个问题进行了较为详尽的探讨。我们这里并不打算对普兰丁格的辩护过程做较为详细的解读。因为普兰丁格辩护的目的是论证"排他主义未必有知识上的过失,也未必有道德上的缺陷",这与我们本书的主旨("谈论上帝")似乎不太协调。我们所关心的问题,仍然是基督教信仰中的"情感赋义",而普兰丁格又强调"信"的赋义功能,认为它是"有保证的"。我们发现,无论是多元主义抑或是排他主义,其实关键点都是一个"理解"问题,这涉及对信仰对象(如上帝)和真理的不同解释。具体来说,基督教信念中强调两个命题:一是世界为一位全知全能全善的上帝所创造(且相信他是有其目的、计划和意图的);二是人类需要救赎,上帝以其子道成肉身、生命、牺牲和复活提供了唯一的救赎之途。在这两条信仰命题中,第二条是重点和核心,也是基督教区别于犹太教的最大的"特征",对耶稣的信仰是基督教中的"恩典"概念(或拯救概念)。坚持这两个信仰命题都是正确的、都是"有保证的",就是"排他主义",用普兰丁格的话来说,就是"我明白到自己无法说服他人应该信我所信,但我继续坚持我的信仰"[2],而多元

---

[1] Pluralism: *A defense of Religious Exclusivism* in the Rationality of Belief and the Plurality of Faith Edited by Thomas Senor, Cornell University Press, 1995, 中文翻译载《维真学刊》1999 年第 2 期。

[2] Pluralism: *A defense of Religious Exclusivism* in the Rationality of Belief and the Plurality of Faith Edited by Thomas Senor, Cornell University Press, 1995 p. 194.

主义则认为"排他主义者"的态度太过武断，自高自大，真正的态度应该是"留意其他宗教""知道在其他宗教中有很多至少看似真心敬虔的人""相信你没有什么论点可以说服他人信你所信"①（多元主义的观点以约翰·希克为代表）。

我们发现，"多元主义"和"排他主义"争论的焦点实际上都涉及了我们的"理解"问题。也就是说，由于我们对同一事物或同一对象（或信仰体系）的理解不同，我们对它的解读也就不同，用我们的术语来讲，也就是具有不同的生存方式。排他主义者认为我们的理解必须依赖一定的理解体系，故人的理解应该是收缩性的；而多元主义者认为人的理解应该是开放或扩展性的，这样我们才能解释更多的新鲜事物（事情）。然而，人的理解的收缩性和扩展性其实是同步的。于是，无论是多元主义还是排他主义者，其实关心的都是理解力的扩展问题。② 多元主义者认为人不应当固守一定的理解体系，所以要学会"破执"——学会放弃自我固有的理解概念，同时在自己的信仰体系中学会接纳别的信仰体系，从而培养自己"包容"的心态和态度——这样的理解就是扩展性的。但是，在普兰丁格看来，多元主义者存在着一个理解起点或出发点的困境，也就是说，我们的理解必须有一个起点，我们必须以一定的理解或信念体系为起点来理解事物，不可能做到完全否定自我的理解。如果我们没有这个起点——就像一个新生儿，脑袋一片空白——我们就无法"理解"任何事物。所以，多元主义在自我否定上是陷入困境的，它提出的理解力扩展是不可能的。而"排他主义"的理解是一种必须以一定的理解体系为基础，并从这个理解体系出发，对新的事物和对象进行赋义并理解，如果在原有的理解体系中找不到新的事物的位置，那么，人就会对这种新事物予以排斥；但是事实是，每个人都不能放弃自己的理解体系，所以每个人的理解，从某种程度上来说，都是"排他主义"的；而且我们特别需要注意的一个事实是，在基督教信仰体系中，"信任"的情感带给人的是一种"恩典"的力量（或者称"拯救"），由此带给我们的是一种非常独特的"接受"意识。这种"接受"意识从何而来，普

---

① 这三条是普兰丁格所论述的多元主义者所相信的三个命题。
② 对于这个问题更详细的解读，可以参见谢文郁《拯救概念和人类理解困境》，《维真学刊》1999 年第 3 期。

兰丁格认为，它来自基督教信仰中的"启示"（恩典）概念。也就是说，"恩典"是在"信任"的情感中被赋义的。"恩典"概念使人在信心中处于"接受"立场，对神的旨意处在开放的状态中，这样其理解力对神的旨意（或安排）就是扩展的。所以，基督教信仰中所谓的"排他主义"并不像多元主义者所批评的那样，是"坚持了没有理据的和/或不理性的证据"，恰恰相反，排他主义者的信仰是"有保证的"，这就是普兰丁格的"保证三部曲"所致力的工作：基督教信仰有"保证"的，故排他主义也是"有保证的"。所以，普兰丁格认为基督教的"恩典"概念给我们的理解带来了强大的更新力量，这种更新是在"信任"的情感中完成的。为什么会带来更新呢？我们重点来分析这种在信任情感赋义中的"恩典"概念到底会在理解力上带给人怎样的更新。

我们知道，理解是一个认识主体对外在对象进行赋义的过程。赋义有两种方式：经验指称和情感赋义。对一个外在事物，我们可以通过"经验指称"对其进行赋义。比如这是一棵树，我们可以指着现实中真实存在的一棵树来说这句话，通过"指称"来完成对这棵树的赋义。这样，就可以说我们达到了对这棵树的理解。同时，在对这个外在事物赋义的过程中，我们会把自己的情感表达出来，比如，这是一棵神树。在外人看来，这仅是一棵普通的树，根深叶茂；但是对于说话者来说，因着对这个树的"情感"（比如信任、感激、敬畏等），这棵树就被赋予了"神圣"的含义（神树）——这是一种情感赋义。这说明，人们对相同事物可以有不同的赋义角度，因而对其理解也不尽相同。这就涉及了"理解"过程的两个方面，即作为理解者的主体和作为被理解者的对象。主体和对象的关系有两种：一种是"主体符合对象"（客观主义的思路），一种是"对象符合主体"（主观主义的思路）。根据客观主义的思路，"对象"本身是有确定客观意义的，或者说"意义"是客观地内在于对象之中的。在"这是一棵树"这句话中，"树"本身是有意义的（比如"树"这个名称就是这棵高大的植物的意义），而且这个意义是独立于我们的主观认识的。而我们要对这棵树进行认识和理解，关键就是我们要通过感官去接触这棵树并把握这个"树"，我们对这棵树的知识越丰富、描述越细致，则我们对这棵树的"理解"越深刻。也就是说，只有当我们的认识"符合"甚至"完全符合"客观对象时，我们才会理解真理。这就是客观主义的真理观，即我们的认识要符合对象。但是这条思路在近代经验论的批判下陷入了困境。首先对其发难的是贝克莱。贝克莱提出，如果客观真理观是"主体符合对象"，那么我们如何证明我们的认识符合了客观对象呢？因为要证明主体与对象的符合，我们就需要把主体对对象的"认识"和"对象"本身做以比较。而事实上，这个比较是无法进行的。因为"实在就是被感知"，我们对对象的认识都是我们的感觉，除了感觉，我们对对象不能有其他任何认识，也就是说，感知和感知对象其实是一回事——感知=感知对象，所谓的外在的实在的"对象"其实是不存在的，它只是我们的主观的对象。所以，客观真理观的思路，即我们的主体认识要符合对象，其实是不成立的。而休谟继承了贝克莱的经验论思想，他在《人类理智研究》中，指出我们所有的哲学研究都必须在经验和观察的基础之上进行，人类的所有知识都来源于经验，只能在经验内起作用，不可能告诉我们经验之外的事情。而对于对象的意义来说，这是我们不能凭感官来感知的，是超出经验之外的，所以经验对其无能为力。我们无法通过经验来感知对象的"意义"。康德沿着这条思路，认为我们对对象本身具有意义这种预设是没有道理的；因为我们在没有认识对象之前，是无法谈论对象的"意义"的，只有在认识对象之后，我们才能谈论其"意义"；所以应该是认识在前，意义在后。这样，我们就需要颠倒主体与对象之间的关系，即不是"主体符合对象"，而是恰恰相反，需要"对象符合主体"，这就是所谓的"哥白尼式的革命"。"哥白尼式的革命"目的就是放弃外在对象本身具有客观意义这种预设，而认为我们对对象的理解，实际上应该是主体依据自己的内在认识结构对对象进行赋义的过程，所以对象的"意义"其实是认识主体赋予对象的，而不是对象本身内在的，这样，对象要符合主体。可见，经过康德的"哥白尼式的革命"，人们就要把理解建立在主体基础之上。建立于主体基础之上的"理解"有一个悖论式的特征，就是它既是扩展的又是收缩的。① 主体理解是扩展的，因为主体必须根据自身的概念结构对对象进行赋义。也就是说，主体对于多样的对象是开放的，只要"对象"能够引起主体的兴趣，主体愿意对其表示理解，那么就可以依据自身的概念

---

① 谢文郁：《拯救概念和人类理解困境》，《维真学刊》1999 年第 3 期，该文具体解释了理解的出发点、根据和合法性等。

结构对其进行赋义。比如，当我们看到一棵比较奇特的"树"（比如它的形状或根茎叶与我们平时经验的"树"不同），这棵树引起了我们的兴趣，那么，我们就可以根据以往我们对于"树"的经验对其进行赋义，当我们对这棵树的赋义越来越深刻，那么我们对于"树"的理解就大大扩充了。从这个方面说，我们对新事物的赋义会使我们的理解力不断地扩大，所以理解就扩展了。从另一方面来说，理解力又是收缩的，就是说，当主体追求对对象的理解时，要在自己已知的理解体系内寻找对它的位置，如果一个对象对我们来说是完全陌生的，即根据我们现有的理解体系我们无法对其进行赋义，比如，有一棵全新的植物，其形状跟我们平时见过的"树"完全不同，我们不知道它是不是"树"，所以无法根据"树"这个概念结构对其进行赋义，因为根据现有的理解体系我们无法在其中找到这个对象的位置，给出某种解释，所以我们的理解又是收缩的。简单来说，由于我们的理解受制于我们固有的理解体系，所以是收缩的。这样，我们的理解既是扩展的又是收缩的，这是一种张力。对此我们可以这样来看："理解的扩展性和收缩性是同步的。理解是对'待解释的对象'之理解，因而理解必须是扩展的。同时，理解只能在一定的理解体系内进行理解，因而理解是封闭的，我们看到，主体的理解概念认为理解的起点和根据是一定的理解体系，在理解过程中呈扩展趋势，其归宿是建立一个更广泛的，包括一切的解释体系。"[①] 当我们面临许多新事物和新对象——在我们的理解体系中无法解释的事情时，我们的理解力就扩展了，但是当我们对这些新事物的赋义逐渐达到圆满，我们就会逐步囿于自己的理解力而止步不前。这样我们的理解力就成了一个由开放和发展走向封闭和死亡的过程。那么，如何能够冲破这个过程，即让我们的理解力始终保持着扩展的趋势，而不走向封闭呢？这就需要我们的理解力必须处在"接受"的立场之上，而基督教的"恩典"概念恰恰为这个接受立场提供了可行的一条道路。

我们知道，信是人的一种原始情感，基督教强调人要在"信任"恩典中生存。什么是恩典呢？我们知道，恩典是基督教经典《圣经》中的一个核心概念，其含义最简单地说就是"道成肉身"。在中文和合本《圣经》中，同

[①] 谢文郁：《拯救概念和人类理解困境》，《维真学刊》1999 年第 3 期。

样使用了"道"这个概念。当然这种翻译是否合适也是学术界争论的一个焦点。《约翰福音》开头第一句就是"太初有道,道与上帝同在,道就是上帝"。而"道成肉身"则是上帝对人类的最大的恩典。希腊文中用 charis 这个字来表示美丽和可爱,它也含有人不能赚到或配得上之意。这个字被译为"恩",它在神学上的定义就是"不配而得的惠赐。"神恩是一个礼物,是不靠功德而获得的赐给,是白白赠送的。根据《圣经》中的观点,世人都犯了罪,亏缺了神的荣耀。而"罪的工价乃是死"①,所以每个人都是罪人,每个人都要死,每个人都不配得获得上帝的怜悯和慈爱。但是上帝却深深爱我们这些罪人,"神爱世人,甚至将他的独生子赐给他们,叫一切信他的,不至灭亡,反得永生"②。于是耶稣——神的儿子,奉天父上帝的命令,"道成肉身",为罪人而死,被钉死在十字架上,成就了神的恩典。所以恩典最大最有意义的一点是"道成肉身"。《圣经》说:"道成了肉身,住在我们中间,充充满满地有恩典有真理。"③"道"作为"恩典"和"真理"主动向"我们"显示。如果"道"不亲自向人彰显自身,则人就只能在黑暗中(非真理状态中)生存。现在"道"成了肉身,主动来到人间,"启示"世人他就是真理,从而使真理和人建立起了真正的联系——这是恩典的重要含义。"道成肉身"带给我们恩典观念最重要的一点就是上帝自身的"启示"。启示(reveal)的意思就是打开幕或盖,把里面的奥秘显明出来的意思。启示意味着作为真理的"道"即上帝本身主动将他自己启示给我们——他所创造的人。其结果就是我们越是认识这个"道"(真理)也就越是认识我们自己。因此也可以说启示是我们认识真理和认识自己的基础。而作为启示者的"道"(上帝)与领受启示者之间的关系则是:启示者是上帝,领受启示者是人;启示者是上帝自己形象的本体,而领受启示者是上帝按照自己的形象创造的一个"被造者"。所以上帝是一位主动的启示者,而人是被动领受启示者。上帝启示人的目的显然是要人放弃自己对真理的盲目追求,建立一个正确的真理观,要人对真理有个正确的认识。此外,启示还需要几个条件或"基础",正如唐崇荣牧师所认为的那样,上帝启示有三个基础:第一,上帝的启示基于他的自知

---

① 《圣经·罗马书》6:23。
② 《圣经·约翰福音》3:16。
③ 《圣经·约翰福音》1:14。

与全知，上帝不单是个自知的上帝，也是全知的上帝；第二，上帝的启示是基于他的主权，换一句话说，因着上帝乐意启示才有启示的行动被施行出来，若是上帝不愿意启示，则人类历史中就没有"启示"这一个行动发生过；第三，上帝的启示是基于他的恩典，在《哥林多前书》第二章里面有一句话："叫我们能知道上帝开恩赐给我们的事。"基于此，上帝是无限的，人是有限的；上帝是创造者，人是被造者。创造者以无限的位分产生了有他形象的人，但是却保留了人的有限性，人能领受的恩典也是如此。所以这种"道成肉身"的恩典启示观与"人要主动追求真理"的观念截然相反，人和真理的关系不是从人到真理的过程，而是由于"真理"自己主动来到人间跟人建立起关系。这种真理观我们称为"恩典真理观"[①]。

既然上帝通过"道成肉身"的方式把恩典启示给人，那么人对这种恩典就应该作出反应，这就是"信"，包括信心、信任和信靠。人必须有信心，才能得到神的恩典，才能得到神的喜悦。"人非有信，就不能得神的喜悦；因为到神面前来的人，必须信有神，且信他赏赐那寻求他的人。"[②] "信"不仅是通向真理的唯一道路，而且是最有力量的道路，是获取神的恩典的那把钥匙。而《约翰福音》的真理观要求人们要从信任开始来接受真理。信任是认识真理、认识恩典的出发点。信任要求人们"悬搁"自己对真理的判断权，能够怀着开放的态度面向真理并接受真理的启示。

我们来看信任与理解之间的关系。我们已经叙述过，在一定理解体系中，人的理解的扩展力会趋向封闭、走向衰竭。可以说，人所持有的固有理解体系是理解力衰竭的根本原因，而要让理解力永远保持扩展性，关键就是要让人放弃这固有的理解体系。但是，人是受制于自己的理解体系的，不可能靠自己的力量去放弃，所以人就需要一种外在的力量来帮助人摆脱这固有的理解体系。这就是基督教的恩典，即耶稣道成肉身的拯救，耶稣作为真理和完美者对处在罪中挣扎的人的拯救。人受一定的理解体系的制约，认为自己的理解体系是"完善的"或"完满的"，那么在基督教看来，这就是人的"罪"，而要让人摆脱这种"罪"，靠自己的力量是无法做到的，所以耶稣就要求人要认

[①] 谢文郁：《基督教真理观及西方思想史上的真理观》，《基督教思想评论》2006年第1期。
[②] 《圣经·希伯来书》11:6。

识到自己的这种"罪性",并认识到自己要放弃这种固有的理解体系。这种基督教的恩典(拯救)概念是以人的信任为出发点的。在信任之中,人承认自己的"罪",承认自己的理解是不完善的,所以要完全地放弃,而这就需要耶稣的帮助,于是,人在信任中就进入了依赖耶稣的生存状态。在信任情感中,人的理解力就呈现一种接受意识。人在接受意识中,寄望于作为完美者的耶稣将真理赐给人,从而向耶稣开放了自己的思想。这样,就使得人所固有的理解体系逐步瓦解,并在重构之中形成新的理解力,这就是理解力的更新。当然这种理解力的更新也不是一蹴而就的事,因为当恩典概念进入人的理解体系之中后,会与原有的结构形成一种张力关系。简单来说,就是既接受又排斥。但在信任情感中,人会倾向于全盘接受,最后完成理解力的更新。可见,在信任情感中,人的理解力向作为恩典给予者的耶稣呈现开放和接受的态度,所以人的这种理解力的更新离不开恩典概念,并且必须建基于人的信任情感之上。

二 信任情感与放弃判断

下面我们再来看"信任"情感和判断的关系。简单来说,信任情感要求我们放弃判断。在人的生存中,判断是重点,因为判断直接决定我们的选择,继而影响我们的生存导向。人类作为理性的动物,"理性"的最初含义其实就是判断[①],人类拥有理性最重要的标志之一就是人拥有判断权。我们发现,"判断"的成立得益于三个条件。第一,是判断的主体,即"我",就是说拥有判断权的主体是"我",判断是"我"做出的判断,我们总是要从个人主体的心思意念出发来进行判断,或者说,判断的出发点是"我"。第二,判断的对象必须是"我"经验范围之内的,依赖"我"理解,"我"对自己理解范围之内的事物可以进行判断。但对于超出了"我"理解范围的事物,"我"可以有两种判断方式:或者是根据"我"现有的经验进行大胆的"推测"(这是经验的延伸);或者是悬搁判断,即对于"我"不能理解的事物不进行判断——"悬搁"也是一种判断的方式。第三,判断需要一定的标准或依据,

---

① 谢文郁先生曾从"理性"这个词的希腊语词源表明这个词的最初含义是出发点和判断者。详见谢文郁《信仰和理性:一种认识论的分析》,《山东大学学报》(哲学社会科学版)2008年第2期。

即"我"进行判断时就必须有个依据。这个依据无非有两种。第一种是这个依据必须是在"我""理解"体系之内的"好"的观念,即善观念。也就是说,"我"必须根据自己理解范围之内的"善"观念进行判断,以此作为准绳来进行判断。第二种是他人给予的外在的"善"观念。所以,在这里寻找"善"观念成了我们生存的出发点。因为我们的生存就是选择,而人的选择是建立在判断基础上的,判断所依据的人的现有的善观念,故而人的生存乃在自己的善观念基础上进行判断和选择的过程。这里,善观念是人的生存原始出发点,而判断权则是人的生存的动力。

首先我们来看个人理解范围之内的善观念。每个生存在这个世界中的人内心之中都有一定的善观念,这个观念或许因习惯、感情、环境、性格等差异而不同。大体来说,随着人生阅历和社会经验等的增加,人的善观念会逐渐成熟,逐渐稳固,但也会逐渐"固执己见"。这样,个人的善观念就会逐渐成为他判断的标准。简单来说,对于符合他的善观念的,他会比较容易作出判断;但对于不符合他善观念的,他会比较难于作出判断。

对于个人无法理解的善观念,或者超出个人理解范围的善观念,比如至善,我们只能通过想象力将我们能理解的善观念不断地叠加并以为最终得到的总和就是"至善"。这种理解其实是将我们经验之内的善观念向经验之外的延伸,是我们想象或因果推理的结果。而基督教"道成肉身"是"至善"(真理)走向人的结果,也就是说,对于耶稣,我们是没法判断的,我们只能在信任中接受。耶稣深知人理解和判断的困境,所以要求人们放弃判断权,选择"信",这就是为什么基督教教义反复提到要"信"的原因。"信"这种情感具有极大的赋义功能。"信任"情感可以培养我们的开放态度和接受意识,也就是说,在信任情感中,我们对外来事物的态度是呈现一种开放态度,同时也呈接受心态。比如我们对一个人的信任程度越深,则我们对这个人的能力等方面也就会有越深的认识和了解。用人不疑、疑人不用,说的就是这个道理。当我信任一个人的时候,我就会放手让他去做事,无论他采取什么样的方法,我都不去阻止,而长时间这样做的结果,就是我会发现,这个人的能力很强;但是如果我阻止他去做,即我不再信任他,根据我的"判断"认为他不行时,那么,我对他的了解也就不能继续深入下去。从这个方面来说,信任也就意味着要放弃判断权,这是信任情感中的开放意识。当我们信任某人的时候，实际上我们就是把自己的判断权交给了他，那么，这个人的想法和心思意念就会成为我们的心思意念，他的判断也就是成了我们的判断。无论他做什么事情，怎样做事情，我们都会全盘接受。这是一种接受态度。基督教的信任情感跟这一点非常类似。我们知道，基督教信仰中十分强调"信任"情感，并且认为这是基督徒的生存出发点。耶稣作为外在的拯救力量进入人的生存中，必须建立在人的信任情感中。首先，根据基督教信仰，人都犯了罪，亏缺了神的荣耀，人生活在罪中，所以人需要救赎。人必须首先认识到这一点，即人没有能力作出正确判断，但这需要建立在对"恩典"信任的基础上。也就是说，在恩典的光照下，人必须意识到自己的本性已经败坏，人的选择只是根据自己的败坏本性所作出来的，因而所作的判断是恶的，人必须对这一点有清醒的认识，这就是基督教所说的"认罪"。认罪带来的结果是人承认自己的无能和软弱，认识到靠自己的判断是错误的。这样，在信任情感中，基督徒把判断权交给了耶稣，相信耶稣会给我们作选择。这就是基督徒所信任的恩典概念。而且我们在信心中相信耶稣是善的、是真理；所以他的选择也一定是善的，我们接受的也一定是善的。这样基督徒就进入了放弃判断权，将判断权交给耶稣，在信任中等待神的旨意的状态。而耶稣作为拯救者，道成肉身来到人间，将上帝的恩典赐下，所以基督徒对于耶稣必须有绝对的"信"，唯有相信耶稣就是道路真理和生命，来自天父，相信他是通向天父的唯一道路，才可以做基督的门徒，跟随基督。信任耶稣乃罪得赦免获得救恩的唯一的道路。而信任基督也就意味着放弃善恶判断权，在顺服中接受天父的旨意。这样人就在信任中对神的旨意就呈现开放和接受的态度。

三 信任情感与悖论式生存

通过以上分析，我们可以看出，信任情感使人对神的启示和神的旨意处于接受立场，从而带给人理解力的更新，同时它促使人放弃善恶判断权，将判断权交托给上帝，自己在无判断的"信心"状态中接受神的旨意和安排。而这就是基督徒的生存选择，是齐克果所描述的"悖论式的生存"。所以，了解了信任情感带给我们的理解力更新和对判断力的"悬搁"后，我们再来分析信任与选择（生存）的关系时，还是需要回到齐克果。

我们在分析齐克果的思想时，已经知道，齐克果反复告诉我们这样一个事实：我们的生存时刻面临选择。如果我们不进行选择，则意味着我们就失去了作为"人"的资格，沦为了动物或植物。"选择"是有理性的"人"之所以为人的重要标志。所以，生存即选择。而选择跟我们的判断是不可分割的。在关于三个阶段——美感选择、伦理选择和宗教选择的论述中，齐克果认为，在美感选择中，我们判断的标准是我们的欲望，即只要能满足我们欲望的对象就是好的选择，比如，我们渴了，水可以满足我们的欲望，所以水就是我们的选择。而在伦理选择中，当我们面对多样的选择可能性时，我们就通过比较做出判断。比如，我们面前有水、饮料和毒酒三个选择——哪一个是"好"的选择，于是我们的判断就必须出现一个"好"的标准，也就是"善"。我们必须在生存中面对"善"的选择，但最终我们要了解什么是最高的善，也就是"至善"。而至善问题是个真理问题，因为它指引着我们的生存方向，关系着我们的"永恒幸福"，而这就是我们的宗教选择。总之，齐克果力图告诉我们这样一个事实：我们在生存中要面临选择，而选择就需要判断。我们分析过，基督徒在信任情感中，将判断权交托给上帝。而处于无判断而凭信心接受的立场，这其实就是基督徒的"悖论式的生存"。齐克果称之为"绝对式的悖论"生存，也就是在宗教 B 中的生存，即永恒真理（耶稣）进入人的短暂生存、将真理启示给人的生存模式。在这种悖论式宗教中生存的人，由于对上帝（真理）是无知的，因而对于上帝和人之间的这种绝对的区别也是无知的，人无法赋义"上帝"，而只能接受作为真理教师的上帝的亲身教诲。所以当永恒真理进入我们生存时就必须有一个历史的时刻，在齐克果的分析中，这个时刻就是历史上的耶稣。于是，耶稣的恩典启示使我们进入一种悖论式的宗教生存中，即作为永恒幸福和永恒真理的上帝在某一个时刻进入了人生存的时间之中，这就是悖论，而且是绝对的悖论。而这就是我们必须要经历的生存选择。按照齐克果的这种说法，我们看到，基督徒的生存其实就是一种悖论式的生存：在信任之中将判断权交给耶稣，无论自己的最终选择是什么，都坚信是在神的主权的掌管之中。我们继续分析这种信任情感发现，基督徒在信心中对神的旨意呈现开放和接受态度，这也意味着无论基督徒在生活中经历什么样的事情，他都会将一切归之于神的旨意。比如，一个人在人生十字路口面临着继续升学和立即工作的选择，那么，在这个生存现实中，基督徒会通过祈祷将判断权完全交在神的手中。最终他无论做出任何决定,他都会认为那是神的旨意。从判断上来说,他确实不知道神的旨意,因为他放弃了判断权,处于无判断状态;而在信心中,他相信那是神的旨意。所以,基督徒的生活就处在一种面临生存的"悖论":面对神的旨意,在无判断状态中坚信神的旨意。这种悖论是一种信任和判断之间的张力。对此,我们可以这样来分析,基督徒的生活应该是在"信任基础上的判断",而不是"判断基础上的信任"。这两种说法很相似,但是实际上却会导致不同的生存方向。神的旨意是在人的信心中呈现的,我们只能在信心中谈论神的旨意,但是一旦进入判断,神的旨意就变成了人自己的旨意。在基督徒的生存中,他坚信一切都在神的掌管之中,神对任何事情都拥有绝对的主权,而且他相信神的旨意都是正确的,都是好的。在这种"信任"情感中,他在进行判断决策和选择时候,他相信一切都符合神的旨意。另一方面,他又必须根据自己现有的理解力作出判断,无论这个判断最终带来什么样的生存后果,他都坚信里面含有神的旨意。也就是说,如果他的判断选择在日后的生活中一帆风顺,比如在继续升学和立即工作的选择中,他最终选择了继续升学,如果在学习过程中,他心里有平安喜乐且事事顺利,那么,他相信这是神的旨意;相反,如果他感觉事事不顺,心中忐忑,且最终升学没有成功,那么,他也会相信这是神的旨意,且神让他经历失败是对他有益处的"万事互相效益",凡事都有神的美意。所以,无论他作出了什么样的判断,他都会在信心中相信这是神的旨意,有神的带领。而"在判断基础之上的信任"则完全不同,他会认为,做事成功事事顺利才是神的旨意,相反,如果事情不顺利,遭遇失败挫折,他认为自己的判断不是神的旨意。比如,一个人选择了立即工作,如果在工作中他工作努力,而且薪酬和待遇很好,工作环境也很舒心,同事关系也很融洽,那么,他就会认为自己当初的这个判断就是神的旨意,所以蒙神的祝福;相反,如果他在工作中事事不如意,薪酬待遇很差,工作环境也很不好,同事关系也很紧张,那么,他就会认为自己这个选择不是神的旨意,因为他不被神祝福。我们再深入分析"判断基础之上的信任"会发现,这种生存实际上还是以人自己的心思意念为中心,即凡是符合自己心思意念的,就认为是神的旨意,反之则不是。这实际上是将自己的心思意念等同于神的旨意,这不是基督徒(或信仰成熟的基督徒)的信任情感。

我们在本节较为详细地分析了信任情感与人的理解力更新、判断权放弃和人悖论式的宗教选择问题，且我们的重点放在了基督教的"恩典"概念在理解力和判断权上对我们生存的影响。由于上帝的"恩典"，将作为真理化身的耶稣"启示"给我们，我们在"信任"的情感中，处于对真理和恩典的接受立场，这种信任情感使得我们的理解力处于开放和扩展的状态，接受神的启示，同时放弃我们的判断权，在无判断的状态中凭信心接受神的旨意，从而使我们生活在"悖论式的状态中"。这就是基督徒的选择，就是基督徒的生存。

结语　经验指称与情感赋义
——出发点之争

在本书中，我们追踪了近代西方思想史上的宗教语言问题，重点考察了各哲学家对上帝概念的赋义，包括休谟的经验论和"理性是情感的奴隶"思想，康德的"哥白尼式的革命"和黑格尔的"实体即主体"的真理体系，施莱尔马赫的"绝对依赖感"和奥托的"被造感"、齐克果的"悖论的激情"，艾耶尔的"可证实原则"和维特根斯坦的"逻辑图像论""语言游戏说"，最后我们分析了普兰丁格所论述的"有保证的基督教信念"以及"信"的情感赋义对我们的理解力的更新作用。从历时角度来看，人们对于上帝概念的赋义主要有两种方式：经验指称和情感赋义。这是两种出发点不同的赋义方式，导致了人们对上帝概念的不同理解。

我们的追踪从上帝问题开始。为什么我们要"谈论上帝"？因为"上帝"是个生存问题，在西方基督教信仰体系的背景中，这一点体现得尤其明显。"上帝"是真理、至善、形而上学和永恒幸福等的同义词或代名词，与人们的生存息息相关。没有上帝，人们的生存就变得无所适从、无从安排。人需要上帝，是为了解决人的终极情感归属问题，比如人的终极信赖感和内心安宁感等，这些情感是人们宗教生活的基础，是人生存不可忽视的力量，没有这种对上帝的这种情感，人就生活在忧愁苦闷之中，[1] 继而生存就会出现问题。所以说，上帝问题是人的生存问题，是人们在情感上所执着的神圣存在，也是基督教背景下的人（大多是基督徒）生存的全部重心和生存的出发点。在西方思想史上，"上帝"在希伯来文化中是从神到人的"启示"文化的代表，在跟希腊哲学从人到神的"理性"文化相冲撞和相冲突的过程中，基督教的

---

[1]《圣经·诗篇》90：10。

"上帝"最终取代了古希腊哲学的主导地位。为什么会发生这样的取代呢？这主要是由于古希腊哲学在追求真理的问题上陷入了困境，简单来说，就是靠人的主动追求是找不到真理的，而基督教的"恩典"概念则强调真理的自我"启示"，耶稣作为真理的化身通过"道成肉身"来到人间，将真理告诉人们，于是人们就成为真理的接受者，而"信"就成了联结真理（耶稣）与人类之间的情感纽带。经过一批早期基督教哲学家如奥利金等的贡献，尤其是基督教哲学的集大成者奥古斯丁强调的上帝的恩典是人的生存出发点，人们致力于用希腊的哲学精神和术语来解释基督教教义的努力终获成功，"两希文明"成功融合，从而使得"上帝"成为西方哲学家在生存中不可避免的且不得不谈的一个核心概念。所以，在分析西方哲学家论述该对"上帝"如何进行言说时，我们采用了生存分析法，即注重考察各个哲学家在其思想中的生存关注，他们所关注的问题跟他们的对"上帝"的赋义之间具有怎样的关系。在对"上帝"进行言说时，我们可以用两种方式，分别为经验指称和情感赋义。"经验指称"的出发点在于我们的经验，而"情感赋义"的出发点则是人的情感。这两种赋义方式共存于人的生存中，就会引发人的不同生存导向：经验指称的"上帝"在人的语言和理性框架之内的上帝，上帝的完美和完善是人的语言表达相叠加的结果，这样的上帝被人的经验所"桎梏"，带着人类理性的"镣铐"；而情感赋义则使上帝超然于人的经验和理性之外，无损于上帝的完美和完善。这是我们在追踪思想家们对"上帝"概念赋义时，尤其注重的一点。

宗教语言在近代思想史上的产生可以追溯到休谟的"怀疑论"（经验论）思想。所以我们的追踪也从休谟开始。休谟论述关于宗教认识的问题时，以经验为出发点，并且以经验作为基础，认为一切知识都必须在经验内发生。但他也注意到，如果我们仅从经验出发，根据"相同的结果源自相似的原因"和"神人相似论"原则，那么会发现我们对上帝的存在和上帝的属性的言说并不能成立。在这个因果推论过程中，不可忽视"情感"的力量。因为宗教信仰有个人性的起源，即人的情感。于是，他提出"理性是情感的奴隶"，强调情感的主导性地位，也就是说在宗教及其相关问题上（比如神迹的论证），基础应该是情感。情感是我们言说宗教和"上帝"时候的出发点，我们只有在情感力量的驱动下才能对"上帝"或神迹等基本宗教概念完成赋义，这就是一个"情感赋义"的过程。虽然休谟思想明显"重经验轻情感",但他的"情感赋义"观点还是比较明确的,也是我们在讨论他的思想时,绝不能忽视的。

休谟之后,康德通过"哥白尼式的革命"进一步论证了人类不能以"经验指称"的方式来指称上帝。他的"哥白尼式的革命"颠倒了主体与客体的关系,即不是主体符合作为对象的客体,而是作为对象的客体要符合主体。只有在主体中并由主体规定的对象才是实在的对象,这就很好地解释了先天知识的形而上学问题。他的《纯粹理性批判》目的就是对理性思辨所使用的范围和界限进行探讨和批判,从而为信仰留下地盘。但我们发现,康德的"上帝"概念是由人的理性推理出的,是理性的三个理念的最高形式,被称为纯粹的理性概念或者先验理念,换句话说,上帝仍然是在人的"纯然理性限度之内"的"上帝"。于是,我们看到,到了黑格尔时,理性主义的"上帝"概念达到了顶点和高峰。黑格尔的《精神现象学》旨在建立一个真理的科学体系,而这个体系的要素就是"概念",为此,他通过"实体即主体",使实体和主体得到统一,而要做到这一点,则必须通过人类精神对于绝对的认识活动来实现。黑格尔说,只有当我们认识到"绝对精神"时,我们才能够认知上帝。绝对精神产生过程有两股力量至关重要,就是自在和自为,这两种力量辩证地联系在一起,共同推进了绝对精神的发展,并产生了二者的同一体——真理(上帝)。黑格尔建立真理观的最终目的就是通过概念自身的辩证运动来论证理性与信仰的同一性,把上帝等同于人的绝对精神本身,把真理看作人对上帝的认识或上帝在人身上的自我认识,从而实现知识与宗教、哲学与神学的统一。黑格尔通过概念自身的"否定之否定"运动论证了上帝就是绝对精神,天启宗教(基督教)就是绝对精神在自身中的自我启示。但我们发现,黑格尔的真理体系忽略了一个重要的问题就是人的生存,用他的这个理论体系去指导人的生存,一旦这个体系出现了问题,则我们的生存就会出现问题。所以,黑格尔所谓的真理体系遭遇了诸多的非议。

在康德的理性主义达到"天高我为峰""一览众山小"的顶峰和高潮时,施莱尔马赫却反其道而行之,高举起"情感主义"的大旗。施莱尔马赫认为,我们谈论宗教(和宗教语言)的出发点应该是个人内在的宗教情感,应该采取的方式就是直观,故宗教(基督教)的本质就是直观和情感。这种情感施莱尔马赫认为是"绝对依赖感",绝对依赖感指向的是一位可以绝对依赖的存在者,只要这种情感存在,上帝概念在人的生存中就是实实在在的,故"上帝"是在人的绝对依赖感中被赋义的。而奥托则继承了施莱尔马赫"情感赋义"的思想,他将"上帝"称为"神秘者",唤起的是人内心中强烈的"被造感"。"被造感"这个术语表现了人面对"神圣者"这种强大的绝对力量时所产生的没入虚无之中的感受的阐释,使人感受到神秘者既可怕又沉迷,这种情感是人认识"神圣者"的基础:人类具有真正认识各种神圣现象的能力"直觉感受"(Divination),依靠这种能力,人可以认识到"神秘者(numinous)"所表现出来的意义、价值和目的。在施莱尔马赫和奥托看来,宗教是个"情感"问题,所以不能用理性的论证方法去探讨,而只能采取情感赋义的方式。故"情感赋义"在施莱尔马赫和奥托的思想中已经趋于成熟。而真正标志其成熟的则是齐克果的生存论思想。

齐克果反对黑格尔的思辨哲学所建立的真理体系。他从基督徒的生存出发,认为人的生存就是选择,而人生必须经过美感选择、伦理选择和宗教选择三个阶段。在宗教选择阶段,齐克果认为,上帝的存在需要的是我们的激情在"瞬间的飞跃",而不是理性的论证。无论这个"瞬间"有多么短暂,它都是一种飞跃(leap),这种飞跃意味着不再拘泥于人的理性论证,它是一种非理性的信心的飞跃,而这个飞跃在齐克果看来是一种"悖论的激情",是需要用情感来赋义和理解的。齐克果提出,把宗教信仰建立在客观证据或理性的基础之上是从根本上的误导:使人不在信仰上得到成长而转移一个人的精力,这是无用的甚至是有害的。他还提出了主体性(subjectivity)理论的思想,认为主体性才是信仰"真正的家园(authentic home)",真正的信仰是人类内心最深的带有满足感的"激情",只有在这种激情的推动下人类信仰才能够达到的情感的最高峰。如果用我们的术语"情感赋义"来表达,就是基督教信仰只有在激情中才能完成对"上帝"的理解和赋义,或者说"上帝"这个词不是凭借我们客观的"经验指称",而是凭借我们主体性的"激情"才能对其意义有所把握,即完成赋义的过程。齐克果高度重视激情的作用,认为激情是生存的个体在生存中的最高点。而这个生存中的最高点也就是主体的内在性的最高点。齐克果认为基督教信仰是绝对的悖论,但我们恰恰需要把握这个"绝对的悖论",尽管它看起来是极其荒谬的。因为基督教宣称的正是永恒真理（耶稣）进入短暂的人的生存（道成肉身），这个悖论需要的是信仰的内在性——用激情去把握和赋义。而这正是"情感赋义"的精髓和核心所在。

20世纪哲学出现了"语言学转向"，人们开始使用语言分析的方法来讨论宗教语言的意义，即"上帝"一词到底是什么意思。这一做法使得"宗教语言"开始危机四伏，其意义问题成了争论的焦点。以英国哲学家艾耶尔为首的逻辑实证主义学派高举"可证实原则"的大旗，全面冲击宗教语言的意义，即语言的意义要由"经验事实"来验证，宗教语言不符合经验事实，因而没有"字面意义"。但为什么我们还需用宗教语言呢？艾耶尔在生存上给出的答案是，宗教语言具有"情感意义"，因而需要"情感赋义"，即宗教语言是说话者情感的表达，别人不能对它进行断定。比如，"上帝真伟大"这句话是形而上学的说法，它只是宗教信仰者情感的一种表达，外人无法对它进行断定——不能判断其是真还是假。故宗教语言经不起"可证实原则"的打击，因为它只能在情感中被赋义。所以"经验指称"的思路在逻辑实证主义的攻击之下开始败退，但"情感赋义"的思路却为宗教语言的困境指明了出路。

关注宗教语言问题的还有维特根斯坦。但我们通过对其思想的详细解读发现，维特根斯坦在其前后期哲学思想中始终坚持认为语言是产生问题的根源，又是解决哲学问题的手段，故他的宗教语言观也随着他语言哲学观点的转变分为两个阶段：第一个阶段即他在前期思想著作《逻辑哲学论》中坚持用"逻辑图像"为语言"划界"，把宗教语言划归到"神秘之域"，认为它们是"不可言说的东西"，我们必须对其"保持沉默"；第二个阶段是他在后期著作《哲学研究》中提出"语言游戏说"，把宗教语言重新拉回到"粗糙的地面"，将其看作基于宗教生活形式的一种"语言游戏"，认为对宗教语言要从宗教情感上去赋义。维特根斯坦前后期观点的转变，即从"逻辑图像论"到"语言游戏说"的转变，在于他谈论宗教语言的出发点不同：前期从语言的逻辑结构出发，而后期则立足于现实的宗教生活形式（人的生存）。这是我们理解他宗教语言观的关键所在，也是"经验指称"和"情感赋义"两种谈论宗教语言的方式在他的思想中的交锋和对抗——最终"情感赋义"取得了胜利。

那么，"情感赋义"究竟魅力何在？为什么可以有效地解释宗教语言呢？

近年来，西方一批基督教哲学家致力于探讨"信"这种情感的赋义功能，其中普兰丁格的贡献最大。当代英美哲学界"改革派认识论"代表人物普兰丁格在他的"保证三部曲"中着重分析了"信任"情感的赋义功能。他认为，我们谈论上帝不能靠证据，而只能靠"信"这种情感去赋义和把握。在他看来，基督教信念无须证据，只需要我们的信任情感。基督教信念是一种基础信念，是基督徒生存的出发点，也就是并不需要靠其他命题所提供的证据或论证而可以直接相信上帝的存在。那么，为什么基督教强调人要在"信任"恩典的情感中生存？信是人的一种原始情感，信任强调的是在上帝"恩典"中生存，这意味着我们在生存中面对上帝恩典时要放弃自己的判断权，所以基督徒的生活就处在一种面临生存的"悖论"中：面对神的旨意，在无判断状态中坚信神的旨意。神的旨意是在人的信心中呈现的，我们只能在信心中谈论神的旨意。在基督徒的生存中，他坚信一切都在神的掌管之中，神对任何事情都拥有绝对的主权，而且他相信神的旨意都是正确的、都是好的。在这种"信任"情感中，在进行判断决策和选择时，他一方面相信一切都在神的旨意之中；另一方面，他又必须根据自己现有的理解力作出判断，无论这个判断最终带来什么样的生存后果，他都会坚信这里面含有神的旨意。这样，在信任的情感中，人的理解力和判断力就完全被更新了。

通过以上追踪，我们发现，"经验指称"和"情感赋义"两种宗教语言赋义方式的不同，其实就是对"上帝"赋义出发点的不同。经验指称以我们的经验为出发点，去谈论超验世界中的"上帝"，并力图让语言"符合"上帝的本质。但是"经验指称"这个思路在休谟、康德、黑格尔、艾耶尔和前期维特根斯坦的论述中陷入了困境：无论我们的语言多么华丽，它对"上帝"都鞭长莫及，不可能完全符合"上帝"的本质，于是出现了"上帝无指称"的现象。为清楚表达这个困境，我们可以举一个例子并对其进行分析：上帝是全善的。对这样一个命题我们可以通过"经验指称"，即从我们的经验观察出发，想象一个在超验世界中无限的全善的存在，并以"上帝"来指称他，然后把我们经验世界中所有关于"善"的特点一点点累积起来，"全善"就是我们语言能达到的极点。由于我们生存在经验世界，而语言是我们表达思想的手段，所以在经验中指称上帝必然要把上帝束缚在语言的框架之内，因此，无论我们如何努力去表达上帝的"善"，上帝的全善性都在我们的语言表达范围之内。人类的语言是有限的表达,尽管我们用无比华丽的语言来描述上帝,但这都会有损于上帝的全善,都是对上帝的贬低。"经验指称"所要求的"语言符合上帝"的原则是一条根本无法执行的原则,它因此会陷入了困境之中:在宗教语言中,我们假设要描述的"上帝"存在于超出经验观察的"超验世界"中,进而用我们的语言对之进行赋义,但人的理解和语言是有限的,无论我们如何穷尽自己的想象,如何理解,"上帝"都要受到理解和语言的限制。

而情感赋义则开辟了另一条谈论上帝的途径。这种谈论方式植根于对宗教敬拜对象(上帝)坚定不移的信念。因为宗教语言表达出来的宗教信念是以陈述或命题的方式呈现的,而这种陈述或命题更多表达的是信仰者的宗教情感。所以宗教语言本身所呈现的字面意义并不重要,重要的是这个宗教陈述的意义如何呈现在人们的信念中,如何为人们的理解力所赋义。宗教语言更多的是在生存层面表达对"上帝"的情感,这种情感是我们对上帝赋义的起点。这里我们强调"赋义",是说我们谈论上帝的出发点不再是我们的经验,也不再是"上帝"观念,而是宗教陈述本身,以"上帝是全善的"这句话来说,只要这句话的语法没错误,每个字我们都认识,则这句话就不必先在心目中形成"上帝""全善"的观念。对这句话赋义的起点是讲话者的情感,这句话也不应当看作一个判断句,而应视为讲话者情感的表达。对于理解者来说,必须在这种"情感共鸣"中才能理解这句话的含义,否则就会陷入"经验指称"思路的困境之中。

我们看到,"情感赋义"之所以能够成立,是源于以下几个条件。首先,人的宗教情感是实实在在存在的。这也是为什么普兰丁格会以"神圣感应"这种情感性的因素作为他 A/C 模型基础的原因。情感是宗教最深刻的根源。爱德华兹说,"真正的宗教很大部分是由神圣的情感所构成的","圣经在每一处都将宗教看作实在情感之内的,如敬畏、盼望、喜爱、恨恶、渴望、喜乐、伤痛、感激、怜悯、热心"[1]。当然,宗教情感是一种特殊的、神圣的、神秘的情感,但是对于宗教徒来说这种情感却是实实在在的。比如,在一些宗教

---

[1] [美]阿尔文·普兰丁格:《基督教信念的知识地位》,邢滔滔等译,北京大学出版社 2005 年版,第 326 页。

体验中，许多宗教徒对其信仰的对象，不是凭理智认作真理的纯粹概念，而是看作直接领悟的情感性的实在。

其次，人类的情感是可以用语言来表达的。人类的语言最有用的功能之一就是表达情感，讲话者可以通过语言来表达自己的内心感受。在宗教生活中，人们对于信仰对象的情感同样可以用语言来表达。比如，"上帝是全善的"这句话其实就是讲话者情感的表达，而不是判断句，是用语言表达他对自己崇拜对象（上帝）的赞美之情。

再次，我们看到，情感可以在共鸣的人群中传递。这就是说人群（如宗教团体）只有在相同的情感状态下，才能理解彼此的情感。比如在基督徒组成的团契中，成员之间享有共同的观点、共同的兴趣、共同释经的传统，而且还共享宗教术语，这些都构成了宗教语言产生的语境。所以，当一个基督徒说"上帝是全善的"这句话时，会引起信徒团体的情感共鸣。

最后，情感是宗教认识的起点，也是宗教语言中谈论上帝的起点。比如，信任是一种情感。基督徒相信上帝是无限的，是全知全能全善的，相信耶稣道成肉身来拯救罪人，相信圣灵在圣徒之中的内在引导。这样，在信众和上帝之间形成了一种情感联系的纽带。还是以上面那句话为例，它从人对上帝的"信任"出发，由于我信任上帝，所以我相信他会将善的本质向我彰显，让我认识他的善。这样，有限的人对上帝全善性的了解就是在接受中完成的。也就是说，因着上帝源源不断地把善的性质启示给我们，我们就在"信任"中接受上帝的启示，这样我们就能在经验中指称和谈论上帝。需要说明的是，在对"上帝是全善的"这句话进行赋义时，我们是从这个句子的意义出发的，我们对上帝的情感是被即刻激发出来的，不必先考察"上帝"的观念到底是什么，然后以这样一个观念为媒介来谈论上帝。当然，在我们获得语言的初始阶段，可能需要语言先引起一些相当的观念，然后才能产生某种情感。但有些情感虽然需要观念为媒介才能产生，可是在语言惯熟之后，则我们一听字音、一见字形，就可以立刻生出那些情感来——无须观念的媒介。事实上，表达情感的句子往往都无须"观念"的媒介。例如他人许诺给我们一件好东西后，虽不知道那个东西是什么，我们也一样很高兴；只要一听说有危险，我们虽然想不到有什么祸患来临，但一样会产生恐惧心理。所以，情感赋义为谈论上帝开辟了另一条可行的路径。这条途径值得我们重视和讨论，并以此深化我们对人类语言的认识。

如果根据上面几个条件,"情感赋义"可以完全成立的话,那么,还有一个小问题我们一直没解决,那就是"情感"如何赋义事物呢?它跟"经验指称"的关系到底怎样呢?作为本书结尾,我们不妨最后抽出一点时间回答这个问题。我们知道,作为在这个世界上生存着的"活物",我们并不是"孤零零"活着的,我们面对的是一个丰富多彩的世界。在这个世界上,除了我们这些生存着的"人",还有很多对象是外在于我们的(当然也有很多内在的)。这些对象会时时刻刻进入我们的生存中,影响我们的生存。于是,我们就必须要"认识"这些对象。那么,我们如何"认识"呢?我们首先要做的就是"赋义",即作为主体的人,我们必须把这些对象表达出来,以便我们跟其他人的交流和互动等,这就是我们的"语言"。故而,"赋义"就是指我们在生存层面对语言的使用。"赋义"有两种方式。第一种是"经验指称",起始于我们的经验。我们在本书第二章介绍"经验指称"时,也用了一个小孩子如何获得"凳子"概念的例子来说明:小孩子关于坐过的第一个凳子的"经验"是我们获得"凳子"这个概念的起点。这是我们要强调的。

但是,我们在生存中的"经验"毕竟有限,有时候我们常常要面对很多我们在经验层面从来没经历过的事物。那么,我们如何对我们没有经验过的事物进行赋义呢?比如,我们从来没有去过太平洋上的一个小岛"关岛",但是有人(比如谢文郁先生)在那里工作和生活过很长时间。他告诉我们很多关于"关岛"的趣事。这样,我们就可以了解诸多关于"关岛"的知识。这种知识并不建立在我们的经验基础之上,靠我们的"经验指称"是无法获得关于"关岛"的知识的(虽然告诉我们关岛知识的那个人如谢文郁先生,是可以靠经验指称完成的,这个情况我们稍后会进一步分析)。我们是靠着对谢先生的一种"信任"情感来获得关于"关岛"的知识的。也就是说,凭着对讲述关岛知识的那个人的信任,我们将他告诉我们的关于关岛的知识全盘接受下来,这样的"关岛"在我们的生存中就是靠着"信任"情感来赋义的。这就是一种"情感赋义"。从这个方面来说,情感赋义是扩充我们知识的另一个极其重要的方式和途径。

那么,具体来说,什么是"情感赋义"呢?我们反复强调的是,这里的"情感"是作为生存出发点的"情感",而不是作为"结果"的情感。意思是说，在生存分析中，我们并不考虑"情感"是如何产生的，因为这是心理学或心理分析或精神分析等学科的研究范畴，即通过各种研究数据，表明你处在诸如喜怒哀乐悲恐惊等"情感"之中，这不是哲学的研究范畴。我们所关注的是，有了这种情感，即这种情感"爆发"出来或产生出来之后，我们的生存会随之受到怎样的影响，尤其是当我们处在这些情感之中时，我们对事物的"赋义"就会受到这些情感因素的制约，于是"情感"就成了我们赋义事物的出发点和起点。正是有了这种"情感"作为出发点，我们的生存接下来才会有第一第二第三等属于认识论的范畴的问题。这里我们并不是"推卸责任"，而是因为人的情感的产生，实实在在不属于哲学的研究范畴。如何证明"我"处在"悲伤"的情感之中？我们实在无法用哲学的手段，因为"悲伤"作为一种情感是体验性的，要研究它，我们必须要通过各种科学数据的分析——这并不是哲学能够做的事情。所以作为哲学研究的一种方法，生存分析更强调"情感"作为起点或出发点的使用。这是我们要解释的第一点。

第二，有了"情感"作为出发点，我们如何对一个事物进行"赋义"呢？很显然，我们这里必须要谈到"经验指称"与"情感赋义"的关系。我们对一个事物进行赋义的时候，我们必须先"指称"它。比如，我们在文中讲了一个人被黑狗曾经咬过的例子，他说"这是一只黑狗"，虽然他先进行了指称，但此时"情感"是主宰性的，是笼罩着他赋义"黑狗"这个语词的整个过程的。因此我们就说，"情感"（比如愤怒）是他赋义"黑狗"的生存出发点和起点。有了这种情感，他再指着这条黑狗说这句话时，接下来的过程其实就是"经验指称"的过程。从这个方面来说，"情感赋义"离不开"经验指称"，只是它的出发点是"情感"，而不再是"经验"。

第三，"情感"作为出发点，对我们没有经验的事物，或者从来没有听说过的事物如何赋义呢？比如，关于关岛的例子。我们从来没有去过关岛，但是因着对谢文郁先生的"信任"情感，我们理解并接受了（其实是赋义的过程）关于关岛的知识。那么，我们是如何理解并接受（赋义）的呢？虽然在有限的知识体系内，我们对"关岛"没有任何了解，更不用说"经验"了；但是谢文郁先生在那里工作过生活过很长时间，他是可以靠着"经验指称"对关岛进行赋义的。我们这些没去过关岛的人，是凭着对谢文郁先生的"信任"——我们相信他不会骗我们，才能够获得关岛的知识。也就是说，"信任"情感成了"赋义"的起点。一旦有了这个起点,接下来的问题就是我们如何在自己的经验范围内去赋义我们从来没经验过的事物。这就需要我们运用"隐喻""类比"或"象征"等手段进行赋义。这一部分我们在"文献综述"部分具体叙述过,在这里为了进一步说明"情感赋义"的过程,我们就以"隐喻"为例来阐述。比如,在讲到"关岛"的地理形状的时候,谢文郁先生说:关岛上面是一个伞状,下面是一个圆柱形。我们很自然地会想到"伞状""圆柱形"的东西不就是个"蘑菇"的形状吗?于是我们就会形成这样一种认识,即"关岛的形状像蘑菇"。这个隐喻在我们的头脑中一旦形成,我们就对关岛的地理形状有了自己的理解,即关岛的形状就像一个很大很大的蘑菇,至于有"多大"就靠我们的想象了,可能是五千个,可能是十万个,可能是无数多个。更有趣的是,假如谢文郁先生同意了我们这个"蘑菇"的隐喻意象,或者干脆我们得到的这个"蘑菇"隐喻就是他告诉我们的,因为他必须用我们经验范围内可以了解的事物来赋义我们没有经验过的事物,那么我们对"关岛"的赋义就是靠这个"隐喻"完成的。但是在这整个"情感赋义"过程中,我们还是要强调"情感"的起点作用。如果我们根本就不信任谢文郁先生,我们认为他所说的"关岛"跟我们想象中的"关岛"一点都不一样,所以就不再"信任"他,他说的"关岛像蘑菇"我们也会加以拒绝,这样,我们就获得不了关于"关岛"的任何知识。所以,从这里可以看出,在"情感赋义"的过程中,"情感"是起点,而赋义过程是靠隐喻等修辞和认知手段完成的。这些手段其实是把我们在经验中无法指称的事物映射到我们的经验范围之内,以便完成"经验指称"。

宗教语言的"情感赋义",其过程跟上面这个例子极为相似。我们知道,基督教信仰中尤其强调对"耶稣"的信任。为什么呢?因为作为被造物的人,我们"从来没有人见过神"[1],意思是说,对于"天父上帝",我们只要是人、是被造的,就谁都没有见过"上帝",对"上帝"都没有任何经验。但是耶稣作为"父怀里的独生子"[2]将他显明出来,意思是说,只有耶稣见过上帝的尊容,只有耶稣"经验"过上帝。因为他跟天父是同一位格的,也就是说,

---

[1] 《圣经·约翰福音》1:18。
[2] 《圣经·约翰福音》1:18。

只有他才有资格谈论"上帝",才有资格在"经验指称"中完成对"上帝"的赋义。而我们作为受造的人,没有任何人见过上帝,所以没有资格去谈论他。因此,我们必须在对耶稣的"信任"情感中,放弃我们的判断权,全盘接受耶稣所说的话,接受他对上帝的描述。因着对耶稣的这份信任情感,我们才能够言说上帝。而耶稣知道我们经验的有限,了解我们的认识条件,所以他在教导中,也多次使用"隐喻"(包括比如 parable)"类比"等,让我们了解上帝和天国等。比如,耶稣反复强调"天父",这就是一个隐喻,即"上帝是父亲"。我们并不知道上帝是什么样子、有什么性情,但是在我们的经验中,我们都有肉身的父亲,对父亲有比较清晰的认识,我们知道父亲的爱、父亲的威严、父亲的管教,于是我们把对自己在世上的"父亲"的经验映射到"上帝"身上,这样就完成了对"上帝"的"赋义"过程。其实,这样一个"经验指称"的过程又进一步加强了我们这种"上帝是父亲"的情感。可见,经验指称和情感赋义是相互联系、相互交织在一起的。另外,需要说明的是,在《圣经·旧约》中,上帝的名字是"耶和华"(Jehovah),原来的意思是"我是"(I am),即"我是我所是",汉语译本意译为"我是自有永有的"。而《新约》中,耶稣则把"我是"后面的表语补充完整了。于是,就有了"我是光"[1]"我是生命的粮"[2]"我是好牧人"[3]"我是道路、真理和生命"[4] 等。这些都是"隐喻",都是为了让被造的人在自己的经验范围内和理解范围内,了解耶稣(上帝)到底是什么,是为了我们更好地来赋义"上帝"概念。但是,在这个过程中,"信任"必须是我们赋义的起点或出发点,没有这种信任情感,我们就无法完成对"上帝"的赋义。即使能完成,我们也只是在"经验指称"范围内完成的,而这与"情感赋义"所获得的"上帝"概念完全不同。究竟有何不同,在本书(第一章第二节第三部分)讲述"经验指称"和"情感赋义"对"上帝"概念的不同理解时,我们已经做了分析,这里就不再重复了。

总之,我们发现,"经验指称"和"情感赋义"是两种不同的认识出发

---

[1] 《圣经·约翰福音》8:12。
[2] 《圣经·约翰福音》6:35。
[3] 《圣经·约翰福音》10:11。
[4] 《圣经·约翰福音》14:6。

点，一个始于经验，一个始于情感。但是始于"情感"的"赋义"过程又离不开"经验指称"的过程，"经验指称"的过程又可以进一步增加我们的"情感"表达。这就是二者之间的亲密关系。但本书所强调的更多的是它们"出发点"的不同，并以此来梳理近代哲学史中两条言说上帝的思路。故而，行文好像有"割裂"二者关系之嫌，或许这将是我在以后的研究中应该进一步补充润色的一个重要方面。

毕竟，经验和情感都在我们的生存中，且引导着不同的认识过程。

参考文献

【英文书目】

Aaron, David H., *Bibilical Ambiguities: Metaphor, Semantics and Divine Imagery*: leiden; boston; koln: Brill, 2001.

Alson William P., *Divine Nature and Human Language*, Ithaca & London Cornell University Press, 1989.

Alson, William P., *Perceibing God*, Ithaca and London: Cornell University Press, 1993.

Aquinas, Thomas *Summa theologica* completer English edition in five valumes translated by Fathers of the English Dominican Province Christian classes Westminster, Maryland, 1981.

Aristotle *Rhetoric*, Translated by W. Rhys Roberts Dover, Publications. INC., New York, 2004.

Arthur, Chris: *Religious Pluralism: A Metaphorical Approach* the Davies Group, publishers Aurora, Colorado USA.

Avis, Paul, *God and the Creative Imagination: Metaphor, symbol and myth in religion and theology*, New York, Routledge, 1999.

Ayer, A. J., *Logical Positivism* New York: The Free Press, 1959.

Barth, Karl, *Protestant Theology in the Nineteenth Century*, Wm. B. Eerdmans Publishing Company, 2002.

Bendall, Kent & Ferre, Frederick, *Exploring the Logic of Faith*, New York: Association Press, 1962; Bloomington &London: Indiana University Press, 1969.

Brown, David, *God and Mystery in words, Experience through Metaphor and Dra-

ma, Oxford University, 2008.

Brown, Stuart, *Reason and Religion*, Ithaca & London Cornell University Press, 1977.

David O'Connor, *Hume on religion Hume on religion*, London and New York: Routledge, 2001.

Dewart, Leslie, *Religion, Language and Truth*, New York: Herder and Herder, 1970.

Dionysius, *The Divine Names and Mystical Theology* ed and trans by Jones, John D. *Medieval Philosophical Texts in translation*, Vol. 21, Marquette University Press, Milwaukee, WI, 1980.

Evans, Stephen, *Kierkegaard's "Fragments" and "Postscript"*, Humanities Press, 1983.

Evans, Stephen, *Philosophy of Religion: thinking about Faith*, Inter Varsity Press, 1982.

Ferre, Frederick, *Language, Logic and God*, New York: Harper & Brothers, Publishers, 1961.

Ferre, Frederick, *Basic Modern Philosophy of Religion*, New York: Charles Scribner's Sons, 1967.

Geisler, Norman, *Philosophy of Religion*, Michigan Zondervan Publishing House, 1974.

Happel, Stephen, *Metaphors for God's time in Science and Religion*, Palgrave Macmillan, 2002.

Hick, John, *Philosophy of Religion*, New Jersey: Prentice-hall, INC., 1973.

High Dallas, M., *New Essays on Religious Language*, New York: Oxford University, 1969.

Hoffman, Robert, *Language, Mind, and Knowledge*, New York: Humanities Press, 1970.

Howard V. Hong and Edna. H. Hong, ed., *The Essential Kierkegaard*, Princeton University Press, 1978.

Hume, David, *A Treaty of Human Nature*, Oxford at the Clearendon Press, 1967.

Hutchison, John A., *Language and Faith: Studies in Sign, Symbol, and Meaning*, Philadelphia: The Westminster Press, 1963.

Johannes Climacus, *Philosophical Fragment by Soren Kierkegaard*, edited and translated with introduction and notes by Howard V., Hong and Edna H. Hong Princeton University Press, Princeton, New Jersey, 1985.

Kaufman, Gordon D., *God the Problem* Cambridge, Massachussetts and London, England: Harvard University Press, 1972.

Kierkegaard, *The Sickness unto Death*, Howard V. Hong & Edna H. Hong Princeton University Press, 1980.

Kierkegarrd, *The Concept of Anxiety*, translated by Reider Thomas, Princeton University Press, 1980.

Kierkegarrd, S., *Concluding Unscientific Postscript to Philosophical Fragment*, edited and translated with introduction and notes by Howard V., Hong and Edna H. Hong Princeton University Press, 1992.

Kierkegarrd, S., *Either/Or* Howard V. Hong & Edna H., Hong Princeton University Press, 1987.

Kierkegarrd, S., *Fear and Trembling; Repetition Edited and Translated by Howard V.*, Hong & Hong, Princeton University Press, 1984.

Kierkegarrd, S., *Purity of Heart is to Will One Thing: Spiritual Preparation for the Office of Confession*, trans. with introductory essay by Douglas V. Steere (New York: Harper and Brothers, 1958)

Kurt, Feyaerts, *The Bible through Metaphor and Translation: A Cognitive Semantic Perspective* Peter Lang A. G., European Academic publishers, Bern, 2003.

Ladriere, Jean, *Language and Belief*, translated by Garrett Barden, Indiana: University of Notre Dame Press, 1972.

Lakoff, George & Johnson, Mark, *Philosophy in the Flesh-the Embodied Mind and its challenge to Western Thought*, Basic books, 1997.

Lawrence, Irene, *Linguistics and Theology*, N. J: The Scarecrow Press, 1980.

Lieven Boeve, *Linguistica ancilla Theologiae: the Internet of Fundaental Theology in Cognitive Semantics* selected from *the Bible through metaphor and Translation* edited by Kurt Feyaerts, NewYork: Peter Lang, 2003.

MacFague, Sallie *Metaphorical Theology: Models of God in Religious Language* Fortress Press, 1982.

Macquarrie, John., *Thinking about God* London: SCM Press LTD, 1974.

Mitchell, Basil, *Faith and Logic* London: Novello & Company LTD, 1958.

Moreall, John S., *Analogy and Talking About God*, University of America, 1979.

Morreall, John S., *Analogy and Talking about God: A Critique of the Thomistic Approach*, New Haven and London Yale University Press, 1997.

Pike, Nelson, *Hume: Dialogues Concerning natural religion*, Macmmillan Publishing Company NewYork Collier Macmillan Publishers London, 1985.

Plantinga, Alvin, *God and Other Minds*, New York: Cornell University Press, 1967.

Plantinga, Alvin Pluralism, *A defense of Religious Exclucivism in the Rationality of Belief and the Plurality of Faith*, Edited by Thomas Senor, Cornell University Press, 1995.

Plantinga, Alvin, *Warrant and Proper Function*, New York Oxford: Oxford University Press, 1993.

Plantinga, Alvin, *Warrant: the Current Debate*, New York Oxford: Oxford University Press, 1983.

Plantinga, Alvin, *Warranted Christian Belief*, New York Oxford: Oxford University Press, 2000.

Porter, Stanley E., *The Nature of Religious Language*, Sheffield Academic Press, 1996.

Ramsey, Ian T., *Ramsey Words about God*, London: SCM Press LTD, 1971.

Raschke, Carl A., *The Alchemy of the Word: Language and the End of Theology*, Montana: Scholars Press, 1979.

Rocca, Gregory P. O. P., *Speaking the Incomprehensible God*, the Catholic University of America Press Washington, D. C, 1987.

Schleiermacher, Friedrich, *The Christian Faith* edited by H. R Machintosh, and J. S. Edinburgh, Stewart: T&T Clark, 38 George Street, 1928.

Shrivastava, R. P., *Language meaning and truth*, A Janta Publications (India),

1990.

Soskice, Janet Martin, *The Kindness of God: Metaphor, Gender, and Religious Language*, New York: Oxford University Press, 2007.

Soskice, Janet Martin, *The kindness of God: Metaphor, Gender, and Religious Language*, Oxford University Press, 2007.

Soskice, Janet Martin, *Metaphor and Religious Language*, Clarendon Press Oxfod, 1985.

Stiver, Dan R., *The Philosophy of Religious Language Sigh, Symbol and Story*, Cambridge: Blackwell Publishers, 1996.

Swinburne, Richard, *Revelation: from Metaphor to Analogy*, New York: Oxford University Press, 1992.

Tillich, Paul, *Dynamics of Faith*, New York: Harper & Brothers Publishers, 1957.

Tweyman, Stanley edited and introduced, *Hume on Miracles*, USA: Thoemmes Press, 1996.

Wollheim, Richard edited and introduced, *Hume on Religion*, London: Collins Press, 1963.

【中文书目】

［美］E. C. 莫斯纳：《大卫·休谟的宗教》，丁冬红译，《世界哲学》1981 年第 3 期。

［瑞］J. M. 鲍亨斯基：《当代思维方法》，童世骏、邵春林、李福安译，上海人民出版社 1987 年版。

［美］阿尔文·普兰丁格：《证明与有神论》，胡自信译，载［美］迈尔威利·斯图沃德编《当代西方宗教哲学》，周伟驰等译，北京大学出版社 2001 年版。

［美］阿尔文·普兰丁格：《基督教信念的知识地位》，邢滔滔等译，北京大学出版社 2005 年版。

［英］A·J·艾耶尔：《语言、真理与逻辑》，尹大贻译，上海译文出版社 2006 年版。

［美］奥尔森：《基督教神学思想史》，吴瑞诚、徐成德译，北京大学出版社

2003 年版。

[古希腊] 柏拉图:《理想国》,张斌和、张竹明译,商务印书馆 2009 年版。

[埃及] 摩西·迈蒙尼德:《迷途指津》,傅有德等译,山东大学出版社 2007 年版。

北京大学西方哲学教研室编:《西方哲学原著选读(上下册)》,商务印书馆 2005 年版。

陈嘉映:《语言哲学》,北京大学出版社 2004 年版。

[英] 休谟:《宗教的自然史》,徐晓宏译,上海人民出版社 2003 年版。

[英] 休谟:《人性论》,关文运译,商务印书馆 1996 年版。

[英] 休谟:《人类理智研究》,吕大吉译,商务印书馆 1999 年版。

[英] 休谟:《自然宗教对话录》,陈修斋、曹棉之译,商务印书馆 1989 年版。

邓晓芒:《邓晓芒讲黑格尔》,北京大学出版社 2006 年版。

邓晓芒:《康德哲学讲演录》,广西师范大学出版社 2005 年版。

段德智:《宗教概论》,人民出版社 2005 年版。

[德] 弗雷格:《论涵义与意谓》(Uber Sinn und Bedeutung),载《弗雷格哲学论著选集》,王路译,商务印书馆 2006 年版。

郭立田:《康德〈纯粹理性批判〉文本解读》,黑龙江大学出版社 2010 年版。

[瑞] 海因里希·奥特:《上帝》,朱雁冰、冯亚琳译,辽宁教育出版社 1997 年版。

韩林合:《〈逻辑哲学论〉研究》,商务印书馆 2007 年版。

[德] 汉思·昆:《基督教大思想家》,包利民译,社会科学文献出版社 2001 年版。

何光沪:《多元化的上帝观——20 世纪西方宗教哲学概览》,中国人民大学出版社 2009 年版。

[德] 黑格尔:《精神现象学》,贺麟、王玖兴译,商务印书馆 1997 年版。

[德] 黑格尔:《小逻辑》,贺麟译,商务印书馆 2017 年版。

洪谦主编:《现代西方哲学论著选辑》(上卷),商务印书馆 1993 年版。

胡景钟、张庆熊主编:《关于宗教语言的讨论》,载《西方宗教哲学文选》,尹大贻等译,上海人民出版社 2002 年版。

[丹麦] 基尔克果:《或此或彼》,阎嘉译,华夏出版社 2007 年版。

［美］贾诗勒：《宗教哲学》，吴宗文译，香港：种子出版社 1983 年版。

［德］卡斯培：《现代语境中的上帝观念》，罗选民译，华东师范大学出版社 2008 年版。

［德］康德：《纯粹理性批判》，李秋零译，中国人民大学出版社 2004 年版。

［德］康德：《单纯理性限度内的宗教》，李秋零译，人民大学出版社 2003 年版。

［丹］克利马科斯（克尔凯郭尔）：《论怀疑者》，陆兴华、翁绍军译，上海人民出版社 2006 年版。

雷礼锡：《黑格尔神学美学论》，湖北人民出版社 2005 年版。

梁卫霞：《间接沟通：克尔凯郭尔的基督教思想》，上海人民出版社 2009 年版。

刘放桐：《新编现代西方哲学》，人民出版社 2000 年版。

［德］鲁道夫·奥托：《神圣者的观念》，丁建波译，九州出版社 2007 年版。

［丹］克尔凯郭尔：《基督徒的激情》，鲁路译，中央编译出版社 2007 年版。

［英］乔治·贝克莱：《人类知识原理》，关文运译，商务印书馆 1973 年版。

单纯：《宗教哲学》，中国社会科学出版社 2003 年版。

［德］施莱尔马赫：《论宗教》，邓安庆译，人民出版社 2011 年版。

涂纪亮主编：《维特根斯坦全集》第 12 卷，河北教育出版社 2003 年版。

涂纪亮：《分析哲学及其在美国的发展》，武汉大学出版社 2007 年版。

［英］路德维希·维特根斯坦：《哲学研究》，陈嘉映译，上海人民出版社 2005 年版。

［奥］维特根斯坦：《关于宗教信仰的讲演》，江怡译，载涂纪亮主编《维特根斯坦全集》第 12 卷，河北教育出版社 2003 年版。

［奥］维特根斯坦：《杂评》，涂纪亮译，载涂纪亮主编《维特根斯坦全集》第 11 卷，河北教育出版社 2003 年版。

［奥］维特根斯坦：《逻辑哲学论》，贺绍甲译，商务印书馆 2009 年版。

［英］路德维希·维特根斯坦：《哲学研究.2：英汉对照》，蔡远译，九州出版社 2007 年版。

谢文郁、刘新利主编：《世界宗教关系史》（总序），载［德］马丁·路德《路德三檄文和宗教改革》，李勇译，谢文郁校，上海人民出版社 2010 年版。

谢文郁：《自由与生存：西方思想史上的自由观追踪》，张秀华、王天民译，上海人民出版社 2007 年版。

谢文郁：《道路与真理》，华东师范大学出版社 2012 年版。

谢文郁：《走出文化盲点：原罪论视角下的性善论》，载李灵、尤西林、谢文郁等《中西文化交流：回顾与展望》，上海人民出版社 2009 年版。

[加] 许志伟：《基督教神学思想导论》，中国社会科学出版社 2001 年版。

[古希腊] 亚里士多德：《诗学》，陈中梅译注，商务印书馆 1996 年版。

[古希腊] 亚里士多德：《尼各马科伦理学》，苗力田译，中国社会科学出版社 1990 年版。

杨大春：《沉沦与拯救：克尔凯戈尔的精神哲学研究》，人民出版社 1996 年版。

杨庆球：《神学的哲学基础》，天道书楼有限公司 2005 年版。

[英] 约翰·麦奎利：《谈论上帝：神学的语言与逻辑之考察》，安庆国译，高师宁校，四川人民出版社 2003 年版。

曾庆豹：《上帝、关系和言说——批判神学与神学的批判》，华东师范大学出版社 2008 年版。

翟志宏：《阿奎那自然神学思想研究》，人民出版社 2007 年版。

[美] 詹姆斯·C. 利文斯顿：《现代基督教思想》，何光沪译，赛宁校，四川人民出版社 1999 年版。

张志刚：《宗教学是什么》，北京大学出版社 2002 年版。

张志刚：《宗教哲学研究——当代观念、关键环节及其方法论批判》，中国人民大学出版社 2003 年版。

张志伟主编：《西方哲学史》，中国人民大学出版社 2002 年版。

张志刚：《理性的彷徨：现代西方宗教哲学理性观比较》，东方出版社 1997 年版。

赵敦华：《西方哲学简史》，北京大学出版社 2001 年版。

赵敦华：《基督教哲学 1500 年》，人民出版社 1994 年版。

赵敦华：《现代西方哲学新编》，北京大学出版社 2001 年版。

赵林：《黑格尔的宗教哲学》，武汉大学出版社 2005 年版。

周晓亮：《休谟》，湖南教育出版社 1999 年版。

李超杰编：《近代西方哲学的精神》，商务印书馆 2011 年版。

【中文期刊】

［美］阿尔文·普兰丁格：《多元主义：为宗教排他主义辩护》，《维真学刊》1999年第2期。

邓安庆：《试论施莱尔马赫思想的现代意义和对后世的影响》，《湖南社会科学》2005年第5期。

宫维明：《情感与法则——康德道德哲学研究》，博士学位论文，中共中央党校，2010年。

黄毅：《施莱尔马赫关于自身意识学说的研究》，《内蒙古社会科学》2009年第1期。

黄裕生：《"纯粹理性批判"与存在论问题——从〈纯粹理性批判〉如何成为"基础形而上学"谈起》，《南京大学学报》（哲学·人文科学·社会科学版）2010年第5期。

李静：《休谟经验论视域中的"宗教"》，《陕西师范大学学报》（哲学社会科学版）2006年第3期。

李勇：《耶路撒冷与雅典之争——奥利金〈《约翰福音》释义〉中两希文化的融合》，博士学位论文，山东大学，2010年。

梁俊：《知识论的范式转换——普兰丁格"担保"思想初探》，《基督教思想评论》2006年第3辑。

宋婕：《休谟的宗教思想及其影响》，《西南民族学院学报》2000年第12期。

王广成：《论阿奎那创造论的形而上学基础及其基本架构》，博士学位论文，武汉大学，2007年。

谢文郁：《存在论的基本问题》，《世界哲学》2006年第6期。

谢文郁：《回归文本，回归生存》，《世界哲学》2007年第6期。

谢文郁：《〈约翰福音〉的序言（1：1-18）：翻译和注释》，《基督教评论》第四辑，2006年第1期。

谢文郁：《〈约翰福音〉和古希腊哲学》，《外国哲学》2004年第16辑。

谢文郁：《〈中庸〉君子论：困境与出路》，《文史哲》2011年第4期。

谢文郁：《恩典真理论——从〈约翰福音〉看希腊哲学和希伯来文化的真理问题》，《哲学门》2007年第1期。

谢文郁:《基督教真理观及西方思想史上的真理观》,《基督教思想评论》
　　2006 年第 1 期。
谢文郁:《建构和解构:耶儒在张力中互动》,《云南大学学报》(社会科学版)
　　2008 年第 4 期。
谢文郁:《信仰和理性:一种认识论的分析》,《山东大学学报》(社会科学版)
　　2008 年第 3 期。
谢文郁:《性善质恶——康德论至善》,《哲学门》2007 年第 2 期。
谢文郁:《寻找善的定义:"义利之辨"和"因信称义"》,《世界哲学》2005
　　年第 4 期。
谢文郁:《自由:自主性还是接受性?》,《山东大学学报》(哲学社会科学版)
　　2006 年第 1 期。
谢文郁:《拯救概念和人类理解困境》,《维真学刊》1999 年第 3 期。
张云涛:《论施莱尔马赫的自我意识理论》,《西南农业大学学报》2008 年第
　　3 期。
赵林:《休谟对自然神论和传统理性神学的批判》,《云南大学学报》2005 年
　　第 5 期。

后　　记

　　读博士难，读哲学博士更难，跨专业读哲学博士难乎其难。2008年9月，当我满怀重返校园、重当学生的喜悦进入山东大学哲学与社会发展学院攻读博士的时候，接连的几堂哲学课却让我不禁感到了"心惊胆战"。我以前的专业是英语语言学，一直习惯于面对单词、句子和语法等，但是现在要面对的是实体、存在、形而上学、上帝、生存这些熟悉而又陌生的术语，一时很难适应。熟悉是因为我自大学开始就喜欢哲学，这些术语在我阅读的书目中会经常遇到；陌生是因为我缺乏系统而专业的哲学训练，现在忽然跨进"哲学门"，所以在很长时间内都处于"失语"状态。

　　压力之下，唯一能做的就是"补课"。整个博一阶段，我一直让自己处在"亢奋"状态，一方面去听各种哲学课程，另一方面"恶补"各种哲学知识——看得最多的是哲学史。毫不夸张地说，山东大学图书馆中所藏的只要是稍微有点名气的作者主编的哲学史教材，我都翻阅过，有的甚至是细细研读过。但一年下来，我总感到还是没有进入哲学圈，难道是我真的没有"哲学思维"吗？当我将自己的疑惑告知导师谢文郁先生的时候，谢老师说的一句话让我一辈子都铭刻于心："哲学经典要一本本地去啃。"于是，我抛弃了自己的浮躁和焦虑，开始安心下来，跟从谢老师读经典。我读的第一本哲学经典是维特根斯坦的《哲学研究》，谢老师的讲授方法是一字一句、一段段地读，然后我们大家讨论、提问、评述。但说实在话，在师弟师妹们为一个问题吵得面红耳赤的时候，我一直不明白维特根斯坦到底想说什么。或许是由于我还没有进到哲学意境中，又或许是因为我当时忙于结婚大事没有将心思完全放在读书上。但是，课程论文还是必须写的。于是，在新婚蜜月期我将新婚妻子放在次要位置，将维特根斯坦置于首位。我将山东大学图书馆和网络资源上所有关于维特根斯坦研究的中英文著作、论文、评论等都借到了，就这样花费了两个月的时间，我总算能够稍微明白维特根斯坦的些许思想了。于是，先后写了三篇关于维特根斯坦的论文，导师给予的评价是："入门了。"这让我欣喜不已。

然而更大的压力随之即来。博二伊始，我的重心就转到了博士论文的开题上。到底要写什么题目？要研究什么呢？我在很长时间内都处在迷茫之中。我出身语言学，所以只能围着"语言"来打转转。我先是决定以"隐喻与宗教语言"作为自己的研究题目，原因很简单——我想"投机取巧"，因为"隐喻"是英语语言学研究的一个热点，研究著作可谓"汗牛充栋"，而"宗教语言"又是哲学界研究的热点，我在二者之间似乎可以找到一个连接点。但是当我辛苦花费了两个月的时间进行资料收集、研究方法和研究计划的整理时，我内心中总感到"不踏实"，因为很多资料表明，从隐喻角度来研究宗教语言，仅仅只是一条途径，其说服力似乎并不是太强。于是我将我的疑惑告之导师，谢老师轻轻一句"你的思路不对"就使我两个月的心血"付之东流"。但是谢老师也告诉我一条正确的思路，那就是八个字："经验指称""情感赋义"。从那时起，这八个字就悄悄潜入了我的思维中，并一度成为我的"梦魇"，成为我在以后的两年之中吃饭、睡觉、写作、阅读时时刻刻要想着的东西，将我折磨得精神疲惫，意乱心迷，甚至是"一夜之间须发尽白"（其实我的头发白是从大学时期就开始，只是从"开题"之后我就决定不再染发了）。有一段时期，我怀疑自己得了"焦虑症"，可能会"疯"——毕竟这么多哲学家最后都成了疯子。但是我内心中很清楚，我是给自己太大的压力了，是想不出来该怎么写——"急火攻心"的表现。

感谢上帝。在我为论文开题忙得焦头烂额的时候，很多老师、学弟和学妹们都给予了我很多的鼓励和支持，尤其是谢老师的及时提醒和鞭策。或许真的是"功夫不负有心人"吧，我在阅读艾耶尔和普兰丁格的基础上，尝试着写了一篇关于"经验指称"和"情感赋义"的论文，以忐忑不安等着挨批的心情呈交导师审阅，却完全没有想到谢老师对之大加赞赏，说思路、论述正确，于是我对论文的研究思路才开始逐渐清晰明确。而更为欣喜的是，鉴于国内研究资料缺乏，我在2010年下半年有幸申请到了赴加拿大UBC（英属哥伦比亚大学）学术交流的机会，于是我就有了更多的思考、完善、写作的机会。

第一次出国，是我的学术之旅，也是心灵之旅。在加拿大温哥华生活的六个月中，我的紧张焦虑情绪得到了有效的缓解。维真学院和 UBC（英属哥伦比亚大学）丰富的藏书让我欣喜不已，于是我每周大部分的时间都泡在图书馆中，查阅了几百本的资料，论文的思路也进一步成熟，写作也逐渐开始顺手。更为难得的是，在维真学院任教的教授们——许多都是世界一流的"学术大腕"，给予了我们这批特殊学生特别的关怀和帮助。在他们的课堂中，在与他们的交流中，我受益匪浅。仅举一例，Loren Wilkson 教授对我们几个中国的博士生特别青睐照顾，多次邀请维真学院的教授来参加我们的学术沙龙，给了我们许多宝贵的建议和指导，同时，他也邀请我们去他家——一座梦幻般的仙境小岛——Galianno Island（加新湾岛）去做客，使我真正体会到了什么叫作真正的"原生态生活"。而温哥华的美丽景色和那里人们的热情、友善、和谐、融洽也在我的心灵上留下了难以泯灭的记忆，这一切永远会在我的心底封存。

从加拿大回来后，我基本就处于"闭关"状态。在 2011 年 1 月至 8 月，我将自己完全沉浸在资料整理、做笔记和写作中，我的黑夜和白天是完全颠倒的，因为我更喜欢深夜的寂静，写作起来也格外迅速。我的妻子阿常体贴我的辛苦，生怕打扰我的写作，所以也趁这半年申请去了上海工作，这使我能够完全以一个"自由身"待在校园里全身心攻克论文。于是，在 9 月份，我终于完成了全部的写作（初稿）。接着，我又花费几个月的时间进行了无数次的修改、增删，直到现在。但我仍然不敢说这是一部成熟的作品，因为在写作中，我几次都看出还有许多问题和缺陷需要补充、填补，但我的精力似乎达到了极限，只能将目前这个样子的论文勉强呈送给各位老师审阅。这或许不是一部成功之作，但它的的确确是我这四年的心血凝结。

学问之道无他，唯勤奋而已。但是单靠我个人的努力，显然是无法完成这部专著的。我要感谢很多人，感谢他们的关爱、帮助，感谢他们的友谊和亲情。

首先，我要特别感谢我的导师——谢文郁先生。初入师门，我是一个完全不懂哲学的人，但承蒙先生的厚爱、鞭策和鼓励，我最终被"逼"进了哲学门。从论文的选题，到资料的收集，再到论文的整理、写作、定稿，甚至是我的出国和赴香港交流，谢老师都给我细心的指导和耐心的启发，在我失意、退缩、沮丧时，谢老师都给我及时的鼓舞和激励，毫不夸张地说，谢老师为我的论文写作倾注了大量心血，没有他的引导和一步一步耐心地指导，仅靠我自己，根本就不可能完成此专著。所以，最深的感谢要归于他。

我要感谢山东大学犹太教与跨宗教研究中心的各位老师，感谢傅有德老师、刘新利老师、牛建科老师、陈坚老师、赵杰老师在学习上和论文开题、写作过程中对我的帮助、建议和鼓励。他们严谨治学的态度和平易近人的作风也一直是我效仿的榜样，使我更懂得珍惜"教师"这两个字的分量和含义。我还要感谢齐晓东老师、王彦博士和濮荣建博士在学习、生活等各方面对我的帮助。

感谢加拿大维真学院的许志伟教授为我提供出国交流的机会，感谢 Stella 在加期间对我生活和学习无微不至的关心和照顾，感谢 Prof. Wilkinson、Prof. Wilson、Prof. Packer 和 Prof. Stackhouse 等在学术上对我的指导，感谢香港浸会大学的江丕盛教授为我提供的赴港学习的机会，感谢 Linda、Moment 在我访学期间对我的帮助，感谢 Prof. Hutadoo、李仲冀博士、雷敬业博士和伍伟亨博士等对我的论文提出的宝贵建议。

我还要感谢山东大学的王效良老师、杨雪梅师姐、邹晓东和田芳夫妇、贺方刚以及张长红、张清俐、冯传涛、王双彪等师弟师妹对我的鼓励、建议和帮助，读博四年与他们朝夕相处，相互切磋，使我在写作的山重水复之中，仍然能得到柳暗花明的喜悦。

最后我要感谢我的父母和家人。读博期间，我基本上不问"家事"，对家中所有事务都一并"袖手旁观"，他们却无甚怨言，继续关爱我、支持我。我尤其要感谢我的妻子阿常，四年多论文的压力和写作的焦虑使我常常喜怒无常、性情焦躁，而妻子往往无端成为我的"出气筒"。本专著承载着阿常太多的宽容、忍耐、关爱和信任，也承载着我无限的感激、愧疚、抱歉和珍爱。我将论文献给她，也算是我的一点小小的补偿吧。

孙清海
2012 年 3 月初稿于山大洪家楼校区
2024 年 3 月春暖之时
重订于山东师大千佛山校区